Seguindo em Frente

Só o amor une almas

Seguindo em frente

Copyright by © Petit Editora e Distribuidora Ltda., 2017
1-10-17-6.000

Direção editorial: **Flávio Machado**
Coordenadora editorial: **Isabel Ferrazoli**
Produtor gráfico: **Vitor Alcalde L. Machado**
Capa: **Júlia Machado**
Imagens da capa: **Nejron Photok | Shutterstock**
Projeto gráfico e editoração: **Vitor Alcalde L. Machado**
Preparação: **Isabel Ferrazoli**
Revisão: **Maria Aiko Nishijima**
Impressão: **Lis Gráfica e Editora Ltda.**

**Ficha catalográfica elaborada por
Lucilene Bernardes Longo – CRB-8/2082**

Daniel (Espírito)
 Reescrevendo histórias : só o amor une almas / pelo Espírito Daniel ;
psicografado pela médium Cristina Censon. – São Paulo : Petit, 217.
 328 p.

 ISBN 978-85-7253-326-3

 1. Espiritismo 2. Psicografia 3. Romance espírita I. Censon, Cristina. II.
Título. III. Título: Só o amor une almas.

CDD: 133.93

Direitos autorais reservados.
É proibida a reprodução total ou parcial, de qualquer forma
ou por qualquer meio, salvo com autorização da Editora.
(Lei nº 9.610, de 19 de fevereiro de 1998)
Traduções somente com autorização por escrito da Editora.

Prezado(a) leitor(a),

Caso encontre neste livro alguma parte que acredita que vai interessar ou mesmo ajudar
outras pessoas e decida distribuí-la por meio da internet ou outro meio, nunca deixe de
mencionar a fonte, pois assim estará preservando os direitos do autor e, consequentemente, contribuindo para uma ótima divulgação do livro.

Cristina Censon

pelo Espírito Daniel

Seguindo em FRENTE
Só o amor une almas

editora

Rua Atuaí, 389 – Vila Esperança/Penha
CEP 03646-000 – São Paulo – SP
Fone: (0xx11) 2684-6000
www.petit.com.br | petit@petit.com.br

Sumário

Prefácio

1. Recomeçar _____ 10
2. Um grave problema _____ 19
3. Uma solução possível _____ 28
4. Decisão inadiável _____ 36
5. Questões a analisar _____ 45
6. Problemas do passado _____ 53
7. Situação incontrolável _____ 62
8. Reencontro com o passado _____ 71
9. Novos rumos _____ 78
10. Reencontro _____ 85
11. Escolhas possíveis _____ 93
12. Colheita obrigatória _____ 101
13. Conexão de almas _____ 109
14. Estreitando laços _____ 117
15. Muito a aprender _____ 124
16. Na trilha do destino _____ 131
17. Revelações alarmantes _____ 138
18. Fatalidade _____ 146
19. Segredo descoberto _____ 154
20. A vida surpreende _____ 161

21. Perspectivas_____169
22. Visita necessária_____177
23. Novas tarefas_____185
24. Emoções em conflito_____193
25. O inevitável acontece_____201
26. As tarefas se aproximam_____209
27. Outros caminhos_____218
28. Planos frustrados_____227
29. Novas questões_____236
30. Revelações_____245
31. Notícias dolorosas_____253
32. Rumos e escolhas_____261
33. Acidente inesperado_____270
34. Desencontros_____279
35. Cada coisa em seu lugar_____288
36. Cobranças da vida_____297
37. Seguindo em frente_____306

Epílogo_____319

Prefácio

A evolução de cada espírito se processa no ritmo a que ele se determinar. Cada qual reconhece as possibilidades de ascensão mediante as conquistas efetuadas. Cada ser possui sua própria história, tecida ao longo das sucessivas encarnações a que se dispôs viver, nas quais adquire virtudes, elimina defeitos, contrai créditos ou débitos em função das escolhas que realizou. Ao fim de cada oportunidade, reavalia o quanto falta para se redimir perante um passado delituoso e o quanto ainda necessita se empenhar para corrigir o que seu orgulho foi capaz de menosprezar: a sábia lição de que só o amor é capaz de conduzir de forma sensata as existências...

O amor é, sem dúvida, fator preponderante das lutas vitoriosas, uma vez que combate o egoísmo sob qualquer forma que se apresente! No entanto, esse nobre sentimento ainda é pouco utilizado na condução de nossa vida!

O amor é, em essência, o combustível de todas as batalhas contra as imperfeições. É capaz de agregar afetos e aproximar os que se distanciaram por equívocos que comprometeram a condução equilibrada das próprias existências. Poderoso estímulo de ações criadoras e transformadoras, sua ausência permite que emoções menos nobres prevaleçam. O amor compreende, tolera, une, cura, renova, acolhe, salva! Ele é chama que jamais se apaga, responsável pela transformação que conduz o homem a patamares superiores.

Porém, o entendimento equivocado desse nobre sentimento tece os cenários mais perturbadores que se pode imaginar, conduzindo companheiros a vales sombrios, onde o sofrimento é a moeda de troca. Sofrer e fazer o outro sofrer são atitudes que alguns são capazes de oferecer por desconhecimento completo do que significa amar em plenitude.

No plano espiritual, tomamos consciência de nossos talentos e de nossas fragilidades, pois somos portadores de virtudes e defeitos, em graus diferenciados. Programamos, então, nova experiência carnal com o propósito de recuperar o tempo perdido em ações inglórias, nas quais contraímos débitos e desafetos. E pedimos para voltar! O mundo material ainda exerce grande fascínio sobre nós. Na realidade, essa é a única maneira de comprovar se aprendemos efetivamente a lição, cuja resposta só o tempo é capaz de dar...

Nossos amigos irão se reencontrar. O que foi deixado em suspenso – ou se não foi possível equilibrar energias em descompasso – terá de ser revisto. Outra oportunidade foi concedida para colocar cada coisa em seu lugar com o objetivo de não mais falhar; de evitar os mesmos equívocos de outrora. No entanto, quando aqui estamos, tudo se torna mais difícil! Esquecemos o que precisamos corrigir e acabamos por contrair mais débitos. Muitas vezes atribuímos nossos erros ao outro quando depende apenas de nós mesmos encontrar a felicidade.

Somos os artífices de nosso destino! Uma verdade irrefutável, que, infelizmente, muitos ainda tendem a questionar! Somos responsáveis por nossas escolhas e colhemos exatamente aquilo que plantamos! Assim disse Jesus há mais de dois mil anos!

Nossos companheiros desejam o mesmo que nós: a evolução espiritual. Para isso, precisamos empenhar todos os esforços, reavaliar todas as possibilidades e jamais contar com o fracasso. Vencer as próprias imperfeições deve ser a meta de todo aluno atento.

Responderemos pelos nossos atos em qualquer situação. Cabe a cada um de nós reexaminar condutas, pautá-las pelos ensinamentos que o Mestre legou e seguir em frente! Não podemos alegar ignorância, pois aqui já estivemos sucessivas vezes, assim como os personagens desta história, que, de acordo com suas escolhas, encontrarão a paz ou a discórdia, a luz ou as sombras, a felicidade ou o sofrimento.

Saberão eles conduzir dignamente sua existência? Saberão aproveitar as oportunidades? Encontrarão a paz em sua consciência? Conseguirão se redimir de seu passado tenebroso, repleto de atos equivocados? A resposta está contida nas próximas páginas...

Eles agora reencarnarão no Brasil, a futura pátria do Evangelho, em meados do século 20, num momento de glória para a terra do Cruzeiro, local onde a Doutrina Espírita fincaria bases sólidas, disseminando o socorro a tantas almas sofridas, educando e disciplinando ferramentas mediúnicas em meio ao ceticismo e à descrença absoluta na eternidade do Espírito.

Melhor local não haveria para que eles reencontrassem seu rumo, se reajustassem perante a Lei Divina, agregassem afetos e resolvessem as pendências emocionais. Afinal, nada fica sem resposta!

Escrita, novamente, a quatro mãos, esta história verdadeira é contada pelos personagens que se propuseram a uma nova encarnação, visando a acolher companheiros em sofrimento e unindo esforços para que, no final da jornada, possam encontrar a paz e o aperfeiçoamento moral a que todos estão sujeitos!

Que todos consigam finalizar sua experiência corporal acrescentando créditos, conquistando a evolução e fazendo a diferença onde quer que estejam!

Afinal, essa é a meta de todos!

Daniel
Maio/2016

Capítulo 1

Recomeçar

O dia tinha sido difícil como havia muito não acontecia. Otávio tentou conciliar a cirurgia, as aulas da universidade, o momento familiar tenso, e ficou esgotado. Precisava descansar, mas a simples ideia de voltar para casa lhe causava profundo pesar. Decidiu que ficaria dando voltas pela redondeza. Dirigir sempre o acalmava. Era assim desde que aprendeu a dirigir! Ocasionalmente se utilizava desse recurso a fim de acalmar os ânimos e se fortalecer para assumir a parte mais desgastante de seu dia: voltar para Camila e, consequentemente, à sua vida fútil e infeliz.

Era essa sua rotina nas últimas semanas desde que descobriu algo extremamente grave sobre a esposa. E então seu castelo de sonhos ruiu. Relutou a acreditar, até que constatou a veracidade dos fatos pela própria Camila.

Ele tinha se casado por amor e pensava que com ela tinha acontecido o mesmo. O casamento foi uma união de interesses de famílias ricas e tradicionais, mas se ele não a amasse, jamais se submeteria aos caprichos do pai. Sua mãe morreu quando ele ainda era adolescente. Otávio e a irmã, Clara, deram trabalho ao pai, que não sabia lidar com os filhos. Decidiu que sozinho não daria conta de criá-los e casou-se novamente, deixando-os ainda mais indignados. A jovem madrasta tentou se aproximar dos enteados, mas foi em vão. O pai acabou entregando a tarefa a Ester, a governanta que cuidava deles desde crianças.

Ao se lembrar disso, Otávio sorriu. Deu muito trabalho ao pai, muito mais que a irmã, que sempre tentava apaziguar os conflitos. Os dois eram muito unidos e escolheram a mesma profissão: eram médicos, seguindo a tradição familiar do pai, do avô e dos tios. Ele decidiu ser neurocirurgião e Clara se especializou no tratamento de crianças. Ainda jovem, ela se tornou uma renomada pediatra. Por que Otávio estava se lembrando de tudo isso? Talvez porque estivesse infeliz como havia muito não sentia! Voltou sua atenção para a rua e percebeu que estava bem distante de casa. Para onde estava indo? Sem rumo certo...

Apenas não queria voltar para casa. Não naquele momento! Estava uma noite enluarada, definitivamente a lua dos enamorados! Camila devia estar à sua espera como sempre fazia desde que se casaram, mas ela o tinha decepcionado demais! Otávio não sabia se o tempo poderia amenizar o que sentia. Depois da última conversa com a esposa, teve certeza de que não a conhecia. Sua vontade era dizer tudo o que seu coração guardava. Mas de que adiantaria? Nada ia mudar. Nada faria o passado voltar. Lembranças da juventude vieram à sua mente, e sentiu a angústia crescer ainda mais. Deveria ter ouvido sua intuição. Antes de se casar, algo lhe dizia que devia ser cauteloso na escolha da companheira. Lembrou-se dos sonhos estranhos que se repetiam sucessivamente, como a lhe mostrar algo indefinível e incompreensível. Mas tudo tinha ficado para trás. Sua vida tomou novo rumo, e agora devia lidar com as consequências de suas escolhas. A mulher que se dizia sua esposa foi capaz de fazer uma escolha séria, que dizia respeito aos dois, sem sequer consultá-lo! Seu coração parecia querer saltar pela boca e temia que algo lhe acontecesse, caso não conseguisse lidar com o problema.

Quando se deu conta, dirigia numa velocidade acima do permitido. De repente, algo passou à frente do carro, obrigando-o a frear bruscamente. O local era desconhecido e tinha pouca iluminação. Otávio estacionou o carro e desceu. Olhou ao redor e não viu ninguém. Ficou preocupado. Pensou ter atropelado alguém. Respirou fundo e, quando olhou para o alto, sentiu uma vontade imensa de chorar. Pensou em sua mãe, tão distante, a única que sempre o compreendeu, e sentiu--se só. As lágrimas escorriam em abundância e ele não segurou. Ficou lá por um tempo que não soube definir. Quando começou a sentir frio, decidiu voltar para casa.

De que adiantaria fugir de seu destino? Pensou em se separar, mas Camila jamais aceitaria. Tampouco as famílias! Triste sorte!

Fez o caminho de volta e, muitos minutos depois, chegou a casa, uma imponente construção herdada da família, construída pelos avós maternos, italianos ricos, com muitos títulos e muita determinação em aumentar a fortuna assim que chegaram ao Brasil. A mãe de Otávio, única herdeira, deixou a casa para o filho e outra propriedade no litoral para a irmã. As fazendas e as fábricas eram administradas por funcionários, pois tanto ele como a irmã nada entendiam do assunto.

Quando chegou, passava das onze horas e a casa estava às escuras. Camila devia estar dormindo, o que o fez dar um suspiro de alívio. Não queria encontrá-la, não naquela noite.

Ia subir as escadas quando ouviu:

– Esperei você para jantar – , falou, com voz firme e incisiva.

– Tive muito trabalho, me perdoe! Estou cansado, vou me deitar!

– Fique, precisamos conversar! – A voz agora era quase uma súplica.

– Não temos nada a falar, Camila!

– Por favor! Sente-se aqui comigo. Estou muito sozinha.

Otávio pensou em dar as costas e subir, porém seus pés estavam fincados no chão da sala. Ele teria de enfrentar tudo cedo ou tarde.

– O que quer falar? Já não me disse tudo que precisava? – perguntou friamente.

– Por que não consegue me entender? Serei essa criminosa que julga? Tenho meus motivos, meu querido. Não quero ser mãe, pelo menos não agora. Sou jovem, tenho tanto a viver, um filho me prenderia em casa. Você sabe que não nasci para essa vida. Eu...

– Pare de falar asneiras! Não quero mais ouvir seus argumentos! – Otávio estava furioso.

– Me escute, por favor! Como médico deve entender que as mulheres não têm muitas opções no que se refere à maternidade. O que fiz é o que todas fazem quando não querem ter filhos. Esses chás resolvem os problemas – Sua feição estava contrariada.

– Não sabia que a maternidade era um suplício para você. Poderíamos ter conversado antes. Você sabe que sempre desejei uma família grande, com muitos filhos. Se conhecesse seus planos, não teria me casado com você!

– Pensei que me amasse! Como fui tola! Pensei que seus sentimentos por mim fossem verdadeiros! – Sua voz agora se alterara. – Casou-se comigo apenas para que pudesse ter uma família? E eu? Minha vontade não lhe importa?

Otávio se calou, a discussão estava muito acalorada e não sabia onde terminaria. Tentou manter-se calmo, procurando dar novo rumo à conversa. Camila já estava aos prantos, e ele não podia tolerar isso.

– Escute, estou cansado, amanhã vou ter um dia cheio e preciso descansar. Vamos falar outra hora! Agora vamos dormir! – Foi até Camila e a aconchegou nos braços. Sentia-se responsável, não queria vê-la sofrendo. O problema é que ela fazia o que queria, e ficava por isso mesmo. E desta vez tinha extrapolado. Era preciso contê-la, mas não seria no calor de uma discussão que ela entenderia seu equívoco. Otávio sentia-se prisioneiro dos caprichos da esposa!

– Não fique bravo comigo, eu lhe peço! Não quero dividir você com ninguém, você é meu! Um filho mudaria nossa relação, e eu não quero! – A mulher o abraçava fortemente, como se pudesse perdê-lo.

– Acalme-se! Você não vai me perder! Estou aqui! – Resignado, subiu com ela as escadas.

Mais uma vez ele se rendia. Até quando iria persistir essa situação? Otávio se perguntava intimamente sem encontrar respostas!

Na manhã seguinte, ao despertar, encontrou a esposa sentada ao pé da cama, encarando-o fixamente. O olhar parecia perturbado, e isso o incomodou.

– O que aconteceu? – perguntou ele.

Silenciosa, apenas o observava. Mas seu rosto dizia tudo.

– Você pretende me deixar? – Sua voz era apenas um sussurro.

Otávio não sabia o que responder. Estava cansado de tudo, entretanto, jamais faria algo de forma impulsiva e descontrolada.

– Não pretendo discutir esse assunto a essa hora da manhã. Tenho uma cirurgia complicada logo mais. Por que está dizendo isso?

– Sonhei que você me deixava! Não vou conseguir viver sem você, entenda isso! – E desatou a chorar, estratégia que sempre amolecia o coração do marido. Porém, desta vez, algo o fez permanecer firme.

– Pare com essa história e se controle. Já disse que foi uma decepção quando descobri que interrompeu uma gravidez. O que fez é perigoso e pode comprometer gestações futuras. Nem sei quantas vezes já fez isso. Ah, e exijo que procure um ginecologista. Ele vai explicar para você tudo sobre o perigo desses chás. E eu já disse que não ter filhos não está em minhas opções, portanto reavalie seus planos. Não vou deixar você, se é isso que a perturba. Porém, não pense que tudo vai ficar como antes. Você não é mais uma criança mimada que decide sobre sua vida isoladamente. Não tem esse direito! Vamos conversar depois que você se consultar com um especialista. Peça para sua mãe acompanhá-la. Agora, se me permite, tenho de ir, estou atrasado. – E levantou-se, deixando a esposa ainda chorando.

Camila, em mais um de seus ataques de histeria, passou a jogar objetos na parede, num gesto descontrolado de fúria. O marido apenas fechou a porta do quarto, sem nada dizer. Otávio conhecia aqueles métodos da esposa para atingi-lo, porém, desta vez não surtiram efeito.

A indiferença do marido fez crescer a ira de Camila, que se acalmou um pouco quando Otávio disse com a voz entrecortada pela emoção:

– Se não se controlar, eu vou interná-la! Você está doente e precisa de ajuda! Quero que saiba que não a acompanharei nessa triste jornada. Vai ficar definitivamente sozinha! – E saiu.

Na sala, encontrou a fiel empregada, que o olhava com pesar.

– Eu vou cuidar dela, pode ir tranquilo. – Seu olhar de compreensão tocou o coração do médico.

Dalva estava naquela família desde muito jovem e presente em todos os momentos difíceis que Otávio enfrentou na vida. Leal e discreta, tinha sentimentos de afeto verdadeiro por aqueles que a acolheram quando chegou sozinha à cidade grande. Eles eram sua família e tudo faria para vê-los em harmonia. Não tinha gostado da escolha que Otávio fizera para esposa, mas jamais comentou sobre o assunto, nem que a vida dele seria fadada à infelicidade. Camila era conhecida pelos seus encantos, mas também pelo seu gênio irascível. O patrão merecia uma companheira melhor, mas, como uma serviçal, Dalva jamais diria isso a ele. Sua tristeza foi perceber o olhar de desalento que ele ostentava. Sentiu ímpetos de abraçá-lo, como faria sua mãe, uma mulher admirável que a morte levou tão precocemente. Olhou nos olhos de Otávio, e todo o carinho que portava coube em poucas palavras.

– Não fique desalentado, meu jovem. A vida é muito mais que isso. Fique atento aos sinais que ela oferecer! Não se preocupe com Camila, pois, assim que você sair, ela vai começar a dar ordens, totalmente equilibrada. Ela quer apenas atingi-lo, fazendo-o se sentir culpado. Mas você não é responsável por atos alheios à sua vontade. Portanto, vá em paz.

Otávio foi até Dalva e lhe deu um beijo afetuoso.

– Obrigado, Dalva. Eu precisava ouvir isso!

Assim que o médico saiu, tudo aconteceu conforme Dalva previra. Camila se recompôs e passou a gritar o nome da empregada insistentemente.

– Pois não! – E entrou no quarto, que mais parecia um cenário de guerra.

– Limpe tudo, mas antes prepare meu banho. Vou sair!

Dalva atendeu aos caprichos da patroa, que, muitos minutos depois, desceu para o café, com os cabelos longos presos num coque que lhe dava um ar de seriedade. Era uma dama da sociedade e precisava se comportar como tal.

– Estarei com minha mãe o dia todo. Temos compras a fazer!

Dalva deu de ombros, jamais iria contestar qualquer atitude dela. Sabia, no entanto, que, se Camila não modificasse seus atos, os dias de tranquilidade afetiva estavam contados. Havia alguns anos, Dalva frequentava uma casa espírita. Certa vez, numa consulta a uma senhora que dirigia os trabalhos, questionou sobre a infelicidade do patrão. Ouviu coisas interessantes e esclarecedoras, mas nunca divulgou nada a quem quer que fosse. Era seu segredo! Já tinha pensado em falar com Otávio, mas não queria invadir sua privacidade. Tanto ele como Clara sempre estariam em suas preces pelo amor que sentia por eles. E isso bastava!

Camila foi à casa de sua mãe, Carmen, uma senhora de meia-idade de olhos bondosos e sábios.

– Algo a preocupa! – A mãe olhava para a filha contrariada e a acolheu afetuosamente nos braços.

– Minha vida está um inferno e ninguém pode me ajudar!

– Conte-me tudo, e, quem sabe, juntas não encontraremos uma resposta?

– É Otávio! Ele quer se separar de mim! – A frase soou friamente.

A mãe conhecia a filha e não aprovava seu comportamento. Sabia que ela não era totalmente sincera com o marido e que usava de subterfúgios para protelar a maternidade. Soube que a filha tinha visitado uma especialista em ervas medicinais, para comprar um chá abortivo.

Definitivamente, Camila não queria ter filhos. Na cabeça dela, a maternidade poderia prejudicar seu relacionamento com Otávio. Algumas amigas lhe contaram que seus maridos se tornaram distantes após a chegada dos filhos. Camila não permitiria que isso acontecesse com eles! Jamais! Otávio lhe pertencia e não pretendia dividi-lo com ninguém! Nem mesmo com um filho!

Já tinha movido esforços para afastar a cunhada, pois a cumplicidade entre o marido e a irmã a incomodava demais. E sentiu-se confiante. Mas agora tudo havia se complicado! Otávio ouviu sua conversa com uma amiga a respeito do chá abortivo. Depois disso, sua vida se transformou num inferno. Não passava um dia sem ouvir acusações do marido. Ele não concordava com ela. E se resolvesse deixá-la?

Contou à mãe sobre seus temores e as discussões constantes. Carmen sabia que a filha não agira corretamente com o marido ao esconder sua decisão de não ter filhos. Ela pensava como Otávio. Sonhava com uma casa repleta de netos. Camila era sua esperança, já que Sofia, a filha mais velha, não pretendia se casar. As duas nunca tiveram um relacionamento fraterno. Viviam às turras, não se respeitavam, e Carmen não conseguia entender tamanha desavença entre elas. Jamais conseguiram trocar palavras de carinho e respeito. As duas filhas eram muito bonitas, cada uma ao seu jeito. Frequentavam a alta sociedade desde jovens, e cada uma tinha seu rol de amigos. As festas eram distintas, os passeios, também. Pareciam Sol e Lua. Não podiam estar juntas sob hipótese alguma. O pai tinha desistido de conseguir a união entre elas e sentia imensa tristeza por seu fracasso.

Carmen ouviu o relato da filha, que era dramática ao extremo, e tentou conciliar.

– Minha filha, seu marido está certo de estar furioso, afinal, você não agiu de maneira sensata. Essa decisão não pode ser unilateral, apenas em função de seus interesses. Ele deseja uma família, e você sabia disso ao se casar. Que mal teria a presença de um filho? Fui muito feliz em ter vocês duas. Realizei meu sonho de maternidade e não me arrependo um instante sequer disso. Um filho traz alento, alegrias e um forte desejo de zelar e proteger. O que a apavora tanto? – A mãe queria entendê-la.

O olhar que Camila endereçou à mãe era frio e enigmático.

– Não quero dividi-lo com ninguém! Isso é motivo suficiente para mim! Não vou ceder! Ele é meu e de mais ninguém!

– E se ele não concordar com sua decisão? E se deixá-la? Não seria pior perdê-lo por esse motivo tão fútil?

– Não fale assim! Ele não vai me deixar, eu não vou permitir! Ele ficará comigo até o fim dos meus dias! Ele me prometeu! – Seu olhar parecia distante.

– Camila querida, nenhum ser é cativo de outro. Ele não é sua propriedade. Otávio pode fazer suas próprias escolhas. O amor é condição essencial para que duas pessoas vivam juntas e superem suas dificuldades, porém não é capaz de sobreviver a artimanhas. Ninguém gosta de ser enganado! Vocês precisam conversar sobre o assunto. Faça como ele lhe pediu, procure um médico e converse a respeito. Creio que isso irá acalmar seus ânimos. – A mãe era uma pessoa ponderada.

– Acho que você ainda não entendeu: eu não tenho dúvida alguma sobre a questão. Não quero filhos que irão dividir o amor que ele tem por mim! É minha decisão! Vou convencê-lo de que meus motivos são suficientes.

– Você está confiante demais, e isso me perturba. Você não pode querer que todos correspondam às suas vontades. Não é assim que funciona, minha filha. Otávio não se renderá facilmente a seus caprichos. Escute sua mãe ao menos uma vez. Não faça nada de que possa se arrepender. Lembre-se: responderá por tudo o que fizer – disse a mãe convicta.

Camila lhe endereçou um olhar frio e cortante.

– Não vim aqui para ouvir isso. Pensei que estivesse ao meu lado em qualquer circunstância, mas está prevendo um destino trágico para mim. Que tipo de mãe é você?

– Uma mãe que ama sua filha e quer alertá-la de que o caminho que segue não é o que a conduzirá à felicidade. É minha função protegê-la, mesmo que eu tenha de dizer coisas que não quer ouvir! Não posso ser conivente com sua atitude – Carmen tentava contemporizar.

– Guarde seus discursos para Sofia, que precisa mais do que eu! Aliás, a senhora deveria estar atenta ao comportamento leviano da minha irmã. Todos estão comentando! E agora está perdendo seu tempo comigo! Volto outro dia, quando estiver mais calma – disse, com raiva, e saiu em seguida.

Carmen olhou tristemente para a filha e passou a refletir sobre a vida...

Capítulo 2

Um grave problema

Otávio chegou ao hospital e iniciou sua rotina estressante. Teria apenas algum tempo livre e pensou em ligar para a irmã, que fazia alguns dias não dava notícias. Estava para sair e comer um lanche, quando a porta do consultório se abriu.

– Oi! Podemos conversar? – Clara foi até o irmão e lhe deu um afetuoso abraço.

– Não fique tanto tempo sem dar notícias! Algum problema? – Ele sabia que Camila deveria ter falado algo à irmã, mas queria ouvir de sua própria boca.

– Não, meu querido. Apenas muito trabalho – , disse, sorrindo para o irmão. Clara e Otávio eram muito ligados desde a infância e cada qual conhecia o outro profundamente. A irmã, apesar de aparentar naturalidade, tinha uma sombra no olhar.

– Vejo uma ruga em sua testa! Qual o problema que a aflige? – questionou Otávio.

– Antes, quero saber de você. Não tenho tido bons pressentimentos. É Camila que o tem atormentado? – Era direta como sempre, tornando impossível qualquer negação.

– Nenhum de nós consegue enganar o outro, não é mesmo? Camila é um problema insolúvel e não quero discutir isso agora. A conversa é longa, e precisaremos mais do que alguns minutos, que é o que eu tenho hoje. Minha agenda está cheia.

– Não tem tempo para me ouvir? – choramingou a irmã.

– Pedindo desse jeito, como posso recusar? Sente-se e me conte o que a preocupa.

– Você sabe do meu trabalho voluntário no orfanato das irmãs. Lá encontrei...

E então Clara começou a contar sobre Augusto, um garoto de apenas oito anos, muito maltratado pela vida. Sua mãe, uma prostituta que apenas lhe oferecia maus-tratos, perdeu a guarda do filho quando ele tinha apenas quatro anos. Depois disso, o garoto passou por algumas famílias, mas em nenhuma recebeu o afeto de que necessitava. Por apresentar comportamento agressivo, era sempre devolvido à adoção. Clara, que havia anos visitava um orfanato administrado por uma congregação religiosa, notou aquele menino que chegara ali apenas alguns meses antes. As assistentes sociais solicitaram sua transferência de outro lugar, acreditando que numa cidade grande seria possível que ele encontrasse assistência psicológica e, quem sabe, um lar definitivo. Era um garoto franzino, de semblante sério e de atitudes agressivas, foi o que ela constatou assim que o encontrou. Sentiu um imenso e inexplicável carinho por ele, solidarizando com seu sofrimento. Augusto era arredio e não se misturava com outras crianças. Desde que chegara lá, vivia isolado. A tristeza em seu olhar havia tocado o coração de Clara.

– Onde ele está agora?

– No orfanato. – Clara estava radiante com a possibilidade de ajudar o garoto. – Podemos ir até lá? Não fica longe daqui. Ficarei lhe devendo mais uma! – ela sorria.

– Querida irmã, se fosse te cobrar todos os favores... Espere alguns minutos, que vou reagendar algumas consultas. Vou tirar a tarde para você! – E então Otávio explicou à secretária que tivera uma emergência e teria de sair. – Vamos?

O trajeto até o orfanato foi curto. Clara chegou distribuindo abraços e sorrisos a todas as crianças que lá estavam. Otávio sorria vendo a felicidade da irmã ao lado daqueles seres tão desprovidos de afeto. Um garoto chamou-lhe a atenção. Estava sentado, todo encolhido, numa atitude defensiva. Apenas com um olhar da irmã, ele confirmou que se tratava do garoto em questão. Ela se desvencilhou das crianças e seguiu em direção a Augusto, que, ao perceber quem se aproximava, tranquilizou-se.

– Oi, Augusto. Quero lhe apresentar meu irmão Otávio. Ele é médico assim como eu e quer conversar com você. Tudo bem? – Suas palavras eram permeadas de carinho.

O garoto levantou o rosto e encarou o médico com um olhar triste.

– Muito prazer. Podemos conversar um pouco? Clara ficará conosco.

– Você se esqueceu do meu abraço – disse Clara, indo até o garoto. Quando ela o embalou, Augusto deu um suspiro, sentindo-se protegido.

– O que ele quer de mim? – perguntou, apontando Otávio.

– Quero apenas conversar com você alguns minutos. Prometo que será breve – respondeu o médico.

O menino se levantou e pediu que o seguissem. Foram até um banco no lado de trás da casa, onde ele sempre permanecia, isolando-se de todos.

– A senhora fica comigo? – Seu olhar era de temor.

– Estarei com você se assim desejar. – E pegou as mãos do garoto entre as suas.

Otávio fez uma série de perguntas, pediu que Augusto fizesse alguns movimentos e, alguns minutos depois, sorriu para ele.

– Doeu? Não lhe disse que seria tranquilo?

– Por que tantas perguntas? – Ele estava curioso.

– Queria conhecê-lo e saber um pouco a seu respeito. Clara se preocupa muito com você e quer ajudá-lo. Por que se isola dos outros? – A pergunta foi direta.

– Eles não gostam de mim e eu também não gosto deles. A irmã Felícia me disse que posso escolher onde ficar. Prefiro ficar sozinho, assim eu tenho paz. – Seu olhar perdeu-se no infinito. Continha tanta dor, que Otávio ficou emocionado. Jamais ouvira uma criança nessa idade falando sobre paz. Ele carregava muita mágoa no coração.

– Porém, ao ficar distante deles, você não tem com quem brincar. O que faz sozinho?

– Fico sonhando! – Naquele instante, um sopro de esperança pairou em seus olhos.

Clara virou-se de costas para que ele não visse suas lágrimas.

Ela sabia que tipo de sonhos ele acalentava, e que talvez jamais se concretizassem.

– Sonhos felizes, quero crer! – Otávio arriscou, com o intuito de fazer o menino se abrir.

– Apenas sonhos –, disse isso e se fechou novamente em seu casulo.

– Não quer falar sobre eles? – Otávio insistiu.

– Irmã Felícia diz que nossos sonhos nos pertencem e a mais ninguém! Todos podem sonhar o que quiser! Não posso contar, senão eles não se realizam. – Era realmente tocante a dor que ele trazia, se traduzindo numa visão estreita da vida. Ele precisava de um especialista que pudesse ajudá-lo a compreender o mundo antes que fosse tarde.

Clara decidiu interromper a conversa, que poderia deixar Augusto ainda mais sensível.

– Irmã Felícia não sabe tudo sobre todas as coisas. Não há problema algum em contar seus sonhos, mas só fará isso se quiser, combinado?

– Você sabe de tudo? – Ele sorriu pela primeira vez.

– Não, meu querido, ninguém sabe de tudo. Podemos saber algumas coisas e outras não.

– Você aparece aqui todas as vezes que eu a chamo em pensamento. Sabia disso?

A médica ficou emocionada com a declaração do garoto, e ele estava com a razão. Ela ia até lá movida por um impulso, como se alguém dela necessitasse. Era ele a chamá-la!

– Não sabia! Quer dizer que você me chama e eu apareço? Você é mágico? Ou o quê?

O garoto deu uma gargalhada e disse tristemente:

– Se eu fosse mágico, já teria desaparecido para nunca mais ninguém saber de mim.

– E iria me deixar? – Clara lhe direcionou um olhar carregado de magnetismo.

– Não! Jamais vou ficar longe de você novamente! – A afirmativa sincera e firme sensibilizou os dois médicos. Era como se ele já a conhecesse. Clara tivera a mesma percepção e precisava ajudá-lo; era o que sabia em seu íntimo.

Naquele momento, irmã Felícia gritou por Augusto. Ela era uma freira muito simpática que cuidava das crianças. E, diferentemente das outras, era muito alegre e afetuosa. As crianças tinham verdadeiro carinho por ela. E vice-versa!

– Augusto querido, está na hora do lanche. Não vai convidar Clara e seu irmão? Serão todos bem-vindos. Ela tinha um sorriso encantador.

– Vamos? – disse o garoto.

Otávio foi o primeiro a responder:

– Agradeço o convite, mas hoje não posso. Prometo voltar aqui se você deixar.

– O senhor e Clara podem vir quando quiserem. Eu gosto de vocês! – E saiu, sem antes dar um abraço apertado em Clara e um aperto de mão em Otávio.

A freira saiu com o garoto, deixando os dois refletindo sobre o ocorrido.

– Ele não tem nenhum problema neurológico, e acho que me trouxe aqui por outro motivo, não? – Otávio endereçou um olhar inquiridor à irmã.

– Ele precisa de ajuda, não percebeu?

– Sim, mas não de um médico neurologista. Uma pediatra resolveria, não acha? O que pretende? Diga de uma vez.

Clara ficou séria e não respondeu.

– Esse menino já passou por tantos problemas, que precisa de algum suporte emocional. Talvez uma psicóloga possa ajudar. Vamos, Clara, me diga o que pretende.

– Ainda não me decidi. Tenho tido algumas ideias, mas preciso amadurecê-las primeiro. Bem, já tomei seu tempo demais. Já que disse que terá a tarde livre, que tal almoçarmos? Tenho tanta coisa para falar.

– Eu também, minha irmã! Acho que estou realmente precisando de uma pausa. Vamos?

Os dois saíram, sem antes se despedir de todas as crianças. Decidiram almoçar num local do qual tinham muitas recordações felizes.

– Faz tempo que não venho aqui – disse Clara saudosa.

– Eu também! Era o preferido de mamãe, jamais vou esquecer.

– Os olhos de Otávio voltaram ao passado e um sorriso triste se fez presente. – Sabe de que me lembrei?

– Sei! Impossível esquecer! – E os dois deram uma risada. – Você era impossível, maninho! Mamãe sempre se lembrava dessa sua passagem.

– Tenho tantas saudades dela! Por que foi embora tão cedo?

– Sempre a mesma pergunta!

– Que ninguém nunca soube me responder! – Otávio ficou sério.

– Deus deve ter seus motivos! Ester sempre conversou comigo sobre isso, mas você nunca lhe deu ouvidos. – Clara sorriu ao se lembrar da governanta, que partira havia alguns anos.

– Chega de recordações. Falemos do presente.

– Concordo, meu irmão! Preciso de alguns conselhos. Falando nisso, papai me pediu um favor irrecusável, mas preciso de sua ajuda.

Desde o segundo casamento do pai, Otávio não era mais tão próximo dele; porém, jamais recusaria algo a ele, um médico idoso ainda ativo na profissão. Tinha se mudado para o interior, próximo às suas fazendas, onde mantinha um hospital. Teve alguns problemas de saúde, e o local era mais adequado a seu restabelecimento.

– Como está Marina? Aposto que tem reclamado até hoje da mudança –, disse, sorrindo.

– Foi o melhor para papai, você sabe. Lá os problemas dele amenizaram, e ele confirmou que está adorando tudo. O que Marina pensa é problema dela. Como uma boa esposa que pretende ser, deve estar ao lado do esposo em qualquer situação.

Marina era a segunda esposa do pai, bem mais jovem do que ele e, portanto, com mais disposição para aproveitar a vida. E foi exatamente isso, o dia a dia conturbado, regado a festas e muita bebida, que fez o pai adoecer. Problemas cardíacos surgiram e o obrigaram a rever a maneira de conduzir sua vida. Foi depois disso que decidiu mudar para o interior e cuidar do hospital que herdara da família. E cinco anos se passaram desde então. Otávio pouco o visitava. O pai sentia sua ausência e reclamava com a filha, solicitando a presença de ambos em ocasiões especiais.

– Aliás, faz tempo que não o vê. Nos falamos semanalmente, coisa que você não tem feito. Ele precisa de nós e pediu que eu lhe falasse.

– Por que ele não me pede? Sempre precisa de intermediários? –

A relação entre eles era difícil, e Clara agia como conciliadora.

– Deixe de ser criança, Otávio. É hora de crescer! A vida de papai lhe pertence e ele fará com ela o que quiser. Tenho certeza de que mamãe aprovaria qualquer decisão dele, pois a vida continua e não podemos permanecer estacionados na estrada! Marina é uma boa esposa e tem feito papai feliz, e isso é o que importa. Sabia que faz mais de quinze anos que se casaram?

– Você sabe tanto quanto eu que ela se aproximou do papai por interesse. Ela o seduziu e conseguiu seu objetivo! – A voz de Otávio era carregada de mágoa.

– Mas nesses anos todos tudo mudou. Sei que ela usou de artimanhas para se casar, e papai percebeu sua intenção, visto que se casou com separação de bens. Ele conversou outro dia comigo e disse que ela o tem feito muito feliz. Papai sente muita falta de nós, e prometi que iria mudar as coisas. Porém, preciso da sua ajuda – e sorriu para ele.

– Você promete coisas em meu nome! Cada dia está mais abusada! O que ele quer?

– Duas coisas: a primeira é fácil. Ele faz aniversário no fim do mês, e Marina quer oferecer um almoço para os amigos e nós. Nossa presença não é opcional, entendeu? A segunda, mais complicada, é visitar o hospital e conhecer como ele funciona. Papai vai viajar, e ficará fora por três semanas. Eu disse que iria me programar e que seria possível. Você, como o mais ocupado dos homens, precisa de mais tempo para avaliar, estou certa? – Clara olhava firmemente para o irmão, não aceitando sua recusa.

– Quando isso será? Você sabe que não posso me ausentar da universidade.

– Será nas férias, meu irmão querido. Vamos ficar juntos três semanas. Sabe há quanto tempo isso não acontece? Lembra-se de nossas férias infindáveis?

Doces lembranças do passado novamente afloraram. Foram dias felizes!

– Não somos mais crianças, Clara. Nossa vida hoje é outra. Iremos lá com outro propósito e nem sequer teremos tempo para ficar na fazenda.

– Deixe de ser um velho rabugento, está pior que papai. O que Camila tem feito com você? – Ao dizer isso, Clara se arrependeu no mesmo instante, pois percebeu que muitas sombras visitaram o semblante do irmão, que se calou. – Oh, desculpe – disse.

– Camila é o tema que eu queria conversar com você. Tem razão, ela é a responsável. Nem sei como lhe falar – estava constrangido em conversar sobre a esposa.

– Comece do princípio. O que o está afligindo? – E pegou a mão do irmão.

– Ela é uma grande decepção, Clara. Se eu pudesse voltar atrás, não teria me casado com ela. Sei o que vai dizer sobre isso e peço que não fale. Deveria ter escutado você, mas agora é tarde e terei de resolver de outra maneira.

– O que aconteceu, Otávio? Conte-me tudo.

Ele iniciou o relato contando sobre a decisão de Camila em não ser mãe, coisa que ocultou desde que se casaram. Ele ouvira de sua própria boca que os chás abortivos eram algo que todas as mulheres utilizavam e achava isso natural. Nem sequer pensou nos riscos que advinha dessa prática não permitida pela medicina tradicional. Existiam outros métodos contraceptivos, mesmo que não fossem completamente seguros. Ele estava inconformado, pois não sabia, definitivamente, se ela já abortara em alguma outra ocasião. Tinha lhe contado apenas que era consumidora usual do tal chá. Já teria abortado alguma vez? Essa dúvida o consumia, não pelo gesto em si, mas pela negação da possibilidade de ser pai.

A irmã ouvia as palavras carregadas de angústia.

– Otávio querido, você sabe que a vida é sagrada, que aprendemos como zelar por ela em qualquer situação. Camila deve ter seus motivos e não pensa como nós. Não a julgue de forma tão implacável. Procure entender as razões dela. Quanto à eficiência desses chás, isso é algo questionável, meu irmão. E se uma vida estiver programada a vir, assim ocorrerá. Nem todos os chás do mundo serão capazes de impedir que um ser renasça. Não creio que essa deva ser sua maior preocupação. Já aceitar os caprichos de sua esposa, não vejo por que se dobrar a eles. Converse com ela e diga exatamente tudo o que pensa a esse respeito. Essa decisão deve partir de ambos, não apenas dela. Sei que sempre desejou ser pai, e ela não pode agir de forma tão egoísta, privando-o de seu maior sonho. Camila continua a mesma! – Clara não gostava da cunhada, principalmente depois da última conversa, que preferiu manter em segredo, pois magoaria ainda mais o irmão.

– Falando assim parece fácil, porém você a conhece tanto quanto eu. Tenho pensado seriamente em ser firme em minha decisão e, caso ela não ceda, não sei o que poderá acontecer! – O olhar de Otávio parecia antever seu destino. Não queria se separar dela, afinal casara-se por amor. No entanto, os anos foram passando e mostrando facetas da esposa que o desagradara demais. Não queria pensar nessa possibilidade!

Clara percebeu o irmão muito infeliz, e isso a abalava profundamente.

– Não gosto de vê-lo assim! Quero a sua felicidade mais do que tudo! – E apertou fortemente a mão dele. – Tenho uma ideia... – Havia esperança em seu olhar.

Capítulo 3

Uma solução possível

— Já pensou em levá-la a um psicólogo ou psiquiatra? Conheço alguns que poderiam fazê-la repensar suas ideias. Você sabe que poucos aderem a esse tipo de terapia. Mas em nosso meio social alguns profissionais já estão até enriquecendo com isso. Parece ser chique deitar-se num divã e contar seus problemas. Aposto como Camila vai apreciar a ideia de ter alguém à sua disposição para ouvir suas infindáveis queixas. É obvio que vai desejar o mais caro e o mais famoso! – disse, dando uma risada.

— Como você é cruel, querida irmã! Onde encontrarei alguém que se submeta a ela e a suas impertinências? Eu não queria estar no lugar dessa pessoa.

— Vou me informar e nos falamos depois. É uma alternativa. Ou ela conseguirá refletir ou encontrará alguém que acoberte suas ideias egoístas. Vou procurar alguém ético e que, ao mesmo tempo, não se escandalize com ela, sempre irreverente. Você prefere que seja homem ou mulher? – A irmã tinha uma pessoa em mente, mas antes gostaria que o irmão sinalizasse.

— Isso pouco importa, Clara. Desejo alguém em quem ela possa confiar. O que acha?

— E que possa mostrar-lhe que ninguém pode ser feliz sozinho, não é mesmo? Se ela realmente o amar, vai refletir e repensar sua vida, colocando você ao lado dela em qualquer decisão que tomar. O que não tolero é ver você sofrendo! Isso tem de ter um fim! Vou conversar com algumas pessoas e ligo ainda essa semana. E quanto ao papai, posso dizer que estaremos lá no mês de julho?

– Como posso recusar-lhe algo? Sempre esteve ao meu lado em qualquer situação, me auxiliando, cuidando de mim, é hora de começar a retribuir.

– Realmente está na hora –, respondeu, com seu sorriso cativante.

Clara era uma mulher muito bonita, cheia de atrativos, mas sempre estava sozinha. Sua vida amorosa era sempre um grande mistério. Teve alguns namorados na juventude, depois focou nos estudos. Dizia que namorar a distraía excessivamente, preferindo a solidão. Otávio, no entanto, acreditava que ela sofrera alguma desilusão amorosa. E sempre que a ocasião permitia, questionava-a sobre isso.

– Clara, agora me responda: já encontrou alguém ou continua só?

– Vai iniciar o interrogatório? Já lhe disse que será o primeiro a saber. Se eu encontrasse alguém feito você, quem sabe! – e sorriu-lhe novamente, dessa vez com o olhar distante.

– Tem algo em seu olhar! Vai me contar? – Otávio brincava com ela.

– Não queira ver o que não existe. Ainda estou só, se é o que quer saber. Porém, talvez seja por pouco tempo. – O olhar do irmão brilhou. – Mas não é esse tipo de companhia que pretendo. Pensei em adotar Augusto. – As palavras saíram diretas, sem qualquer sombra a ofuscar o brilho no olhar.

Otávio ficou sem palavras para argumentar. Nada entendeu.

– Não faça essa cara de espanto, como se tivesse ouvido algo tão absurdo assim. Estou seriamente pensando em pedir a guarda de Augusto.

– Não está se antecipando? Era esse o assunto que queria me falar?

– Tenho pensado muito nessa possibilidade e queria ouvir sua opinião antes de qualquer coisa. Valorizo seus pontos de vista, pois tem discernimento e lucidez.

– Pretende fazer isso sozinha, sem um companheiro a auxiliá-la? Esse tipo de adoção é possível? Daria conta dessa tarefa? – Ele estava visivelmente preocupado.

– Procurei me informar sobre a questão e parece que é possível. Tenho um trabalho digno, sou independente, sou jovem, preencho os requisitos necessários.

– E por que Augusto, um garoto tão problemático?

– Talvez por esse motivo que descreveu. Ele precisa de um lar, de alguém que o ame e que possa suprir suas carências. Foi amor à primeira vista! Assim que o vi, senti que precisava fazer algo por ele. Uma conexão se estabeleceu, e, desde então, só penso na possibilidade de tê-lo comigo. É algo tão estranho assim? Sempre desejei filhos, você sabe disso. Vou esperar até quando para isso acontecer?

– Quem sou eu para lhe dizer o que fazer ou como fazer. Você sempre foi ponderada em seus posicionamentos, jamais tomou decisões por impulso. Não vejo empecilhos, apenas me preocupo se essa é a melhor atitude a tomar. Ele é um garoto sofrido, carregando traumas talvez irreversíveis, o que pode lhe custar a sua paz, minha irmã. Sabe que estou ao seu lado em qualquer situação e vou apoiá-la em suas decisões. Se é isso que seu coração e razão a convidam a realizar, como posso discordar?

– Vou ver os procedimentos iniciais para uma guarda provisória, que é o primeiro passo. Conversei com os advogados de mamãe e eles disseram que tenho muitos pontos a meu favor. Faltam avaliações psicológicas de Augusto, que serão encaminhadas ao juiz. Vão também avaliar se possuo as condições necessárias para o cargo que estou pleiteando: ser mãe. As assistentes sociais irão vasculhar minha vida para ver se encontram algo que possa denegrir minha imagem. São os procedimentos...

– Se vierem me perguntar sobre você, contarei tudo o que fez com meu jogo de botões! – E os dois deram uma gostosa gargalhada.

– Me poupe, Otávio, caso contrário, contarei o que fez com minhas bonecas. – O ambiente já se descontraíra e ambos estavam leves e em paz. Os encontros entre eles sempre eram permeados de risos, amor e, especialmente, de paz.

– Façamos um brinde! – disse Otávio, e então os dois levantaram seus copos de suco e brindaram. – Ao amor!

Já passava das quatro horas, não havia mais ninguém no restaurante, quando decidiram retornar a seus afazeres, prometendo um novo almoço para a próxima semana.

Otávio já tinha resolvido não voltar mais ao hospital e aproveitou para passar na universidade. Teria de resolver tudo antes do fim do mês para poder viajar sem deixar qualquer pendência relativa a provas ou notas. Ficou até tarde por lá. Quando decidiu sair, percebeu que já anoitecera. Pensou em dar voltas pela cidade, pois não queria voltar para casa. Isso já estava se tornando uma constante!

Quando chegou, encontrou Camila sentada no sofá da sala.

– Vamos jantar? Estava esperando você, querido. Tenho boas notícias.

– Eu também.

O jantar foi servido com toda a cerimônia, pois assim ela exigia todas as noites. Otávio perguntou:

– Já marcou consulta com seu médico?

– Irei no final da semana. Era isso que queria lhe falar. Tentei antecipar, mas dr. Cláudio estava sem horário. Deseja ir comigo? – A pergunta foi direta.

– Peça a sua mãe para acompanhá-la. Esta semana estou com a agenda cheia e pretendo resolver tudo até o fim do mês.

– Por que a urgência? Quais são seus planos? – perguntou curiosa.

Otávio contou sobre o pai e sua solicitação, a qual não poderia negar. Camila ia fazer um comentário, mas se calou, percebendo que não era o momento para contradizer o marido.

– Ficará lá todo o mês de julho? E nossa viagem?

– Temos de adiar. Não posso recusar nada a meu pai. Aquele hospital é sua vida e será nosso, meu e de Clara. Nada mais justo do que nos inteirarmos de suas atividades. Mas por que perguntou se ficarei lá? Não pretende me acompanhar?

– Você sabe que não gosto do clima de lá. É seco demais! Ficarei aqui em São Paulo. Camila sempre era egoísta em suas colocações. Pensava exclusivamente em si.

– Não irá me acompanhar? Você é minha esposa! – Sem perceber, ele já elevara seu tom.

Camila respirou fundo e tentou desconversar; não era momento de mais conflitos.

– Desculpe-me, querido. É claro que irei com você, afinal não tenho intenção de deixá-lo largado por lá, em meio às jovens da cidade.

Seu pai está bem? Há tempos não o vemos. Marina está preparando um almoço para ele, só que eu não sabia que seria tão breve. Só espero que o doutor Cláudio não encontre nada que me impeça de acompanhá-lo. – Naquele momento já pensara em inventar um tratamento que a impossibilitasse de viajar. Não ficaria um mês inteiro distante da capital. Pensaria numa alternativa!

No final do jantar, Camila se lembrou do que ele dissera assim que chegou:

– Disse que tinha algo a me falar. O que é?

– Depois de nossas extenuantes conversas acerca da maternidade, que não encontramos um ponto comum, creio que seria interessante conversar com um terapeuta sobre a sua negação em ter filhos. – Ele foi o mais direto e contundente que pôde.

Ela ficou rubra e não respondeu de imediato. Pensou um pouco e disse:

– Você quer que eu procure um psiquiatra? Acredita que eu tenha algum problema? É uma decisão que cabe a mim! – A voz dela estava trêmula.

– Uma decisão que cabe a nós, não a você apenas! Dirá que tem seus motivos, porém são questionáveis. – Ele tentava argumentar.

– Eu não quero! Não vou dividir você com ninguém! – Seus olhos brilhavam.

– Isso não é normal! Por isso precisa conversar com alguém que possa ajudá-la. Não consigo compreender você, está aquém das minhas possibilidades. Esse amor é doentio, Camila, não é normal. Me dê outro motivo para não querer ser mãe!

– Tenho medo de que nossa vida jamais seja a mesma. Uma criança só traria problemas em nossa vida. Confie em mim! – Ela tentou segurar seu braço.

– Você precisa de ajuda! Agora mais do que nunca! Não posso fingir que tudo está normal, quando nossa vida passou a ser esse inferno. Você fica descontrolada toda vez que toco nesse assunto. Não é essa vida que desejo viver! Vou encontrar um bom terapeuta e você irá vê-lo, estamos conversados? – A pergunta foi incisiva.

– Já estou indo ao médico como pediu, agora isso? Você não me ama mais? – Sua voz era um lamento, que tocou as fibras do coração de

Otávio, mas ele se manteve firme.

– Por te amar que ainda tenho forças para não aceitar suas loucuras. No entanto, a cada dia sinto que algo vai se modificando dentro de mim. Queria ter uma vida normal, um casamento que pudesse me fazer feliz! Apenas isso! Será pedir demais? Onde foi que nossas vidas tomaram rumos distintos?

– Não fale assim, meu querido! Tudo o que faço é por amá-lo demais! Tenho medo de perdê-lo novamente! – As palavras saíram sem que ela pudesse entender.

Otávio estremeceu como se já tivesse vivido isso. A mesma cena parecia estar cristalizada em sua mente. Como isso era possível? Sentia tanta preocupação em não magoar a esposa. O que isso podia significar? Cuidar e proteger, essas palavras estavam sempre em destaque quando o assunto era Camila. Certa vez, sua irmã lhe dissera coisas confusas sobre a possibilidade de ele já ter vivido outras vidas com Camila. Era uma hipótese que ele não saberia explicar em razão da crença que praticava. Era católico, assim como toda a sua família. Clara dissera, um dia, que admitia a possibilidade de os seres viverem repetidas vezes. Deus criaria o ser humano, sua obra-prima, para que a morte o arruinasse definitivamente? Deveria haver outras explicações que um dia iria buscar.

Otávio respirou fundo e envolveu Camila num abraço.

– Eu só quero que tudo volte a ser como antes. Que caminho você seguiu?

– Nossos caminhos nos conduzem a um mesmo destino, meu querido. Eu quero fazer você feliz, sempre! Mas não me peça para realizar o que ainda não estou preparada!

– Quero ajudá-la! Vou encontrar alguém em quem possa confiar e contar tudo o que a aflige e atemoriza. Combinado? Fará isso por mim? – Otávio estava mais calmo.

– Farei tudo o que me pedir, se for para ficarmos juntos e felizes! Peço apenas que não fale mais desse jeito comigo, como se existisse a possibilidade de nos separarmos. Não conseguirei viver sem você! Nunca! – E o abraçou fortemente.

O médico estava comovido vendo o desespero da esposa, com a simples menção de uma possível separação. Porém, seria isso amor? Essa pergunta começou a martelar-lhe insistentemente nos últimos dias, e não encontrara uma resposta.

A mesma cena da noite anterior... Ambos subiram as escadas abraçados, porém cada um com seus próprios questionamentos.

Otávio saiu bem cedo e não quis acordar a esposa. Seus afazeres no hospital exigiam sua presença. Teria pouco tempo livre naquele dia.

No final da tarde, Clara ligou para ele, oferecendo o nome de um psiquiatra dos mais sérios e competentes em sua especialidade. Conseguiu uma visita para o dia seguinte, como um favor a uma de suas mais destacadas alunas e filha de um grande amigo.

– Como conseguiu tão depressa?

– Meus lindos olhos azuis! Ora, já se esqueceu de que ele é amigo de papai? Falei que era para sua esposa e, quando eu disse o nome, ele quase se recusou. – A irmã brincava com as palavras. – Insisti e ele aceitou. Me deve um almoço, querido.

– Espero convencê-la a ir. Ontem ela estava convencida de que não necessitava de ajuda. Mas prometeu atender ao meu pedido. Confesso que não está nada fácil.

– Não quero me intrometer, apenas ressaltar a necessidade de que ela busque ajuda. Camila tem feito coisas absurdas... – E se arrependeu de iniciar o assunto.

– Está na hora de falar, sem se utilizar de subterfúgios. Sei quando quer dizer algo e fica rondando. O que ela fez para você?

– Apenas me pediu para liberar o caminho e parar de ser tão invasiva em sua vida. Em outras palavras, ela está com ciúmes de meu relacionamento com você. É claro que ela precisa de ajuda, pois uma pessoa equilibrada jamais falaria isso a alguém. Sei que está chocado, mas creio que ela tem ido longe demais em seus ciúmes excessivos. Você não é propriedade dela! Ninguém tem o direito de controlar os afetos de alguém!

Otávio ficara calado do outro lado da linha. Não tinha palavras para dizer.

– Desculpe, querido, mas precisava lhe falar. Insisti com o médico, pois o assunto é mais grave do que supomos e pode se complicar cada dia mais. De que loucuras ela é capaz? É uma incógnita. Nem eu nem você sabemos e não temos como prever!

– Não sabia que ela tinha chegado a esse ponto. Só posso me desculpar por ela. Sinto muito, Clara. Preciso ter uma conversa com minha sogra. O relacionamento entre elas sempre foi tenso, e agora entendo o motivo. Ela, talvez, possa me ajudar a entender a filha.

– Querido, você deseja entender o quê? Sabia que ela era mimada, voluntariosa, prepotente e, assim mesmo, casou-se com ela. Esperava que ela fosse se transformar numa donzela meiga e comportada? Ora, você parece ainda muito ingênuo. Mas, se casou, é porque a ama, certo? Se deseja lutar por ela, seja firme e insista para que procure esse médico. Dr. Furtado é referência em sua área. Se, além das sessões, for necessário o uso de remédios, ele poderá ministrá-los. Um psicólogo ficaria restrito às sessões, que talvez não sejam eficientes. Acho que agora está convencido de que ela precisa de ajuda, não?

– Você sempre me convence de tudo. Sou seu irmão mais velho e, no entanto, é sempre quem dita as ordens – ele já se rendera à irmã.

– Otávio, seja firme e conseguirá seu intento. Não aceite recusas, é imprescindível que ela acate sua orientação. Anote o telefone do médico. – E ditou o número, endereço e horário já agendado. – Fiz o trabalho completo!

– Obrigado, Clara. Não sei o que faria sem você!

Otávio se despediu e ficou pensativo. Sua vida, antes tão tranquila e equilibrada, agora parecia tão instável. O que tinha acontecido?

Essa reflexão o remeteu ao passado e aos sonhos recorrentes da adolescência. Por que se lembrara disso justamente num momento tão delicado? Em sua lembrança surgiam duas mulheres que vinham ao seu encontro, ambas sorridentes, aparentando estar felizes. De repente, uma gritava e parava de caminhar. A outra, confusa, permanecia estática, sem qualquer atitude. Em seguida, tudo ficava escuro, e não se conseguia ver mais nenhuma delas. Um frio cortante penetrava-lhe o corpo e sentia uma tristeza infinita, então acordava angustiado, assim permanecendo por várias horas. O interessante era que jamais se esqueceu daquele sonho, mesmo sem compreender sua simbologia. Quando conheceu Camila, os sonhos ficaram mais frequentes, depois desapareceram por completo. Por que se lembrava disso agora?

Talvez ele também necessitasse de um psiquiatra para desvendar seu inconsciente. Sorriu e continuou suas tarefas. O dia ainda não tinha terminado.

Capítulo 4

Decisão inadiável

Otávio deixou o trabalho e, desta vez, foi direto para casa. No caminho, ficou a imaginar a reação da esposa ao saber de que teria de visitar o psiquiatra ainda naquela semana. Ele seria firme em suas colocações e não modificaria sua ideia inicial. Camila teria de entender suas motivações de não querer ser mãe.

Ao chegar, deparou com a presença da esposa na sala, andando de um lado a outro.

– Você demorou! Estou esperando você por tanto tempo! – sua aflição era real.

– Cheguei mais cedo que de costume. Não entendo o nervosismo. Aconteceu algo?

– Estou tensa, pensei que não viria para casa hoje. Não sei o que faria sem você!

O marido olhou-a fixamente e não gostou do que viu. Não era com isso que sonhara! Seu olhar perdeu-se no infinito, o que deixou a esposa ainda mais perturbada.

– Você não vai fazer isso comigo de novo! – A expressão do rosto dela era intensa e carregada de dor!

Foi nesse momento que algo inexplicável aconteceu. Otávio olhava Camila à sua frente e via outra. Por frações de segundos, viu-se como que transportado para um outro local, uma outra época, deparando com a figura atormentada de outra mulher. Era jovem, bonita, com o mesmo olhar aflito que Camila ostentava. Era como se essa outra mulher lhe dissesse a mesma frase: "não vai fazer isso comigo de novo". Ao lado, muitas sombras lhe causavam calafrios por todo o corpo. Ficou estático, distante daquela sala, como se vivesse outra história, ou melhor, como se já tivesse vivido a mesma situação, e isso o abalou profundamente. Estaria ficando louco? Seria ele que deveria consultar um psiquiatra? Essa hesitação durou alguns instantes, até ouvir os gritos de Camila, chamando-o.

– Querido, olhe para mim! O que está acontecendo com você? – Ela o sacudiu, até Otávio sair do torpor que o invadira e olhar confuso para a esposa.

– Está tudo bem, acho que foi a pressão... – Ele respirava fundo repetidas vezes, deixando a esposa ainda mais nervosa.

– O que está sentindo? Está pálido, querido! O que quer que eu faça? – disse solícita.

– Quero apenas respirar calmamente. – E assim fez, até que se sentiu melhor. Ainda teria de falar com a esposa sobre a consulta, só não sabia se aquela era a melhor hora.

– Vamos jantar. Vai se sentir melhor. – Camila o abraçou e o conduziu para a sala de jantar.

No final da refeição, ele sentiu que precisava tocar no assunto em questão.

– Preciso que vá a um médico – disse de forma direta.

– Já lhe disse que marquei uma consulta com meu médico. Não estou entendendo. Quer que eu vá a outro? – perguntou Camila de forma ríspida.

– É um grande amigo de papai, um psiquiatra, referência em sua área. Antes que faça julgamentos precipitados, você irá vê-lo para que possa entender essa sua resistência em não ter filhos. Faça isso por mim! – O olhar de Otávio era firme.

Camila ficou em silêncio, refletindo sobre o que acabara de ouvir. Milhões de pensamentos insistiam em deixá-la inquieta, buscando entender o que aquilo significava. Olhou o marido com pesar e, elevando as mãos para o alto, disse:

– Se assim deseja, não vou resistir. Sei que apenas deseja meu bem. Quando e onde? – Ela foi taxativa e resignada, causando dúvidas em Otávio, que esperava uma resistência maior. Agora era ele que estava confuso.

– Se quiser, vou com você – disse ele prontamente.

– Não será necessário. A não ser que tenha dúvidas sobre mim, pensando que tenho planos de ludibriá-lo. Fique tranquilo, irei vê-lo. Quem sabe ele pode me ajudar, não é mesmo? Sente-se melhor? – Ela parecia serena.

– Estou bem, o mal-estar já passou. – E então falou o nome do médico e o horário marcado. Omitiu apenas que havia sido Clara a responsável por tudo. Seria melhor que Camila desconhecesse esse fato. Porém, algo ainda o incomodava, e ele perguntou: – Por que você disse aquilo?

– O que foi que eu disse? – Ela não se recordava de nada.

– Você me disse: "você não vai fazer isso comigo de novo". Não se recorda?

– Se você disse que eu falei, então falei, mas nem sei por quê. Quer sobremesa?

Ela quis mudar de assunto, e Otávio julgou que era atitude mais correta. Pensou que Camila ficaria furiosa com o médico, mas nada aconteceu. Ela estava diferente...

Após o café, Otávio disse que queria caminhar um pouco.

– Vou ficar aqui te esperando.

O marido caminhou pelos jardins da casa, pelas ruas próximas e meditava em tudo o que estava acontecendo em sua vida. Sentia--se envolto numa sombra que o oprimia e sufocava. Que estava acontecendo? Ao mesmo tempo, sentia-se vigiado, como se muitos olhares estivessem voltados para ele. Como médico, precisava entender o que estava se passando. Como homem, sentia que seus sentimentos por Camila já não eram mais os mesmos. Tudo acontecera de forma tão sutil que o assustava. Precisava de um tempo para compreender tudo. Porém, Camila talvez não lhe cedesse esse tempo, instável como se encontrava.

Ficar um período fora talvez fosse a melhor alternativa para Otávio. Ele sairia de um conflito e iria ao encontro de outro. Ficar um tempo com o pai não estava em seus planos, mas não conseguia negar nada a Clara. Ele estava precisando do apoio dos filhos, e não poderia recusar. No interior, teria muitos afazeres e ficaria fora por um bom tempo, o que significava que veria o pai poucas vezes. Ainda não tinha aceitado as decisões dele após a morte da mãe. Ficaram um bom tempo sem se falar, mas Clara ajudou na reconciliação entre os dois. O pai teria de seguir com sua vida, gostasse Otávio ou não. Ele nada poderia fazer para impedir.

Os encontros eram escassos, causando profunda consternação por parte do pai, que tinha profundo amor pelos filhos. Clara dizia que Otávio tinha muito a aprender, o que o deixava irritado. Ela sempre tinha razão em tudo!

Sentia muitas saudades do pai, no entanto nada fazia para amenizar isso. Por que era tão inflexível com ele? O pai sempre fora um marido exemplar, cobrindo a mãe de mimos e carinho, até que Otávio, ainda jovem, descobriu algo que macularia aquela imagem de marido fiel e dedicado: o pai tinha uma amante. Logo em seguida, sua mãe adoeceu, e ele nunca teve coragem de lhe contar. Suas últimas palavras ao marido, no entanto, mostraram que ela tinha conhecimento de tudo.

Alma generosa e elevada, em seu leito de morte disse ao marido: "Querido, saiba que parto com minha consciência tranquila e a certeza de que tudo fiz pela nossa felicidade. Não o recrimino. Tem uma vida pela frente, faça o melhor para si e para aqueles que contigo caminharem. Seja um pai amoroso e respeite cada um pelo que é, assim como agi com você em todos os momentos de nossa vida em comum. Meu amor por você será eterno, e rogo a Deus para que possamos nos reencontrar e dar continuidade à nossa evolução".

O marido pedia perdão entre soluços, abraçando a esposa com carinho e profundo afeto, até que ela se despediu deste mundo com um sorriso direcionado aos filhos.

Otávio ficou desesperado, pois ela sempre fora seu sustentáculo. Remoeu a raiva e o desprezo pelo pai alguns anos, guardando seu segredo a sete chaves. Clara, mais jovem e sábia, percebeu que algo o abalara profundamente e o questionou, até que ele contou tudo o que sabia.

Com lágrimas nos olhos, na época, a irmã lhe falou: "Isso era entre ele e mamãe. Se ela o perdoou, quem é você para não fazê-lo? Deixe que a raiva saia definitivamente de seu coração antes que vire morada definitiva. Você não precisa pagar pelos erros alheios, nem que seja os de nosso pai. Abrigando tanta mágoa, você é quem mais irá sofrer, meu querido. Liberte-se e siga seu caminho. Mamãe está em paz. Era uma mulher nobre, generosa, benevolente, nos ensinou tudo que sabemos, inclusive o valor do perdão, que liberta e nos torna seres conectados com a essência maior: Deus. Faça isso por você, por ela, mas principalmente para que seu coração fique em paz".

Depois disso, Otávio ainda tentou uma reaproximação com o pai. O tempo foi passando, e a distância, em vez de encurtar, parecia aumentar. Um dia, Clara procurou o pai e contou tudo o que o irmão lhe relatara. Entre lágrimas de arrependimento, ele contou que tinha muita vergonha de tudo o que fizera e achou que se afastar parecia a solução ideal, assim evitaria as terríveis lembranças que o atormentavam. Disse que sabia que o filho descobrira sua traição e não conseguia encará-lo, por culpa. Sentia-se um miserável infeliz e solitário. A filha condoeu-se com o depoimento sincero do pai e o abraçou com todo o amor, selando definitivamente o elo entre eles. O mesmo, porém, não aconteceu com Otávio, que sempre procurou ficar à margem de tudo. São escolhas que cada um realiza. A distância entre eles sempre foi algo que apenas o tempo poderia solucionar.

Agora, Otávio pensava que talvez esta fosse a oportunidade de fazer algo pelo pai e reduzir a distância entre eles. Seria a chance perfeita. Restava um problema que teria de administrar: Camila. Sabia que ela se recusaria a acompanhá-lo, mas deixá-la só na atual circunstância não seria uma ideia sensata. Pensou em falar com a sogra. Talvez ela pudesse ficar com a filha. Teria de resolver isso com urgência.

Nem percebeu o quanto se distanciara de casa e decidiu retornar. Enquanto caminhava, a mesma sensação voltou a importuná-lo. Era como se alguém o observasse bem próximo. Podia até sentir a respiração na sua nuca. Um arrepio tomou todo o seu corpo! Olhava para os lados e não via ninguém. Estaria enlouquecendo?

Naquele instante, lembrou-se de sua mãe e de seu conselho quando ele tinha algum tipo de medo: "respire fundo e eleve seu pensamento a Deus, que jamais o desampara; seu anjo da guarda também está ao seu lado, peça que ele o proteja". Otávio deu um sorriso e assim fez. Aos poucos, a sensação foi passando, e sentiu-se novamente em paz.

"Obrigado, mamãe. Sempre ao meu lado nos momentos difíceis. Onde estiver, meu amor está com você." Ao pensar isso, sentiu como se alguém literalmente o abraçasse, sentindo profunda paz. Otávio continuou seu caminho e, em poucos instantes, entrou em casa.

– Demorou! Estava indo te procurar! Não se ausente por tanto tempo, fico preocupada!

– Vamos dormir! – disse ele. E, sem mais uma palavra ou explicação, subiu as escadas, com Camila a lhe acompanhar os passos.

Naquela noite, Otávio sonhou com sua mãe. Fazia tempo que isso não acontecia. Em seu sonho, ela estava radiante e sorridente. Deu-lhe um forte abraço. Quando se afastou, olhou o filho nos olhos e disse:

– *Você ouviu minhas solicitações, meu querido. Estou muito feliz com suas resoluções. Seu pai precisa de você e de sua irmã. Não recuse um pedido dele. Saiba que ele tem feito atos que o reabilitaram de seus erros do passado e presente. Ele decidiu caminhar, meu filho, e isso fez toda a diferença. E você, o que tem feito de sua vida? Está feliz com suas escolhas? O importante é ter a paz no coração! Amo você e desejo que seja feliz, realizando escolhas sábias e benevolentes. Você é capaz, mediante tudo o que já conquistou em vidas anteriores. Repense sua existência, patrimônio que o Pai lhe concedeu para realizar as obras necessárias ao seu aprimoramento. Confio em você! Meu amor eterno é o que eu lhe dou! Faça o que for necessário e receberá de acordo! Que sejam escolhas favoráveis!*

Otávio despertou, sentindo ainda o abraço pacificador que a mãe lhe ofertou. Estava renovado e feliz! Algumas ideias surgiram em sua mente, e discutiria com a irmã seus planos. Resolveu convidá-la para um almoço e contar sobre o sonho.

Saiu antes que Camila despertasse, pois não queria perder aquela sensação boa que o acalentava. A esposa deixava suas manhãs tumultuadas, e não estava disposto a isso. Não naquela manhã!

Quando estava saindo, percebeu o olhar atento que Dalva lhe direcionava.

– Quer me dizer algo? – perguntou.

– Não sei se o senhor irá compreender o que tenho a dizer. – A serviçal estava inquieta.

Otávio foi até Dalva e a abraçou carinhosamente, lembrando-se da mãe. E ela continuou:

– Meu querido, sempre é tempo de repensar e mudar aquilo que já não nos satisfaz. Depende apenas de nós.

– Suas palavras são as mesmas de minha mãe. Sonhei com ela esta noite, e ela me perguntava se eu era feliz. Acordei com a sensação do abraço que ela me ofereceu. – Seus olhos ficaram úmidos de emoção.

A mulher sorriu:

– Foi exatamente isso que ela pediu para eu lhe dizer. Sua mãe está preocupada com você. Ela pode não estar mais aqui nesta vida, mas, quando lhe é permitido, ela vem lhe fazer uma visita. – Ia dizer mais alguma coisa, porém, decidiu interromper a conversa.

Otávio parecia confuso com as palavras que ela proferira, sem entender o que aquilo queria dizer. Sua mãe a visitara? Ela morrera fazia tantos anos, como isso seria possível?

– Dalva, o que exatamente você está dizendo?

– Desculpe-me, não pretendia lhe dizer essas coisas. Perdoe-me! Peço apenas que pense em sua felicidade e lembre-se de que seu destino está em suas mãos. – E sentiu que falara demais...

– Espere um pouco, Dalva, e me esclareça. Você sonhou com minha mãe também?

– Não, eu a vi. Algumas vezes ela vem aqui para visitá-lo, e eu a vejo. Sei que pode parecer loucura, mas eu tenho esse dom, se é que podemos chamar assim.

– Você vê pessoas que já morreram? Fala com elas? A morte não é o fim de tudo?

Otávio estava curioso com o assunto que já ouvira alguns colegas debater no hospital. O mais curioso foi que isso acontecera no início daquela semana. Um dos médicos que frequentava um centro espírita disse ter recebido muitas graças para sua mãe. Era um tema que gerava conflitos e discórdias, e Otávio nunca pensara a fundo sobre aquilo. Achava que era crendice de mentes ignorantes, que aceitavam tudo sem questionar. Quando o assunto chegou à reencarnação, os ânimos se acirraram, houve divergências de opinião, e o grupo que conversava decidiu interromper a discussão. Na ocasião, Otávio não se envolveu na discussão. Apenas ouviu tudo calado, mas se sentiu tocado e pensou em debater com Clara, uma mente aberta e estudiosa. E agora o mesmo assunto voltava, em meio à turbulência que ele enfrentava. Seria apenas coincidência? Queria ouvir mais, porém seu tempo escasseava. Tinha compromissos urgentes no hospital. Aproximou-se de Dalva e finalizou:

– Creio que temos muito a conversar. Ficará me devendo essas respostas. Preciso ir agora! Podemos falar sobre o assunto em outra ocasião?

Dalva sorriu e disse:

– Com certeza, meu querido! Espero que não me considere caduca ou coisa pior. Creio que depois de nossa conversa entenderá o que tem lhe acontecido nesses últimos dias. Vá com Deus! Deixe Camila por minha conta.

Otávio acenou sorrindo e saiu. A mulher ficou observando o jovem médico e seus olhos se contraíram, sentindo arrepios por todo o corpo.

– Que Deus o proteja, meu menino! Tanta coisa irá acontecer que mudará seu destino completamente. Peço ao Pai que esteja ao seu lado e que Jesus o oriente em suas decisões. – E, como se estivesse a falar com alguém, concluiu: – Estarei ao lado dele em qualquer situação, eu prometo. Confie em mim! Nosso garoto tem muito a aprender, e, aluno aplicado que é, escolherá o caminho certo, acredite! – Seus olhos se iluminaram, assim como o ambiente ao redor, fazendo-a absorver as energias de paz e amor presentes.

Em outra realidade, a espiritual, uma mulher repleta de luz enviava mentalmente palavras à Dalva, que captava a mensagem telepaticamente.

– *Minha doce amiga, sei que posso contar com seu auxílio. Por ora, nada podemos fazer, senão envolvê-lo em amor. O caminho dele será tortuoso e árido, podendo comprometer suas tarefas nesta encarnação. Ele terá de efetuar escolhas sábias e dolorosas, porém, se seu coração estiver em sintonia com o bem e o amor, será amparado pelos mentores de luz. A cada dia cuidemos do que está ao nosso alcance. Não podemos nos inquietar, pois tudo está sob o olhar atento do Pai Maior, que jamais desampara um filho fiel a seus preceitos. Obrigada, minha amiga querida, por tudo que tem realizado pelos que deixei aos seus cuidados. Continue buscando suas respostas, entendendo como tudo se processa e jamais se esqueça de que essas duas realidades, material e espiritual, interagem a todo instante, num intercâmbio constante, tanto*

para o bem, como para o mal. Procure ter pensamentos elevados e de confiança, essa é sua maior proteção. Fique em paz!

Dalva sentiu-se abraçada por mãos de luz. Uma emoção tomou conta de todo o seu ser, e lágrimas escorreram por seu rosto.

"Fique em paz a senhora também. Conte comigo em qualquer situação!" Essas palavras estavam em seu pensamento, e as enviou a Luiza, mãe de Otávio e Clara, que partira tão jovem, deixando, no entanto, ensinamentos sublimes sobre a vida e o bem viver! Dalva jamais se esqueceria das lições por ela ensinadas.

Capítulo 5

Questões a analisar

Enquanto se dirigia para o hospital, os pensamentos de Otávio não lhe davam trégua. O assunto que pretendia discutir com Dalva incluía infindáveis questionamentos sobre a vida e a morte. Como médico, cuidava da saúde do corpo, porém, sabia que num dado momento, quando os recursos escasseavam e a medicina não oferecia mais opções, era como se lhe tirassem a autonomia. Sentia-se impotente perante a morte. Qual a explicação para o fato de alguns doentes encontrarem a cura de suas enfermidades e outros não? Teria Deus concedido privilégios a uns em detrimento de outros? Isso significaria que sua justiça era questionável, e talvez ele não fosse tão perfeito assim!

Essas dúvidas sempre o atormentaram, e nem mesmo Clara conseguia apaziguar seu coração. A mãe procurou dar uma educação pautada na religiosidade, seguindo preceitos cristãos e repassando aos filhos a importância de cuidar do corpo e da alma. Ela se dizia uma seguidora do Cristo e praticava as lições que aprendera com Ele, em seu evangelho redentor. Clara acompanhava seus passos, porém Otávio era rebelde e contestador.

Quando ambos decidiram seguir o pai na profissão, a mãe sorriu e disse:

— Uma forma interessante de se aproximar de Deus. E vai perceber que todos os caminhos levam a um só desfecho. Espero que honre sua profissão e lembre-se de que a vida é atributo do Pai e somente Ele tem o poder de dar e tirar. Essa é uma maneira de praticar a humildade, submetendo-se a seus desígnios, que sempre serão perfeitos.

Otávio nunca entendeu o que a mãe quis lhe dizer. E quando a morte a conduziu à sua nova morada, ele se distanciou de Deus, culpando-o. Mas os anos se passaram, e Otávio passou a respeitar as opiniões divergentes das suas, sinal de que o conselho materno estava incutido em seu interior e irradiava quando necessário.

Dalva disse que viu sua mãe, o que significa que ela estaria viva, pois apenas um vivo consegue se fazer presente. Só que ela morrera havia muito tempo. Era uma mulher maravilhosa, cheia de virtudes, bondosa, generosa, compreensiva, não estaria no limbo, vagando por aí, algo inadmissível! Deus não permitiria!

Então o que estaria acontecendo? Dalva jamais inventaria algo. Ele confiava nela. O amigo médico dissera que muitos fatos considerados milagrosos são apenas fruto do desconhecimento das Leis Divinas, os quais um dia a ciência comprovaria como naturais. A Física contribuiria para desvendar os mistérios ainda não resolvidos. O tempo era senhor de si.

Quando chegou ao hospital, coincidentemente a primeira pessoa que avistou foi o médico responsável por incutir tantas dúvidas em sua mente.

– Arnaldo, tenho pensado muito sobre aquele dia.

– Bom dia, Otávio. Sobre o que tem pensado? – perguntou o amigo.

– Tenho uma cirurgia agora cedo, mas pode almoçar comigo hoje? Queria conversar sobre aquele centro espírita que você frequenta.

– Pode ser amanhã? Ficarei o dia todo fora do hospital.

– Podemos jantar? – A curiosidade de Otávio era tenaz.

– Hoje irei ao tal centro. Gostaria de me acompanhar? Podemos conversar no caminho.

Otávio se calou pensativo. Queria entender algumas questões, o que não significava estar interessado em conhecer a tal crença. Refletiu alguns instantes e respondeu:

– Fica para outro dia. Camila não tem estado bem e não quero deixá-la sozinha à noite. Mas não vai faltar oportunidade. Agradeço o convite. Amanhã almoçamos?

– Certamente. Falaremos sobre o assunto polêmico daquele dia. Fico feliz que não tenha me julgado, ao contrário de outros médicos que têm me olhado de forma estranha desde aquele incidente. Sei de sua fama de cético, e posso dizer que é uma surpresa esse súbito interesse em questões espirituais. Porém, já me disseram que o tempo de despertar é individual, e devemos respeitar o ritmo de cada um. O tempo deles, que hoje me julgam, também chegará. O que Clara diz acerca desse interesse? – perguntou sorrindo.

– Não comentei nada com ela, ainda. Por que me perguntou isso? – Otávio estava curioso.

– Clara me encontrou ontem. Disse que você estava passando por uma revisão de valores e que a Doutrina Espírita seria um ponto de apoio. – Arnaldo estava tranquilo.

– Minha irmã é vidente? Não falei nada disso com ela.

– Fale com ela. Acho que Clara pode explicar alguns pontos importantes para discutirmos melhor amanhã, combinado? Tenha um bom dia!

Otávio se despediu cordialmente e deu início ao conturbado dia que apenas se iniciara.

Clara procurou o irmão assim que ele terminou a cirurgia. Ele a olhou seriamente e recebeu de volta o sorriso iluminado de sempre.

– O que você e Arnaldo têm conversado a meu respeito? O que você sabia da polêmica daquele dia?

– Você sabe que sou bem informada e tudo que ocorre aqui chega aos meus ouvidos. Além do mais, esqueceu que Arnaldo foi meu companheiro de turma e somos bons amigos? Ele me contou que você ficou apenas observando o tumulto se instalar, permanecendo em silêncio durante toda a discussão. Eu o conheço com profundidade para saber que tudo aquilo o perturbou. E, se não comentou nada comigo, é porque ainda não tinha uma opinião formada. Vamos almoçar? Precisamos combinar nossa viagem – perguntou Clara, já sabendo a resposta.

– O que você sabe sobre essa doutrina a que ele se referiu?

– Tenho lido sobre o assunto há algum tempo. No início, apenas por curiosidade e por influência de Arnaldo, que frequenta um centro espírita com a mãe. Ele me contou com tanto entusiasmo as bênçãos que sua mãe recebeu, que despertou meu interesse e decidi investigar. Você sabe que sou curiosa e não me contento apenas com informações superficiais. Quer me acompanhar um dia desses? – Os olhos dela brilhavam.

– Não sei. Acho que preciso de mais informações sobre o assunto. Você pode acabar com a minha curiosidade? Tenho uma hora até a próxima consulta. Vamos até o refeitório? No caminho conto o que aconteceu hoje cedo com Dalva.

E relatou o sonho e o mesmo aviso que Dalva lhe fez, referindo-se à mãe. Os olhos de Clara se iluminaram ainda mais.

– Ela disse que viu a mamãe? Ela está bem?

– Você acredita mesmo que ela possa ter visto nossa mãe? – Otávio estava inquieto.

Clara explicou-lhe alguns pontos básicos acerca da Doutrina Espírita, que era o que estava em discussão, como reencarnação, vidas sucessivas, eternidade do espírito.

– Acredita que a morte seja o fim de tudo? Acredita que somos criados para viver uma só existência e, quando morremos, está declarado nosso fim? Acredita que Deus concederia a uns uma vida plena de saúde, alegrias e sucesso e a outros, apenas sofrimento? – perguntou, olhando fixamente nos olhos do irmão, que ficou calado, refletindo.

– Não sei, essa incoerência sempre me perturbou, mas nunca cheguei a um veredito. Esse Deus seria imperfeito e injusto, e assim o julguei desde a infância.

– Exatamente, meu irmão. Ele não seria perfeito, então não seria Deus. Há muito mais que ignoramos ou que não queremos encarar, pois significa deixar cair por terra tudo o que sempre acreditamos. Mamãe, apesar de uma católica assumida, tinha mente aberta para novas explicações sobre a finalidade da existência. Você, sempre rebelde, não a via como eu. Certa vez, logo após a descoberta da doença, eu a encontrei com um livro. Quando a questionei, disse que era sobre uma filosofia nova que chegara a suas mãos por uma amiga. Vi tanta paz em seu olhar, que pensei que era algo positivo. Era um exemplar de um livro de Allan Kardec, codificador da Doutrina Espírita, que viveu na França no século passado. Guardo esse livro até hoje. E poucos meses atrás resolvi abri-lo para conhecer seu conteúdo. Se quiser, posso lhe emprestar. Sinto-me tão próxima de mamãe quando o leio.

Otávio estava compenetrado, tentando se lembrar do tal livro.
– E em que você acredita? – A pergunta saiu no ímpeto.
– Não é assunto para uma hora, querido. Posso apenas lhe dizer que essa doutrina traz as explicações necessárias para a compreensão de tudo o que nos ocorre. Se já vivemos outras experiências encarnatórias num outro corpo físico, talvez tenhamos nos encontrado em outra vida. Talvez isso explique nossas simpatias e antipatias; os problemas que vivenciamos seriam a resposta às nossas ações equivocadas do passado. Se vivemos outras vidas, podemos ter feito tudo certo ou tudo errado, não é mesmo? Já sentiu que conhecia uma pessoa na primeira vez que a encontrou? Já não sentiu certa animosidade com determinada pessoa que nunca lhe fez absolutamente nada? Já não se sentiu observado sem ter ninguém por perto?
– Acho que você já tem uma opinião formada sobre esse assunto. Com relação à mamãe, ela pode estar viva e se preocupar conosco? Onde ela ficaria?
– Não sei todas as respostas ainda. Mas estou estudando para entender melhor como tudo se processa. Arnaldo me convidou para conhecer o local que ele frequenta e estou pensando em aceitar. Se quiser, pode nos acompanhar. Com relação à mamãe, sinto sua presença algumas vezes, como se ela estivesse lendo meu pensamento e me enviando ideias, sugestões, orientações. Sinto que ela está tão viva quanto nós dois, apenas não tem mais o corpo físico que lhe serviu de morada enquanto esteve aqui – e sorriu ao irmão, que estava confuso demais com tudo o que ela lhe falava.
– Bem, não queria tocar no assunto, mas e Camila?
Uma sombra rondou o semblante de Otávio, fazendo a irmã se preocupar.
– Ela está estranhamente dócil, o que acredito não ser um bom indício. Ela se comprometeu a consultar os médicos. Vou aguardar! – Estava receoso com o que viria.
– Ela irá acompanhá-lo na viagem?
– Tenho minhas dúvidas, mas...
Clara percebeu o irmão tenso e triste. Não gostava de vê-lo naquela situação e decidiu mudar de assunto.
– Deixemos Camila de lado e vamos ao que interessa...

Deveriam seguir para o interior dali a duas semanas, quando as férias da faculdade lhe permitiriam a ausência prolongada. Inicialmente, ficariam durante o mês de julho apenas. Porém, os planos de Clara eram outros, e falaria com ele assim que chegassem. O pai lhe confidenciara que estava muito cansado, e o Conselho estava pensando em substituí--lo. Ele disse que os filhos estariam por lá e assumiriam quando fosse necessário, o que deixou os conselheiros mais tranquilos. Dr. Rodolfo de Albuquerque era a alma daquele hospital. Caso se afastasse, seria preciso encontrar alguém à altura para permanecer em seu lugar. O pai pediu que não falasse isso a Otávio, pois ele certamente declinaria o convite para ficar em seu lugar por um mês. Ele conhecia o filho profundamente e sabia que nada poderia ser-lhe imposto. Clara não gostava de esconder nada do irmão, mas dessa vez não poderia lhe contar tudo. Ele entenderia que era por uma boa causa. O pai queria os dois filhos por perto, e essa era a chance de concretizar seu sonho. Ela não iria decepcionar o pai, principalmente depois do sonho que tivera com a mãe. Decidiu que contaria ao irmão em outra ocasião. Isso poderia esperar!

– E o garoto? Já tem alguma novidade? – perguntou Otávio.

– Ainda não, isso é um processo lento. De qualquer forma, antes de viajarmos, ficarei com ele um fim de semana. Já combinei com irmã Felícia. Você poderia passar o domingo comigo, que acha?

O irmão lembrou-se de Camila.

– Tenho alguns empecilhos, mas espere o fim de semana. Vou tentar me desvencilhar de Camila e passar algumas horas com vocês. Agora tenho de ir. Continuaremos nossa conversa sobre essa doutrina outra hora – Levantou-se, deu um beijo carinhoso e saiu.

Clara olhava o irmão se afastar com uma ruga de preocupação. Ficou pensando no irmão e na luta que ele travava interiormente. Ela o conhecia muito bem para saber que estava infeliz, talvez como nunca estivera em toda a sua vida. Não aprovou o relacionamento entre eles. Conhecia Camila desde a adolescência, com seu mau gênio e personalidade forte e dominadora. Dissera isso a ele apenas numa ocasião e ouviu a resposta: "Sei que ela é uma pessoa difícil, porém sinto que posso ajudá-la a se entender. Não posso fugir do compromisso que assumi. Vou me casar com ela. É o que eu devo fazer!".

A frase "é o que eu devo fazer" nunca foi bem explicada. Parecia que o irmão devia isso a ela. Naquela ocasião decidiu encerrar a cobrança, afinal a vida era patrimônio dele, e faria com ela o que bem quisesse. Nos últimos meses, no entanto, começava a ver tudo sob um outro enfoque. Talvez a tradução fosse realmente "devo isso a ela", o que poderia ser explicado como algo que ele deixou de realizar, comprometendo a encarnação dela. Camila sempre a incomodou, principalmente no tratamento à própria mãe, com desprezo e prepotência. Na realidade, ela não tratava ninguém de forma amorosa. Clara não sabia onde tudo iria acabar, mas estaria ao lado do irmão em qualquer situação, gostasse ela ou não. Quando Camila lhe pediu que se afastasse de Otávio, ela achou mais conveniente se distanciar, pois não queria ser motivo de desentendimento entre eles. Só que a situação piorava a cada dia, e não dava para imaginar o desfecho. A negação em ser mãe era preocupante, principalmente porque representava apenas seu desejo. Essa era uma questão que cabia aos dois resolver. Por ora, colocaria o irmão nas suas preces diárias, pedindo proteção dos espíritos de luz sobre ele.

Seu coração lhe dizia que a tormenta apenas se iniciara. Sentiu uma dor no estômago muito forte e sua cabeça começou a latejar. Fechou os olhos por um instante e mentalmente fez uma prece sincera. Uma luz intensa envolveu-a integralmente e a paz voltou ao seu coração. Ouviu uma voz dentro de sua cabeça: *"Nada tema, minha filha. Tudo que ora vivemos é consequência de nossos atos passados ou escolhas, por nós efetuadas, visando à libertação daqueles que comprometemos direta ou indiretamente. As reparações são necessárias para que o equilíbrio das emoções retorne a cada ser que aqui se encontra. Só assim podemos seguir o caminho da luz que nos levará de volta ao Pai Celestial. Para que o bem se perpetue, são necessárias ações nobres e dignas daqueles que sabem o valor do perdão, da compreensão e do amor! Ninguém evolui sozinho, precisamos do auxílio daqueles que já aprenderam a lição e têm a competência para ensinar! Faça o seu melhor em qualquer situação, mas saiba que as recompensas somente chegarão a ti quando se despojares de críticas e julgamentos. Confio em você! Ajude os que necessitam de seu concurso! Meu eterno amor!"*.

Uma emoção infinita a dominou e sentiu que lágrimas escorriam por seu rosto. Sentiu como se uma mão suave a tocasse, e em seguida a luz foi se dissipando.

Foi sua mãe quem lhe falara. Sentiu seu perfume, a doçura de sua voz, a firmeza de suas palavras, Era ela, sem sombra de dúvida! Otávio precisava saber da experiência que ela acabara de vivenciar! Pensou em telefonar, mas decidiu que seria pessoalmente. Ele estava atulhado de dúvidas e questionamentos, e Camila era a sua maior preocupação. E a partir daquele momento era a dela também! Era como se pressentisse graves problemas com os dois. Antes que o temor a invadisse, lembrou-se das palavras de sua mãe e sentiu-se em paz. Se aquilo estava fadado a acontecer com Otávio, assim seria! Todos precisam aprender a lição!

Capítulo 6

Problemas do passado

Otávio passou o restante do dia com pensamentos conflituosos acerca da conversa com Clara. Camila era sua grande preocupação, e temia pelas suas reações quando confrontada por um médico, ainda mais um psiquiatra.

Tinha muitas dúvidas e teria de saná-las, só não sabia quando isso iria acontecer. Por ora, havia outros planos. Ainda era quarta-feira, a consulta da esposa seria no dia seguinte. Decidiu que permaneceria ao lado dela naquela noite. Talvez um jantar romântico a deixasse menos tensa. Ligou para a esposa, porém não a encontrou. A disposição não era tanta e desistiu do programa a dois. Iria diretamente para casa e ficaria por lá. Estava cansado.

Assim que chegou, percebeu o quão silenciosa a casa estava. As luzes apagadas, nenhum som. Lembrou-se de que Dalva estava de folga. Chamou por Camila, e não obteve resposta. Respirou fundo, agradecendo o momento de paz que iria usufruir. Sentou-se no sofá da sala e adormeceu.

De repente, abriu os olhos e estava num lugar diferente, parecia outra casa, mais sombria. Começou a andar pelo local, observando cada cena que se delineava à sua frente. Parecia um castelo ou coisa parecida, tudo muito antigo, de aspecto lúgubre. Entrou em uma sala e percebeu que não estava só. Alguém estava sentado numa poltrona, que mais se assemelhava a um trono. Sentiu calafrios por todo o corpo e não sabia se deveria se aproximar. Foi quando ouviu uma voz grave e gélida:

– *Não tenha medo. Aproxime-se!*

Otávio sentiu-se impelido a recuar, mas uma força maior o direcionou até aquele ser.

– O que quer de mim? – perguntou.

– *Acertarei as contas com você em outra ocasião. Isso é apenas um aviso e eu gostaria que levasse a sério. Essa que você chama de Camila, que eu conheço por outro nome, tem uma dívida comigo. Você já interferiu demais em nossos planos. Ela me pertence e a mais ninguém!* – Sua voz soou como um trovão. – *Ela tem um caminho a seguir e não será você a impedi-la. Não faça nada de que se arrependa. Ela é minha rainha e voltará em breve para nosso palácio. Você não irá impedir! Qualquer tentativa para demovê-la de seus propósitos resultará em retaliações. Não conhece meu exército e do que são capazes! Ela não quer sua ajuda, será que não entende? Estávamos vivendo tão bem aqui até aquele grupo aparecer e tirá-la de meus domínios. O ódio nos alimenta e nele nos fortalecemos. Você a desprezou, mas eu cuidei dela todo o tempo. De repente, vocês a tiraram de mim! Não vou permitir que se intrometam em nossa vida novamente! Jamais! Estou apenas avisando. Ela não me escuta tanto quanto antes, e você é o responsável! Não deixarei que cometa mais mal a ela do que já fez, entendeu?*

O médico ouvia as frias palavras e conseguia entender todas elas. Como isso acontecia? Estaria tendo apenas um pesadelo? Aquele homem parecia, no entanto, tão real. O que estava acontecendo? Quando o homem se levantou e deparou com ele, Otávio estremeceu com a figura à sua frente. Era tenebroso, seu olhar parecia fuzilá-lo e sentiu que precisava acordar o mais rápido possível, livrando-se da perseguição.

Fechou os olhos e pediu ajuda, sendo rapidamente atendido. Acordou sobressaltado, suando frio e com o coração acelerado. Lembrou-se apenas da imagem daquele ser assustador à sua frente ameaçando-o. E uma preocupação assomou: Camila. Onde ela estaria àquela hora?

Percebeu que estava com fome e foi até a cozinha ver o que Dalva lhe preparara.

Quando finalizava seu lanche, ouviu o som da chave. Camila acabava de chegar.

Ela viu a luz acesa e foi até a cozinha, surpreendendo Otávio.

– Por que não me esperou? – Sua pergunta foi direta.

– Onde estava até essa hora? – E a resposta foi tão contundente quanto a pergunta.

Camila estava toda arrumada, sempre elegante, parecendo pronta para um evento.

– Eu lhe disse que teria um chá beneficente esta tarde. O tempo foi passando, e quando percebemos já era noite. Vim o mais rápido que pude, mas pelo visto cheguei tarde – disse, com as feições endurecidas, demonstrando irritação.

– Não me lembrei, peço desculpas. Estava faminto e não resisti a esta torta. Fique e coma algo, eu lhe faço companhia. – Otávio tentava contemporizar, porém Camila não tinha a mesma disposição.

– Perdi o apetite. Estou cansada, vou me deitar. – E saiu, deixando o marido sozinho.

Aquilo não era motivo para tal atitude, e Otávio percebeu que ela realmente precisava de ajuda. Queria conversar com alguém, seu coração estava apertado. As coisas estavam se complicando, e ele não sabia que direção tomar. Procuraria Carmen e contaria tudo o que estava acontecendo. Com os ânimos acirrados, Camila dificilmente o acompanharia na viagem. Pensou em desistir e ficar em São Paulo, mas tinha prometido à irmã que ajudaria o pai.

Perdido em seus devaneios, decidiu ligar para o pai. Havia muito tempo não falava com ele, e a viagem seria um bom pretexto. O telefone tocou várias vezes, e estava para desistir quando uma voz feminina atendeu.

– Boa noite, Marina, tudo bem? Meu pai está em casa? – perguntou secamente.

– Boa noite, Otávio, é um prazer falar com você. Clara já lhe falou do almoço que estou preparando para seu pai? A presença de vocês lhe dará uma grande alegria. – A voz dela era calma e doce, e o médico sentiu-se constrangido pela forma como falara.

– Conte conosco. Ele está bem? – respondeu, decidindo ser simpático.

– Você o conhece melhor do que eu. É muito teimoso, tem trabalhado demais e a ideia dessa viagem foi minha, como uma tentativa de afastá-lo do hospital para um merecido descanso. E ele só decidiu viajar quando Clara prometeu que vocês dois ficariam aqui enquanto fosse necessário. Peço desculpas antecipadamente, mas seu pai anda exausto de suas funções. E, antes que algo aconteça, decidi planejar essa viagem. Não queria invadir a vida de vocês, apenas acho que gostariam de conhecer o hospital que herdarão. Não imagina a felicidade de seu pai quando sua irmã disse que você viria! Ele sente muito sua falta, Otávio. Você e Clara são os pilares da vida dele, assim como sua mãe sempre foi. – E fez uma pausa, decidindo mudar de assunto. – Camila está bem?

– Sim, mas não sei se me acompanhará. Você a conhece e sabe que cidades pequenas não são atrativas.

– Foi difícil me acostumar, eu entendo. Porém, é uma vida mais verdadeira e tenho descoberto atividades que jamais imaginei realizar. Bem, vou chamar seu pai. Esperamos vocês daqui a duas semanas. Um abraço.

Otávio retribuiu, tentando ser carinhoso, coisa que ainda lhe custava muito. Rapidamente, o pai atendeu.

– Que bom falar com você, meu filho! Tenho pensado muito o quanto estamos distantes. Sinto tanto a falta de vocês! Acho que estou ficando um velho sentimental. Como tem passado? Trabalhando muito? Como está Camila? Você e sua irmã chegam quando? – Ele estava visivelmente feliz em falar com o filho.

– Está tudo bem, papai. Também sinto saudades, mas estaremos em breve com você. Estou ansioso por estar aí e conhecer tudo o que realizou nessa cidade. Sei que foi um trabalho intenso de muita dedicação. Uma obra maravilhosa, papai.

O elogio tomou de surpresa Rodolfo, que permaneceu silencioso alguns instantes. Em seguida com a voz embargada, disse:

– Tudo que fiz foi por sua mãe. Espero que ela esteja orgulhosa também!

– Sei que está! Bem, nos veremos em breve. Boa noite, papai!

– Boa noite, meu filho. Não sabe a alegria que sinto em falar com você!

Timidamente, Otávio respondeu:

– Eu também! Durma bem!

Otávio desligou, sentindo um aperto no coração. Queria tanto que tudo voltasse a ser como fora no passado, mas ainda não se sentia pronto para encarar o pai sem sentir ímpetos de acusá-lo. Por mais que Clara insistisse nesse ponto, havia uma barreira entre eles, difícil de ser transposta. Mas essa decisão de seguir em frente cabia apenas a ele próprio. Seu pai cometera erros graves contra a pessoa que mais admirava e amava nesse mundo. No entanto, sua mãe, a única que foi realmente magoada, já o perdoara tanto tempo atrás, por que ele não conseguia fazer o mesmo?

Nos últimos meses ligara para seu pai uma única vez, um gesto simples que lhe causava profunda insatisfação. Clara o alertava que era uma atitude infantil, da qual poderia se arrepender quando o pai não estivesse mais ao lado deles. A morte não levou a mãe tão drasticamente? O mesmo poderia acontecer com o pai. Pela primeira vez, após tantos anos, entendeu a mensagem que ela queria lhe passar. Ficou a refletir. Se o pai os deixasse agora, ele não se lamentaria por não ter estado com ele e usufruído de seu amor por mais tempo? Não sabia que a culpa assomaria pela sua negligência? Percebeu o quanto estava equivocado em suas ações e sentiu que precisava mudar o comportamento. E, tinha de admitir, estava com saudades dele. Seu pai sempre fora seu herói, até Otávio descobrir seu lado humano e falível, capaz de cometer erros. Descobrir a traição do pai foi algo que ele não conseguia admitir, principalmente quando a mãe mais necessitava dele e a doença a debilitara.

Porém, sentir raiva e mágoa mudaria o que passou? Nada traria de volta sua mãe e nada modificaria o que se encontrava no passado! Queria tanto que o perdão o libertasse daquele peso que se abatia sobre seus ombros! Como fazer?

Naquele instante, sentiu um calor sobre seu rosto, como se alguém estivesse a acarinhá-lo. Esse movimento acalmou seu coração e lágrimas escorreram por seu rosto. Lembrou-se de sua mãe, e no mesmo momento ouviu sua voz: *"Filho querido, o caminho do perdão é o único a percorrer se desejamos a paz em nosso coração. Realmente, tudo que ficou no passado lá permanecerá. Nada há que possa fazer que reverterá as ações praticadas. Lembre-se de que não podemos ser juízes implacáveis com os outros, pois assim seremos tratados igualmente. A vida devolve o que a ela oferecer. A mansidão é condição para que a paz possa ser vivenciada. O perdão liberta aqueles que se encontram nas teias do ódio e da incompreensão. O que hoje vive é reflexo do seu próprio passado, que ainda não foi resolvido e que irradia emoções perturbadoras, como a lembrar-lhe de que também é imperfeito. Sendo assim, como esperar a complacência pelos nossos erros, se não perdoamos os que conosco falharam? Compreenda cada ser em sua essência, respeitando suas limitações e seu tempo de despertar! Assim, também será respeitado pelo que é! Fique em paz e no amor do Mestre Jesus!"*.

As palavras soavam nitidamente em sua mente. Quando o discurso finalizou, sentiu um calor por todo o corpo, como se alguém derramasse luz sobre ele. Sentiu uma paz infinita o envolvendo e agradeceu intimamente. Sua mãe estivera com ele, tinha certeza!

Tinha tantas dúvidas, mas esse encontro foi uma certeza indescritível. Ainda não entendia como isso se processava, mas sabia que existia muita coisa que nem sequer podia compreender pelos sentidos materiais. Queria muito falar com Arnaldo, pois ele poderia esclarecer o que acabara de vivenciar. Estava eufórico com o que acontecera e não conseguiria dormir naquelas condições.

Foi até o escritório e se dedicou ao trabalho até a madrugada. Quando ficou com sono, subiu ao seu quarto, e Camila estava dormindo havia algumas horas. Ao se aproximar da cama, sentiu-se como que empurrado. Insistiu e deitou-se ao lado da esposa, que balbuciava coisas sem sentido. Exausto, adormeceu, ainda sentindo algo a lhe perturbar os sentidos.

Foi despertado por Camila, que o sacudia.

— Estou péssima! Não estou em condições de ir ao médico! Quero dormir o dia todo! Desmarque a consulta, eu lhe peço. — Suas feições estavam contraídas.

— O que está sentindo? — perguntou.

— Estou indisposta, tive muitos pesadelos, acho que a comida de ontem não me caiu bem. Não tenho intenção de sair de casa nesse estado deplorável. — Ela decidiu que não iria, arrumando um pretexto.

Otávio não estava gostando do rumo da conversa.

— Vou lhe dar um remédio e vai melhorar. Ainda é cedo, e a

consulta será somente à tarde. Não vejo motivo para desmarcar, além do que foi muito difícil conseguir para esta semana. – Levantou-se, foi até um armário e de lá tirou uma caixa de remédios. – Tome, vai se sentir melhor.

Camila o fuzilava com o olhar. Pegou o remédio e o tomou, depois se deitou, contendo o ímpeto de reclamar. Suas intenções foram descobertas, e isso a irritou profundamente.

– Caso eu não melhore, saiba que não irei a esse maldito médico.

– Tenho certeza de que ficará bem. Pedirei à sua mãe que a acompanhe. Está bem assim?

– Não é necessário. Vou sozinha, não preciso de ninguém – respondeu vociferando.

– Prometa que irá. – Otávio estava pressentindo que ela não queria ir.

– Eu vou, já que faz tanta questão.

O médico achou melhor não rebater para não prolongar a discussão.

– Confio em você. Quer que Dalva a acorde mais tarde?

– Não precisa. Pode ir tranquilo, querido. – E, do nada, ela se levantou e deu um beijo no marido, surpreendendo-o com a repentina mudança de atitude.

– Então, até a noite. – E saiu.

Camila esperou que ele deixasse os aposentos e levantou-se cheia de energia.

– Se você está pensando que farei o que me pede, está enganado, querido. Não tenho problemas mentais e não vou a psiquiatra algum. – Tomou um banho e esperou o marido sair para descer as escadas.

Dalva tinha conversado com Otávio e sabia o que tinha acontecido com Camila.

– Está melhor, senhora?

– Acho que isso não é da sua alçada. Prepare meu café – disse a mulher, com toda a frieza habitual.

Assim que finalizou, deu um telefonema.

A serviçal estava por perto e não pôde deixar de ouvir o que a patroa falava.

– Sim, a consulta está agendada para as 16 horas, em nome de

Camila Lins de Albuquerque. Sou a secretária dela e estou desmarcando, pois ela não poderá comparecer. Ligo semana que vem e reagendamos. Obrigada. – E desligou com um sorriso maquiavélico.

– Ninguém vai me obrigar a fazer o que não quero. Nem mesmo meu marido querido. – Pegou uma revista e começou a folheá-la distraidamente.

Dalva ouviu toda a conversa e não sabia se deveria falar com Otávio. Sabia que não podia se intrometer na rotina dos patrões, mas estava lá fazia tanto tempo e gostava demais do médico para vê-lo enganado. Não simpatizava com a jovem, mas também sabia qual era o seu papel. Refletiu bastante e decidiu não relatar ao patrão o que acabava de ouvir. E seguiu com suas tarefas.

Camila ficou em casa toda a manhã e após o almoço saiu sem dar satisfações. Tinha combinado com algumas amigas de ir até uma modista para conhecer as novidades da moda daquele ano, 1951. Nem se lembrou do compromisso que assumira com o marido.

Enquanto isso, Otávio e Arnaldo almoçavam. O médico, simpatizante da Doutrina Espírita de Kardec, respondia às perguntas curiosas do amigo, o que o surpreendera.

– Jamais imaginaria estar ao seu lado respondendo a essas questões espirituais – disse Arnaldo sorrindo. – Se fosse Clara, não estranharia, mas você!

– Tenho sérias razões para questioná-lo. Sei que não poderá sanar todas as minhas dúvidas em tão pouco tempo, mas tem algo me incomodando demais.

– Fale, meu amigo. O que o está perturbando?

– Acho que minha mãe esteve em minha casa ontem à noite. Não me pergunte como sei, apenas posso dizer que tenho certeza de que ela lá estava. Pude ouvir suas palavras, sentir sua presença ao meu lado. Isso é possível? Ou será que estou enlouquecendo? – Otávio estava tenso e ansioso com a resposta esclarecedora.

– Aconteceu algo antes disso? – perguntou Arnaldo.

O médico contou o telefonema ao pai e todos os problemas pertinentes a seu passado, inclusive a dificuldade em aceitar o que aconteceu com sua mãe.

Arnaldo ouviu atentamente o relato, sentindo a dor do amigo.

Clara já lhe confidenciara a dificuldade no relacionamento entre eles, e percebeu a angústia que ele carregava em seu coração. Mas omitiu essa parte da história.

– Por que a dificuldade em perdoar seu pai? Já se perguntou por que reluta em aceitar que seu pai é imperfeito, assim como você ou eu?

Otávio ficou calado.

Capítulo 7

Situação incontrolável

Otávio continuava calado. Essa pergunta já se fizera inúmeras vezes, porém jamais encontrara uma resposta.

– Não sei. Sei que pode parecer bobagem, mas é como se um muro intransponível estivesse entre nós. É mais forte do que eu. Sei que meu pai é imperfeito, assim como eu. O erro está presente em minha vida e seria hipócrita se assim não assumisse. Acho que algo existe entre nós que impede que eu me aproxime dele. É como se eu soubesse que ele já fez isso em algum momento. Reluto em confiar nele, talvez seja isso. Com Clara foi diferente, ela tem uma imensa capacidade de compreender o outro e aceitar suas fragilidades. Ela é uma pessoa incrível, mas isso não é nenhuma novidade. – Viu o olhar sonhador e distante do amigo quando ele citou o nome de Clara.

– Ela é uma pessoa especial, sem sombra de dúvida. Mas, voltando ao nosso tema...

Otávio olhou o amigo e fez a pergunta que não saía de sua mente.

– Se é possível que possamos viver inúmeras vezes, entre encontros e reencontros, entre erros e acertos, pela nossa condição ainda imperfeita, podemos ter falhado com eles, assim como eles conosco. É assim que acontece? Pode haver algum problema mal resolvido entre meu pai e mim?

– É possível, porém não podemos afirmar. Mas sua resistência em relação a ele já denota que existe um entrave ao bom relacionamento de vocês, que pode ser resolvido nesta encarnação ou persistir até outras oportunidades de estarem juntos. Talvez a lembrança de sua mãe seja um incentivo ao perdão. É o que ela espera, Otávio. Ela pode ter recebido a permissão para uma visita a fim de lhe inspirar bons sentimentos, assim a solução ao impasse entre você e seu pai fica mais próxima. Depende só de você.

– Se ela teve permissão para me visitar, onde estava anteriormente? – Tudo era muito confuso para o médico.

– Não me faça perguntas difíceis, meu caro. Alguns livros escritos recentemente nos contam sobre colônias espirituais que abrigam aqueles que deixaram o corpo físico. Como se fossem verdadeiras cidades, são muito parecidas com as nossas. Um lugar de transição entre as sucessivas existências corpóreas. Porém, nem todos se dirigem para lá, seja por vontade, seja por merecimento. Muitos insistem em se manter próximos aos seus despojos, sofrendo com a decomposição natural de seu corpo; outros, espíritos inferiores, buscam seus afins, procurando companhias que satisfaçam aos seus anseios. É escolha pessoal. Pode parecer um grande absurdo, total ausência de bom senso, mas isso faz sentido para mim. Não creio que a morte seja o fim de tudo. É meu pensamento desde muito jovem, e encontrar respostas para essas questões foi a tônica de minha vida. Minha mãe foi o caminho. – Seu desabafo foi sincero e tocante.

Otávio ouviu o que o amigo lhe explicava, percebendo que seu discurso fazia sentido para ele também. Tudo parecia tão lógico e real, como se já fosse de seu conhecimento. Pensava no motivo por que nunca buscou esse caminho. Então lembrou-se das palavras da mãe: "tudo a seu tempo". Pela primeira vez em muitos anos, sentiu-se em paz. Sabia que sua profissão o obrigava a utilizar a razão e o senso crítico, mas as respostas para o verdadeiro sentido da existência até então não haviam sido encontradas. E, numa conversa de poucos minutos, parecia que o véu havia sido retirado e tudo agora lhe parecia tão límpido como nunca fora. As dúvidas estavam sendo sanadas por alguém com a mesma profissão que ele, o que garantia objetividade e clareza.

– Gostaria de conhecer com mais profundidade essa doutrina, Arnaldo. Agradeço a oportunidade desta nossa conversa esclarecedora e produtiva. Reconheço que cabe a mim efetuar as mudanças necessárias para que a paz entre meu pai e mim se restabeleça. O simples fato de compreender que somos ainda imperfeitos e falíveis, já garante que sejamos compassivos uns com os outros, pois assim esperamos que ajam conosco quando falharmos também. Se existem pendências entre nós, que possamos resolver na oportunidade em que estamos lado a lado, unidos pelos laços do amor e do afeto. É isso que queria me dizer?

Arnaldo sorriu, pois o seu ouvinte era um aluno atento e aplicado que aprendeu rapidamente a lição.

– Creio que entendeu. Fico feliz que saiba apreender o mundo além dos sentidos físicos. Acabou de usar sua percepção, seu sentido mais profundo. Além do intelecto privilegiado, é dotado de uma sensibilidade muito apurada. Foi isso que possibilitou o acesso de sua mãe a você. Percebeu como tudo é tão simples e lógico? Infelizmente, nem todos estão em seu tempo de despertar para as verdades eternas. Reate com seu pai, oferecendo-lhe compreensão e amor, e receberá o mesmo de volta. Será um período de aprendizado e de transformações. Camila o acompanhará nessa viagem? – O assunto fez com que Otávio franzisse o cenho.

– Ela passa por um período muito difícil. Clara deve ter comentado com você. Aliás, vocês dois têm conversado muito nos últimos tempos. Devo me preocupar? – disse sorrindo. Gostava muito do amigo e sabia que ele tinha interesse na irmã desde os tempos de faculdade.

Arnaldo sorriu também.

– De acordo com sua irmã, somos bons amigos apenas. Não escondo meus sentimentos, no entanto você conhece sua irmã melhor do que eu. Se ela diz que somos apenas amigos, como discordar? Saímos algumas vezes, conversamos muito sobre tudo, o que inclui nossas famílias complicadas. Quem não as tem? Sua esposa, por exemplo, sempre foi mimada e voluntariosa, mas é uma boa pessoa. Precisa apenas dar um objetivo maior à sua existência. Sentir-se útil seria um bom começo. Mas seu tempo ainda não chegou. Se a ama, precisa respeitá-la do jeito que é. Se ela não está disposta a adquirir maiores responsabilidades, é um direito que lhe pertence, temos de ser justos. No entanto, se vocês não dividirem mais os mesmos objetivos para o futuro, é o momento de repensar. Ninguém é dono de ninguém! Somos criaturas livres para efetuar nossas escolhas. Não insista para que ela o acompanhe. Vá e repense sua vida. Quando estamos distantes de um problema, nosso olhar é mais crítico e desprovido das emoções que nos confundem os sentidos. Bem, amigo, meu tempo expirou e uma sala de cirurgia me aguarda. Espero ter sido convincente e auxiliado em suas dúvidas. Reitero o convite para conhecer a casa espírita que frequento quando você quiser!

– Agradeço a disponibilidade e o interesse. Nem imagina como foi útil e providencial esta nossa conversa. Quanto à Clara, peço que tenha paciência com ela. Torço para ficarem juntos. Estarei muito ocupado nestas duas semanas e em seguida viajarei. Quando eu retornar, voltaremos a conversar. Obrigado pelos esclarecimentos! Boa cirurgia!

Ambos se despediram e cada um seguiu para seus afazeres. Otávio ministrava aulas nesse dia próximo ao hospital. Eram as últimas semanas antes do término do semestre, o período mais crítico. Pensou em Camila e se ela iria ao médico. Tinha suas dúvidas...

O dia passou rápido, e Otávio estava ansioso e curioso para saber sobre a consulta. Chegou cedo em casa, mas não encontrou Camila. Já passava das dezenove horas, e começou a ficar apreensivo. Perguntou para Dalva sobre a esposa e percebeu que ela estava reticente.

– Camila saiu cedo para o médico?

A empregada não encarava o patrão, o que o deixou intrigado.

– Aconteceu algo, Dalva? Gostaria que usasse de sua franqueza. Se ela a destratou, quero que me fale, não esconda nada. – O médico conhecia o temperamento difícil de Camila.

– Me perdoe, sr. Otávio, mas me reservo o direito de não me envolver na vida de sua esposa. Pergunte a ela, eu lhe peço. Garanto que ela lhe dará as explicações de que necessita. Preservo meu emprego. Durante todos esses anos jamais me indispus com o senhor. Peço que me perdoe. Quando quiser jantar, é só me chamar. Com licença!

Dalva sabia de algo, e Otávio não quis insistir. O que Camila tinha feito ele saberia assim que ela chegasse. O tempo se arrastava, e nada de a jovem chegar. Lembrou-se de que o médico costumava atender até mais tarde, e decidiu ligar.

Conforme conversava com a secretária, suas feições foram endurecendo. Agradeceu, se desculpando pelo horário. Estava sério e compenetrado e começou a andar de um lado a outro. Passava das vinte horas quando Camila apareceu com várias sacolas na mão.

– Oi, querido! Chegou cedo? Estou faminta, vamos jantar? – Estava feliz e descontraída.

– Como foi a consulta? – A pergunta saiu direta e sem emoção.

– Pretendia ir, como combinamos, mas o médico teve uma emergência e desmarcou a consulta. Já estava pronta para ir e decidi sair assim mesmo. Aproveitei para fazer umas compras. A culpa não foi minha, meu querido.

Otávio encarava a esposa fixamente.

– Foi isso mesmo que aconteceu? – inquiriu.

– Você está duvidando de mim? Já disse, me ligaram desmarcando. O que eu podia fazer?

– Não foi isso o que aconteceu, e você sabe tão bem quanto eu. Por que mentir? Sabe que não tolero mentiras. A cada dia você me surpreende mais! Onde isso vai terminar?

Camila foi até ele e tentou abraçá-lo, mas ele se afastou e a segurou pelo braço.

– É um caminho sem volta o que você escolheu. Talvez eu não a acompanhe nessa jornada! – Sua voz agora era sentida.

A esposa queria explicar, mas ele simplesmente a deixou falando sozinha e foi em direção à porta.

Ela começou a gritar coisas sem sentido, correndo atrás dele:

– Você tem que me escutar. Não saia daqui! Não me deixe sozinha, tenho medo! Não vou perdê-lo, já lhe disse isso! Você é meu, só meu! Médico algum pode mudar o que sinto! Não pretendo dividir você com ninguém! Se não for meu, não será de mais ninguém.

Otávio se voltou e disse:

– Isso é uma ameaça? O que pretende fazer? Me matar? Você está doente, Camila, precisa de ajuda de um profissional urgente. Está perdendo o bom senso, agindo de forma irracional. O que acontece com você? Está transtornada apenas porque pedi para visitar um psiquiatra. Não percebeu que não está bem?

A esposa começou a chorar convulsivamente, fazendo Otávio se sensibilizar. Percebeu, pela primeira vez em tanto tempo, que não era amor o que sentia. Apiedava-se dela! Ao constatar isso, sentiu um imenso vazio no peito e uma vontade de correr para bem longe. Não suportava mais os achaques dela, e isso precisava ter um fim. Apenas não sabia como proceder. Seus princípios o impediam de deixá-la naquela condição deplorável. Tentava pensar com clareza, mas não conseguia. Estava paralisado!

– Eu não sei o que acontece comigo, meu amor. Me perdoe! Eu vou remarcar a consulta, prometo. Não me deixe sozinha, eu lhe imploro. – Ela tentava abraçar o marido, mas ele estava estático, não mostrava reação alguma, o que a desestabilizou mais ainda. Começou a bater nele com toda a força, sem que ele reagisse.

– Você está doente! Precisa de ajuda! Pare com isso e se recomponha. O que pensa estar fazendo? Está descontrolada! – Segurou os braços dela e a deixou sentada chorando, enquanto ia buscar um calmante. Dalva já estava à porta e, apenas com um sinal do patrão, saiu silenciosamente sem nada perguntar.

Quando retornou, trouxe água e o remédio que a obrigou a sorver. Ela não recusou e, aos poucos, foi se acalmando.

– Me perdoe! Amo você mais que a minha própria vida. Não consigo conceber você longe de mim. É amor demais! Compreenda!

– Isso não é amor, Camila. Isso é doentio. As pessoas ficam juntas por desejarem. Ninguém é propriedade de ninguém. Eu não sou seu! Não sou um objeto que teme perder. Sou um ser humano que deseja ser feliz e viver em paz. Mas isso parece algo inconcebível ao seu lado. Você não é mais a pessoa com quem me casei. Está distante de tudo o que idealizei para minha vida. Preciso refletir sobre tudo isso e creio que ficar fora durante o próximo mês vai ser a melhor alternativa. Fique aqui, cuide-se, procure o médico e reencontre seu equilíbrio. Quando eu voltar, retomamos nossa conversa.

Camila tentava argumentar, mas o esposo não dava oportunidade. Dizia que o acompanharia, mas ele recusou a oferta.

– Está decidido, irei sozinho. Preciso de um tempo para pensar. Eu e Clara viajaremos no final da próxima semana. Amanhã ligarei para sua mãe. Prefere ficar aqui ou com ela?

– Não preciso de ninguém. Ficarei bem sozinha!

– Você não entendeu a proposta. Será nas minhas condições. Ficará aqui ou lá? Você não ficará sozinha, fui claro? Se não aceitar minhas condições... – E se calou. Sabia que se falasse o que pensava não poderia voltar atrás.

O silêncio se abateu sobre o casal, até que a mulher se levantou, já em pleno controle.

– Se é assim que deseja, assim será! Ficarei aqui. Não quero correr o risco de me encontrar com Sofia.

A simples menção da irmã fez com que ela se encolhesse e seus olhos destilassem intenso ódio. Otávio jamais entendeu o que se passara com elas para se odiarem tanto. Já tinha perguntado para Carmen algumas vezes sobre isso, e ela, com os olhos tristes, contou que não havia um motivo palpável para que as filhas compartilhassem um sentimento de desprezo mútuo. Já tentara tudo ao seu alcance, mas nada surtiu efeito, e ambas não se falavam fazia anos. O pai tentara apaziguar os ânimos por diversas vezes, também sem resultados. Pessoas amorosas e benevolentes, os pais não entendiam o comportamentos doentio das filhas.

Após a conversa com Arnaldo, Otávio começou a pensar se tudo não teria se iniciado no passado, em outra existência. Esse ódio nascera, certamente, de atitudes equivocadas, e ambas estariam aprisionadas até que o perdão surgisse. Porém, para que isso ocorresse, uma delas teria de ceder e enfrentar as consequências de seus débitos. Enquanto isso não acontecesse, permaneceriam ligadas pelas correntes do rancor e desamor.

Voltou sua atenção à esposa, que parecia resignada com suas resoluções.

– Vamos dormir. – E pegou a mão da esposa, acompanhando-a até o quarto. Ela parecia estar sofrendo com tudo aquilo, mas Otávio permanecia firme em seus propósitos.

Na manhã seguinte, ele saiu bem cedo. O remédio que a esposa tomara a faria dormir até o meio da manhã. Assim que chegou, ligou para Carmen e anunciou seus planos, solicitando que ela ficasse com Camila durante o próximo mês.

Ela ia retrucar, quando Otávio se antecipou:

– Sei o que está pensando, mas ela foi taxativa, recusando-se a ficar em sua casa. Peço que compreenda que não posso deixá-la só no estado em que se encontra. – E contou-lhe sobre a recusa em visitar o psiquiatra.

– Camila necessita de ajuda há um bom tempo, porém ela jamais aceitou essa possibilidade. Oscar conhece excelentes psiquiatras, mas nunca conseguiu que ela ou Sofia os visitassem. A situação é complexa,

Otávio, e compartilho com você as mesmas preocupações. Só não sei se o fato de você se ausentar não vá piorar ainda mais as coisas. Desculpe-me a franqueza, mas sinto que muitos problemas surgirão.

– Não posso deixar de atender a um pedido de meu pai. Sabe que nossa relação sempre foi conturbada, e essa é a oportunidade de me reaproximar dele. Além do mais, preciso de tempo para refletir, e isso só conseguirei realizar longe de Camila. Preciso ser sincero com a senhora, que sempre me acolheu como a um filho. Nós precisamos desse tempo para colocar cada coisa em seu devido lugar. Sua filha precisa refletir sobre a maternidade, que para mim é condição primordial para nossa família. A importância de buscar ajuda é para que ela possa entender sua relutância em ser mãe. Talvez um profissional possa fazê-la entender seus motivos ou temores. Prometo ligar. Não a deixarei sem notícias minhas.

– Ora, meu filho, eu o conheço muito bem. Sei que seus motivos são válidos e reconheço todas as suas preocupações, pois são também nossas. Você pode contar comigo que cuidarei de Camila no período em que estiver ausente. Espero apenas que ela aceite minha ajuda. – A mãe estava receosa que a filha a tivesse aceitado em sua casa apenas para que o marido a deixasse em paz. O tempo iria dizer...

– Agradeço sua atenção, dona Carmen. Queremos apenas o bem de Camila, no entanto, parece que ela ainda não entendeu isso.

– Confie que tudo se ajeitará. No tempo certo!

– Assim espero! – respondeu Otávio, desligando em seguida.

Alguns minutos depois, seu telefone tocou.

– Oi, querido, pode falar? – perguntou Clara.

– Tenho alguns minutos antes da próxima consulta. – Ele estava sério, o que não passou despercebido pela irmã.

– Aconteceu algo?

– O que já temia. – E Otávio contou todos os eventos do dia anterior, deixando a irmã bastante tensa, temendo uma resolução impulsiva do irmão.

– Acalme-se, Otávio. Já esperávamos essa reação. Deve insistir para que ela vá ao médico, agora mais do que nunca. E quanto à nossa viagem?

O irmão relatou toda a conversa com a esposa em detalhes. A

viagem à casa paterna era providencial. Ficaria distante, dedicando-se ao trabalho no hospital. Sentia que isso seria a escolha perfeita. No final da conversa, disse:

— Vou ter tempo para reavaliar minha vida, para conversar, voltar ao passado e àquele lugar onde temos tantas recordações.

— Espero que, quando retornar, sua decisão esteja tomada. Almoçamos amanhã? – perguntou, tentando amenizar o clima tenso.

Capítulo 8

Reencontro com o passado

O final de semana chegou. Otávio e Clara se encontraram para cuidar dos últimos detalhes. Camila, tentando parecer compreensiva, deixou os irmãos sozinhos durante todo o sábado, preferindo permanecer em sua residência. Estava cansada e confusa. Não dormia bem fazia alguns dias e sentia-se acuada, sem saber os motivos. Queria contar para Otávio, mas ele teria motivos mais que suficientes para interná-la num hospício. Na noite anterior, teve a nítida impressão de que alguém a acariciava. Acordou sobressaltada e constatou que o marido dormia um sono profundo. Sentiu arrepios pelo corpo e muito frio. Aconchegou-se ao esposo e somente adormeceu quando o dia clareava.

Na verdade, nunca se sentira tão fragilizada. Talvez a perspectiva de perder seu único e grande amor a deixasse assim. Sabia que havia entrado em um terreno perigoso ao se recusar à maternidade. Mas e o marido? Aceitaria suas escolhas? Permaneceria ao seu lado? Essa dúvida a atormentava demais, sem saber os motivos dessa relutância em ser mãe. Medo de dividir o amor de Otávio com outro ser? Por que tinha tanto medo de perdê-lo? Sempre tivera todos os homens a seus pés, mas o único que cativara seu coração havia sido Otávio. Quando o conheceu, percebeu de imediato que ele seria seu. E tudo fez para que isso acontecesse, mesmo que tivesse de utilizar artifícios escusos, algo que ele jamais descobriria, para afastar as garotas que o cercavam feito abelhas no mel. Ele era um excelente partido, um médico promissor de uma família tradicional. No entanto, isso era o que menos lhe importava. Queria tê-lo para si a qualquer custo! E seus planos tiveram sucesso, pois em menos de dois anos eles estavam casados, contrariando a maioria dos amigos dele, incluindo a família, reticente quanto ao enlace. Eram tão diferentes! Mas os anos se passaram e comprovaram que todos estavam equivocados. Eles eram felizes. E quando começaram as cobranças para que a família crescesse, ela tentou de tudo para que isso jamais acontecesse. O marido estava convicto do que queria, assim como ela, e ambos divergiam em seus anseios. Quando não se tem certeza sobre algo, o mais coerente é não fazer nada. Assim ela decidiu, aproveitando a ausência do marido no mês seguinte. Otávio teria tempo para esfriar a cabeça e voltaria mais sereno. Ela, por sua vez, visitaria o tal psiquiatra, deixando o marido mais calmo ainda. Quando ele retornasse, tudo voltaria a ser como antes.

A semana seguinte foi agitada e passou rapidamente. Clara e Otávio planejaram viajar no sábado de manhã bem cedo, para chegarem a tempo no almoço em comemoração ao aniversário do pai. Camila estava chorosa. Pediu ao marido que ligasse todos os dias. Após as despedidas, seguiram viagem. Otávio adorava dirigir e assumiu o volante. Clara e ele passaram as horas conversando sobre tudo, principalmente sobre a vida e a morte. Quando se deram conta, haviam chegado à casa do pai, num bairro abastado da cidade. Eram palacetes construídos na fase áurea do desenvolvimento agrícola do interior, em especial do café. A família do pai era proveniente dessa região e enriqueceu com a lavoura. Além do café, a cana-de-açúcar e outras culturas diversificavam a paisagem.

Foram recepcionados carinhosamente por Marina, que se encarregou de conduzi-los à grande sala onde o almoço aconteceria. Alguns amigos estavam presentes, na maioria médicos, o que havia sido um pretexto para apresentá-los aos filhos.

O pai era um senhor de aparência jovial, mesmo com os cabelos quase todos grisalhos. Aproximou-se dos filhos e os abraçou carinhosamente.

– Meus filhos, não imaginam a alegria de tê-los ao meu lado neste dia. Clara, cada dia mais bela! Otávio está mais magro desde a última vez que nos vimos. Tem trabalhado demais, devo crer. – E conduziu-os ao grande salão, apresentando-os ao seleto grupo.

Clara estava radiante, e a felicidade em seus olhos era nítida. Entrou na sala abraçada ao pai, que orgulhoso fazia as apresentações. Otávio, por sua vez, sentiu que estava fazendo a coisa certa, experimentando a paz em seu coração, coisa que havia muito não vivenciava ao lado do pai. Essa transformação ocorrera após sua conversa com Arnaldo, que o motivara a refletir sobre suas escolhas: carregar a mágoa ou ser feliz!

Pensou em sua felicidade e paz e sentiu-se livre como fazia muito tempo não ocorria. Lembrou-se da casa de sua infância, das intermináveis e prazerosas férias, reminiscências que o tempo não apaga, e sentiu-se parte daquilo tudo. Olhou a irmã, e, nessa troca de olhares, toda a cumplicidade de ambos se fez presente. Ela lhe devolveu um sorriso repleto de inesquecíveis lembranças. Os dois olharam para o pai, irradiando a felicidade de estarem lá. Ele sentiu aquela energia toda, olhou firmemente os dois filhos e com a voz embargada disse:

– Vocês fazem parte da minha vida, queridos. Não tenho palavras para expressar os meus sentimentos. Quero agradecer, apenas! – E algumas lágrimas escorreram.

– Bem, o reencontro é sempre carregado de emoções, mas Marina está esperando os dois meninos se recomporem para que o almoço seja servido. – Clara sorriu para a esposa do pai, que lhe devolveu um radiante sorriso de gratidão.

– Clara, sempre sábia. Terão tempo para colocar a conversa em dia. Viajaremos apenas na quinta-feira. Vamos ao nosso almoço. Rodolfo, cuidado com suas emoções! – Ela estava apreensiva com a saúde do marido.

– Minha querida, tenho um coração saudável. Bem, pelo menos foi o que o meu cardiologista afirmou na última consulta – falou, dirigindo o olhar a um dos amigos presentes, que apenas sorriu e nada comentou. Não era momento para isso. Festejavam a vida, e ele estava radiante de felicidade.

Era tempo de reconciliação, fato esse que não passou despercebido aos participantes do mundo invisível lá presentes. Um deles, uma mulher muito bela e de aparência terna, sorriu e comentou aos demais:

– *Tempos de paz que havia muito não ocorriam. Isso é motivo de contentamento para todos nós. Ninguém consegue seguir seu caminho sem se despojar do peso morto do rancor e da mágoa, que impedem*

a paz em nosso coração. Para seguir em frente, é imprescindível que sejamos compreensivos com aqueles que conosco caminham, jamais nos esquecendo de que são tão imperfeitos quanto nós, carregando o peso de ações equivocadas, assim como nós! Porém, esse entendimento só ocorrerá quando constatarmos que o erro faz parte do aprendizado, caminho esse que todos irão percorrer. Rodolfo traz em seu coração o desejo sincero de reparar seus débitos de passado. Mas, apesar de amar imensamente Otávio, ele acabou se comprometendo novamente nesta encarnação. E Otávio, apesar da dúvida, ama intensamente o pai, e certamente isso o fará deixar de lado o julgamento implacável e permitir que apenas o amor o conduza. Aqui estão para reajuste, e tudo caminha para que isso se efetive. Clara, minha filha querida de tantas vidas, estará ao lado deles e será o ponto de apoio que ambos encontrarão nesta jornada. Fiquem em paz, meus queridos! Deus está ao lado de todos os filhos, sejam eles rebeldes aos seus desígnios, sejam pacíficos e compreensivos!

Antes de saírem, todos envolveram aquele lar em muitas bênçãos de luz e paz. Clara percebeu algo diferente no ar, olhando para os lados como a procurar alguma coisa. Otávio sentiu como nunca a presença da mãe. Ao olhar Clara, percebeu que ela sentira a mesma coisa que ele. Mais tarde conversariam sobre isso, pois o momento era de comemorações felizes.

O almoço foi perfeito, assim definiu Marina. No final da tarde, todos os convidados se despediram, permanecendo apenas a família.

– Espero que tudo tenha corrido conforme suas pretensões, querido! – disse Marina, enlaçando o esposo carinhosamente.

– Não poderia ser melhor! – Ele estava feliz e era nítido isso.

– Papai, como está sua saúde? – A pergunta de Clara quebrou o clima de harmonia.

– Estou bem, minha filha. Por que a pergunta? – falou, tentando parecer natural.

– Não sei, mas suspeito que esteja ocultando algo de nós. – Ela foi objetiva em sua colocação, deixando Otávio atônito.

Rodolfo se levantou, foi até os filhos e os abraçou afetuosamente:

– Está tudo bem comigo, Marina pode comprovar – respondeu, olhando em direção à esposa.

– Ele está apenas cansado, então resolvemos sair de férias e ficar distante da tensão do hospital. Foi por isso que pedi a ele que os chamasse, pois só assim ele viajaria tranquilo. Acham que ele sairia de cena deixando estranhos no comando de tudo? Jamais!

– Papai, não esconda nada de nós, é o que eu lhe peço.

– Clara querida, não há nada que possa preocupá-los. Descansem um pouco e nos vemos no jantar. A viagem foi longa e devem estar cansados. Seus antigos quartos os esperam.

O pai subiu as escadas, conduziu os filhos aos quartos já preparados e se retirou aos seus aposentos. Os dois irmãos, em frente aos seus respectivos quartos, recordaram os tempos felizes do passado. Entreolharam-se e sorriram.

– Parece que foi ontem! – disse Clara. – Por que ficamos tanto tempo longe?

– Temos uma vida diferente daquela, minha irmã. Devo admitir que você tinha razão ao me convencer a voltar aqui. Precisava me sentir parte integrante desta família novamente. – Foi até Clara e a abraçou carinhosamente. – Obrigado!

– Quando digo que sou a mais esperta, sábia e sagaz, você ainda tem coragem de duvidar. Serão dias incríveis! – Ela estava ansiosa para tomar a frente das questões do hospital.

– Não fique tão convencida, maninha. Desta vez você acertou! Não vá se acostumando. Quanto a papai, o que a fez pensar que ele esconde algo de nós?

– Não sei, pura intuição, talvez. Algo me diz que ele nos oculta algo.

– Talvez o hospital esteja em dificuldades, e isso pode estar perturbando-o. Bem, vou descansar um pouco. Nos vemos mais tarde. Faça o mesmo!

– Você sabe que não conseguirei dormir, nem que seja por algumas poucas horas. Vou descer e fazer o reconhecimento. Descanse! Mais tarde nos vemos – disse Clara sorrindo.

Otávio fechou a porta e olhou cada detalhe do lugar. Conhecia aquela casa desde que nascera, pois passavam as férias lá e na fazenda, a poucos quilômetros da cidade. Todos os anos o ritual era o mesmo. A mãe ficava com eles em suas férias escolares, mesmo quando o pai permanecia em São Paulo trabalhando. Teve uma infância feliz, era do que se lembrava! O pai trabalhava demais e ficavam pouco tempo juntos, apenas nos finais de semana. Clara e Otávio dividiam sua estadia entre a cidade e o campo, com a mãe sempre ao lado. Foram experiências inesquecíveis que lhes propiciaram um profundo aprendizado de vida.

Até que a mãe adoeceu e tudo se modificou. Nada mais seria como antes. As descobertas sobre a infidelidade do pai ocorreram simultaneamente com a enfermidade da mãe, que se instalou de forma agressiva e abrupta. Foi muito doloroso para todos, e a morte repentina dela o afastou de seu pai por um longo tempo.

Deitou-se e, em poucos minutos, adormeceu.

Clara percorria a casa silenciosa, entrando em cada aposento e deixando seu coração transbordar de alegria. Foi até a biblioteca, lugar preferido da mãe; lá eles se reuniam em dias chuvosos, onde ela lia livros e contava histórias. Doces lembranças! Sentou-se numa cadeira de espaldar alto e pegou um dos livros da estante, bem manuseado, e passou a folheá-lo. Ficou ali até que adormeceu. Despertou com a mão do pai sobre a sua, assustando-se.

– Desculpe, Clara, não quis acordá-la. Queria lhe dizer que estou agradecido pelo seu esforço. Não sei quanto tempo mais estarei por aqui e queria muito que meu legado tivesse continuidade. – As feições do pai ficaram sérias.

– Minha intuição não falhou. O que está acontecendo, papai? Quero que me conte tudo.

O pai sentou-se ao lado da filha e, olhando-a fixamente, confidenciou:

– Sabe que nunca consegui esconder nada de sua mãe. Você tem a mesma sensibilidade que ela, nada escapa aos seus sentidos. Meu médico me fez prometer contar-lhes tudo, caso contrário ele mesmo o faria. Peço que fique apenas entre nós. Não quero que Marina e Otávio saibam, pelo menos por ora. Esta viagem será uma despedida, e quero aproveitar cada momento. Você pode não aceitar que um homem possa amar duas mulheres intensamente, mas quero que saiba que é possível. Sinto-me um ser privilegiado que pôde compartilhar, numa única existência, amores tão verdadeiros. Sua mãe e Marina deram sentido à minha vida, cada uma à sua maneira, e posso afirmar que amei as duas com todas as minhas forças. Fui feliz com sua mãe e sou feliz com Marina. Além dessas mulheres incríveis,

Deus me concedeu filhos muito especiais, dos quais sinto imenso orgulho e que amo mais do que tudo. Como reclamar de algo ou como me revoltar quando minha hora se aproxima? Vivi intensamente, realizei as obras que estavam ao meu alcance, dei o meu melhor e posso afirmar que estou em paz. Hoje foi um dia especial! Faltava o perdão de Otávio para minha redenção, agora não preciso de mais nada. Vou viajar aproveitando cada minuto que me resta.

– É tão grave assim? – Lágrimas escorriam pelo rosto da filha.

– Infelizmente tenho de dizer que sim...

Ele relatou o problema que descobrira alguns meses atrás após uma avaliação de rotina. Um câncer inoperável, o qual tratava à base de remédios ainda em fase de experimentação. Não tinha dores, porém só o tempo iria comprovar os efeitos positivos do medicamento. Decidiu, então, passar o hospital para as mãos dos filhos, seus únicos herdeiros.

Ele assumira o hospital anos atrás, quando se mudara para lá. Durante todos esses anos trabalhara arduamente para que ele fosse uma referência no interior, agregando médicos das mais diversas modalidades, especialistas em todas as áreas. Fizera um excelente trabalho e queria que os filhos dessem continuidade, assumindo o comando do hospital.

Eles nem suspeitavam que fosse essa a intenção quando os chamara para substituí-lo em suas férias. Clara ouvia atentamente o relato do pai:

– Preciso de seu apoio, Clara. Não quero que Otávio pense que o chamei porque estou morrendo. Quero que ele conheça a rotina do hospital, que crie laços com ele. Você sabe o quanto temos de caminhar para que nossa relação seja reconquistada. Não posso perdê-lo uma vez mais. Com você tudo sempre foi mais fácil, minha filha. – E a abraçou, permitindo que a emoção o dominasse. – Estou ficando cada dia mais emotivo.

– Prometa-me apenas que você contará a Otávio assim que retornar das férias. Ele precisa saber de tudo, papai. O senhor tem utilizado medicina não convencional?

– Por que a pergunta? Conhece algo que eu não tenha experimentado?

E Clara começou a relatar estudos realizados com plantas medicinais, apesar de a ciência ainda não ser partidária de tais práticas. A conversa durou até o jantar.

Capítulo 9

Novos rumos

Os dois foram interrompidos por Marina, que os avisou sobre o jantar:

– Meus queridos, observei vocês há algum tempo e não quis atrapalhar o reencontro. Devem ter muito a conversar. A que horas gostariam que o jantar fosse servido? – perguntou solícita, não sem antes dar um beijo no marido.

– Vamos esperar Otávio descer – sugeriu Clara.

– Ele desceu há algum tempo e disse que daria uma volta pelas redondezas.

– Vou tomar banho e encontro vocês daqui a pouco! Papai, temos ainda muito a conversar sobre a rotina do hospital, mas podemos deixar para depois. – Clara deu um beijo no pai e saiu.

– É nítido como você se ilumina quando Clara está por perto – observou a esposa.

– Espero que não esteja com ciúmes desse velho rabugento – brincou o marido.

– Claro que não! Estou apenas constando algo que é perceptível. Quanto ao velho rabugento, gostaria de saber onde ele está – finalizou, dando um beijo apaixonado. – Estou vendo apenas o homem que eu amo.

Rodolfo abraçou fortemente a esposa, evitando que ela pudesse ver a emoção em seu olhar. Era muito mais jovem que ele, no entanto se entendiam tão bem que a diferença de idade era o menor dos problemas. Ele a conheceu logo após a morte da esposa e, em pouco tempo, se apaixonou. Decidiu se casar novamente, para contrariedade da família, que julgava a jovem uma oportunista. O tempo provou que Marina não era nada daquilo que pensavam. Ela fez o esposo muito feliz, quando decidiu mudar-se com ele para o interior em razão do hospital recém-adquirido. A distância entre os filhos apenas aumentou quando isso aconteceu, para infelicidade do pai.

Agora tudo parecia ter tomado novo rumo, e ele agradecia a Deus por essa conquista. Estava tranquilo quanto ao futuro, e tudo estava se encaminhando conforme seus planos. Respirou fundo e disse à esposa:

– Já lhe disse que é uma mulher incrível? Vamos dar uma volta e encontrar Otávio. – E a pegou pela mão.

Otávio dormiu apenas uma hora e decidiu dar uma volta. As ruas eram arborizadas, de uma beleza singela, e a cada passo seu semblante se iluminava. Estava em paz e feliz!

Lembrou-se de Camila e pensou em ligar para ela, porém não queria que a magia acabasse. Sabia que ao falar com ela todos os problemas iriam retornar e não queria isso, pelo menos não naquela hora.

Rodolfo encontrou o filho já na entrada da casa e o convidou para um pequeno passeio. Marina se retirou para cuidar do jantar.

– Tudo está como sempre esteve. Isso aqui nunca muda? – perguntou o filho em tom jovial.

– No interior as coisas são lentas. Tudo demora a acontecer. Mas, por outro lado, essa vida pacata é tesouro de inestimável valor, posso afirmar.

– Não sei se me adequaria a essa vida, devo confessar.

– Nos acostumamos a tudo, Otávio. Gostaria de lhe informar sobre o que está acontecendo no hospital. Sei que tem pulso firme, e quanto à sua irmã, já não posso dizer o mesmo.

– Clara é uma pessoa generosa e acredita na regeneração da humanidade. – E sorriu, lembrando-se das conversas da adolescência.

– Lembro-me perfeitamente. Ainda bem que alguém na família tem essa virtude. Mas existem alguns problemas com que somente você conseguirá arcar. – Passou a falar das dificuldades que ele enfrentara para modificar alguns procedimentos, tentando modernizar os processos.

Ficaram cerca de meia hora dialogando sobre o problema, até Marina chamá-los para o jantar, acompanhada de Clara.

– Papai, preciso dar um telefonema. Apenas alguns minutos e os encontrarei lá – afirmou Otávio.

O pai olhou a filha e compreendeu que algo estava se passando com o casamento do filho.

– Que Otávio não nos ouça, mas a situação está incontrolável. Ele não está feliz e suas tentativas para resolver os problemas que Camila criou não estão dando resultado. – O desabafo da irmã era contundente.

– Conversaremos sobre isso depois. Não quero que ele pense que estamos nos intrometendo em sua vida. E você? Como está seu coração?

– Papai, não me faça perguntas difíceis. Talvez eu ainda não esteja pronta para viver um relacionamento.

– E vai esperar até quando? O tempo passa rápido demais, e quando nos damos conta, percebemos que viramos apenas espectadores da própria história. E Arnaldo?

– Ele é apenas um amigo, papai! Quantas vezes preciso dizer isso? – Clara se recusava a ver o amigo como um pretendente. – Vocês imaginam coisas demais sobre ele.

– Vocês, quer dizer Otávio e eu, os homens de sua vida que a conhecem profundamente? O próprio Arnaldo já confidenciou sobre seu amor platônico por você. Pode estar deixando passar uma chance de ser feliz, porém a vida é sua, minha querida! Vamos? – E ofereceu-lhe o braço.

Passados alguns instantes, Otávio retornou com o semblante contraído.

– Aconteceu algo? – perguntou Clara.

– O mesmo de sempre. Reclamou de tudo, falou todo o tempo e disse que a mãe a perturba a dia todo. Somente reclamações e cobranças.

***

Na manhã seguinte, o pai convidou os filhos para uma visita ao hospital. Era uma construção antiga, porém o seu interior respirava modernidade. As instalações, os equipamentos, tudo era da mais avançada tecnologia para os padrões da época. Os funcionários eram amáveis e respeitosos. Os irmãos constatavam o quanto o pai era estimado. Percorreram largos corredores, entraram em alguns quartos, visitaram as salas de cirurgia, e tudo estava dentro da mais rigorosa assepsia.

Continuaram a visita, agora para um destino especial, o quarto 110. Rodolfo abriu a porta, e o leito estava vazio, sem sinal do paciente. Saiu pelo corredor e procurou a enfermeira:

– Onde está o paciente do quarto 110? – perguntou.

– Bom dia, dr. Rodolfo, ele chamou a filha, e ela o levou embora.

– Quem deu a permissão para que ele saísse? – perguntou com seriedade.

– Ele disse que da vida dele ele mesmo cuida. E pediu que eu transmitisse isso ao senhor.

– Alguém assinou a alta?

A enfermeira se encolheu toda e deu a resposta que não queria dar.

– Ele disse que o senhor entenderia e assinaria assim que o visitasse. Tentamos argumentar, mas o senhor o conhece. A filha pediu para que ele o esperasse, mas não conseguiu convencê-lo. Peço desculpas, doutor, só que ninguém foi capaz de contê-lo, nem mesmo a segurança. – A enfermeira estava desconcertada.

Otávio e Clara estavam silenciosos, querendo entender o que tinha acontecido.

– Fique tranquila, Manoela, já esperava essa reação. Conheço o Júlio há muitos anos. Ele é um cabeça-dura. Insisti para que ficasse para novos exames. Antes de eu viajar, passarei o caso dele a vocês, meus filhos. Em minha ausência, peço que cuidem dele. Júlio é proprietário de algumas fazendas na região e velho amigo. Quando voltei para cá e o reencontrei, nossa amizade foi retomada. Estamos investigando um problema que o acomete, um câncer raro, de difícil diagnóstico. Sua filha, Helena, é bióloga com profundos conhecimentos de botânica e plantas medicinais. Ela tem nos auxiliado nessa busca. Eu gostaria que a conhecessem, é uma jovem muito talentosa e pesquisadora incansável. Nosso hospital ofereceu uma bolsa para pesquisadores, e ela foi uma das escolhidas pelo seu potencial. Esse foi um dos problemas que tive de enfrentar, em virtude da pesquisa a que ela se propôs. Temos de aceitar que a medicina convencional não tem todas as respostas ainda.

Muito há que se fazer nesse sentido, e os acadêmicos são ainda muito inflexíveis. Espero não estar ofendendo a jovem classe médica aqui presente – falou, sorrindo para os filhos.

– Não sabemos todas as respostas, muito há que se pesquisar – afirmou Otávio.

– Temos de abrir nossa mente a tudo que possa auxiliar no tratamento de tantas enfermidades ainda não esclarecidas, principalmente os recursos provenientes da natureza.

Vou gostar dessa jovem. Helena é seu nome? – Clara tinha interesses ocultos sobre o tema.

– É uma jovem interessante. Eu tenho acompanhado seus estudos há algum tempo e pude comprovar a eficácia de alguns de seus experimentos.

– Papai está me surpreendendo! Os anos de experiência médica o tornaram mais flexível em seus posicionamentos. Quando vamos conhecê-la? – questionou Clara.

– Amanhã, se não estiverem cansados!

– Ora, papai, pensa que apenas brincamos em São Paulo? Trabalhamos arduamente.

– Clara, você tem uma vida mais mansa pela especialidade que escolheu – O irmão sempre fazia esse tipo de comentário.

– Você tem ideia a que horas as crianças decidem adoecer? Nos finais de semana. Aliás, esse é meu primeiro em meses que não sou solicitada. Parem de me amolar.

– Vocês dois parem com essa discussão. Tenho certeza de que ambos são dedicados à carreira que escolheram. Farão um excelente trabalho, confio em vocês.

Continuaram com a visita ainda alguns instantes, com o pai apresentando as equipes de enfermagem e do laboratório.

Ao final do dia, Otávio decidiu dirigir pela cidade. Estava um fim de tarde que prometia um temporal, e mesmo assim não desistiu. Clara preferiu ficar com o pai o restante do domingo. Tinham muito que conversar, e a ausência do irmão era conveniente. Quando Otávio se deu conta, já estava fora da cidade. Acabou sendo conduzido cegamente por uma pequena estrada de terra, sem movimento algum. Uma chuva torrencial começou, e a visibilidade ficou comprometida. De repente algo surgiu à sua frente. Ele tentou se desviar, e acabou colidindo o carro numa árvore. Com o baque, bateu a cabeça na direção e desmaiou. Não soube quanto tempo ficou no carro. Ao abrir os olhos, deparou com a feição preocupada de uma jovem.

– Sente-se bem? – perguntou ela.

Ele não estava mais no carro, o que o deixou atônito. Estava deitado numa cama com uma bandagem na cabeça. Olhou à sua volta e teve uma sensação estranha, como se já tivesse vivido aquela situação. A jovem estava acompanhada de um homem que tinha as feições contraídas.

– Enfim, você acordou. Como se sente? – Sua voz era grave, porém acolhedora.

– Papai, ele acabou de sofrer um golpe forte na cabeça, como pode estar bem? – A jovem era muito bonita, com longos cabelos castanhos emoldurando o rosto. O que mais se destacava, no entanto, eram os expressivos olhos verdes, que pareciam sorrir.

Otávio parecia conhecê-la, tamanha a familiaridade que sentiu. Tentou se levantar, mas a cabeça doeu fortemente, fazendo com que ele soltasse um gemido de dor.

– Fique deitado até sentir-se melhor, eu lhe peço. Sou a responsável pelo que aconteceu, e vou explicar tudo. Peço desculpas pelo incidente, prometo arcar com os prejuízos do carro. Quanto à cabeça, não se preocupe, não foi nada grave, eu garanto. Não precisará dar pontos, coloquei uma compressa com algumas ervas que irão aliviar a dor e auxiliar na cicatrização. – A jovem tinha atitude.

– Você é médica? – questionou Otávio.

– Não, mas sei reconhecer a gravidade de um ferimento.

O médico colocou a mão na cabeça e sentiu a compressa que parecia queimar sua pele. Percebeu que não fora nada grave, apenas uma pancada muito forte.

– Não foi nada sério.

– Por acaso você é médico? – perguntou a jovem sorrindo.

– Sou. O que colocou em minha cabeça?

– Me desculpe, doutor. O que eu fiz não faz parte da medicina convencional, mas resolverá seu problema, pode confiar. – Ela parecia brincar com as palavras, o que deixou Otávio tranquilo.

– Onde estou? – perguntou ele.

– Em nossa casa, próxima ao acidente que causei. Estava a cavalo, e ele se assustou com a chuva. Quando você nos viu, tentou se desviar e acabou batendo o carro numa árvore. Por incrível que pareça, meu cavalo se acalmou quando viu o estrago que causou. Terei de mudar o nome dele depois disso.

– Qual o nome do cavalo? – perguntou Otávio curioso.

– Tempestade! – disse simplesmente.

O médico e o pai não puderam conter o riso com a espontaneidade da jovem.

– Ele já se acalmou e está no celeiro protegido da tempestade – brincou a jovem.

– Que horas são? Parece que já anoiteceu. Meu pai ficará preocupado com a minha demora. Saí apenas para dar um passeio, quando me dei conta estava bem distante, numa estrada de terra.

– Que é o caminho para nossa fazenda e onde estamos. Chamei uns funcionários de meu pai para me ajudarem a trazê-lo até aqui. Suas roupas estavam molhadas, e pedi a meu irmão que cuidasse disso, não foi papai? – A jovem estava constrangida com a situação.

– Nem nos apresentamos, uma indelicadeza de nossa parte. Sou Júlio e essa é Helena, minha filha. Não foi um encontro formal, mas ainda temos oportunidade de lhe oferecer um lanche para amenizar o que aconteceu. Muito prazer!

– Sou Otávio. Estou visitando meu pai.

Conforme falava, lembrou-se da visita ao paciente que havia fugido do hospital naquele mesmo dia. Seria muita coincidência, mas os nomes eram os mesmos, Júlio e Helena.

– O senhor não estava internado ainda esta manhã e decidiu deixar o hospital, fugindo com a filha? Sou filho de Rodolfo, seu médico e amigo.

Júlio olhou o jovem nos olhos e só aí percebeu a semelhança entre eles.

– Este mundo é mesmo muito pequeno, meu jovem. Seja bem-vindo à nossa casa.

Capítulo 10

Reencontro

Otávio sorria ante a coincidência. Observou atentamente o homem e percebeu um semblante preocupado.

– Meu pai foi visitá-lo e constatou sua fuga.

– Lamento muito, mas meu lugar não é lá. Reconheço o esforço dele e dos profissionais do hospital, só que prefiro ficar entre aqueles que amo. – Júlio parecia cansado.

– Todas as tentativas são válidas para a manutenção da vida. O que parece não produzir efeitos positivos num primeiro momento, pode ser o elemento crucial para a cura. Temos de exercitar a paciência. – Otávio insistia para que o tratamento não fosse abandonado.

Helena mantinha-se silenciosa, admitindo que o médico tinha razão, porém o pai era muito teimoso e não era tarefa fácil convencê-lo de algo em que não acreditava.

– Papai, eu disse que seria fundamental que permanecesse no hospital. Não será mais conveniente voltar para lá? – A filha o enlaçara com todo o carinho.

– E ficar longe de vocês? Não vou me privar de mais nada, minha filha. Tenho muito a fazer por aqui e não posso deixar sua mãe sozinha. – Seu olhar se enterneceu ao falar da esposa.

A filha colocou as mãos na cintura e, com ares de repreensão, afirmou:

– Mamãe ficará muito mais triste se perceber que o senhor está deixando de lutar pela própria vida. O que vai lhe dizer quando ela chegar amanhã? Que ficou cansado do hospital e decidiu dar um passeio? – E sorriu para Otávio, que presenciava uma discussão bastante pessoal. – Desculpe fazê-lo passar por isso, mas já que é filho de Rodolfo, amigo de papai e com o qual não temos segredos, temos por você a mesma relação de estima e respeito. Tente convencer meu pai de que sua atitude foi inadequada e pode gerar consequências desagradáveis.

– Sua filha está com a razão, tenho de concordar com ela. Seria conveniente retornar ao hospital. Na ausência de meu pai, eu e Clara, minha irmã que também é médica, cuidaremos de tudo. Aliás, seria abusar da sua hospitalidade pedir-lhe que telefone ao meu pai e diga meu paradeiro?

Júlio assentiu e saiu do quarto, deixando os dois sozinhos.

– Helena, sua mãe tem ascendência sobre ele?

– Meus pais estão juntos há muitos anos. Vivem uma relação de muito amor, cumplicidade e respeito. Ele faz todas as vontades dela. Mamãe está fora, viajando com amigas. Elas se reúnem uma vez por ano desde que concluíram seus estudos. Desta vez quase que ela se recusou a ir por causa do estado de papai, porém ele não permitiu. Ela chegará amanhã no final do dia, e acho que essa teimosia irá esmorecer. Dona Elisa é o coração desta casa! Uma mulher admirável... Sente-se melhor? – perguntou a jovem, retirando cuidadosamente a compressa da testa de Otávio. – O sangramento já parou, e estas ervas vão ajudar na cicatrização. Se interessar, posso lhe mostrar o que utilizei.

– Meu pai nos contou sobre seus estudos fitoterápicos, e saiba que até já ganhou uma fã ardorosa: Clara, minha irmã. Você pode nos mostrar seu trabalho assim que quiser.

– Será um prazer.

Seus olhares se cruzaram por instantes e algo intenso ocorreu, como se uma conexão se estabelecesse, unindo-os de forma poderosa. Helena foi a primeira a sair do torpor e, como se readquirisse o controle perdido, disse:

– Vou buscar um chá que vai ajudá-lo a dormir.

Otávio sentiu uma energia diferente percorrer seu corpo. O que tinha acontecido? Sentiu-se envolvido por ela como nunca se sentira por outra mulher. Ele jamais fora leviano, inclusive após seu casamento jamais teve olhos para outra mulher. Mas naquele curto espaço de tempo havia sido arrebatado por aquela jovem, de quem não conseguia desviar o olhar. O que ela pensaria dele? Será que sabia que ele era casado? Ao mesmo tempo, sentia que ela experimentava as mesmas sensações que ele! O que estava acontecendo? Procurou se acalmar, respirando profundamente. A jovem logo voltaria ao quarto, e Otávio não queria que ela tivesse uma primeira impressão negativa sobre ele.

Momentos depois, Helena chegou trazendo uma xícara fumegante.

– Beba tudo isso, e eu lhe prometo que amanhã você mal se lembrará do péssimo evento de hoje. Não tenho mais como me desculpar pelo que aconteceu. Gostaria de tê-lo conhecido em outras circunstâncias. Acabei de falar com meu irmão, e ele diz que seu carro está impossibilitado de se locomover, pelo menos por ora. Se quiser, eu o levo de volta. – E ofereceu um sorriso iluminado, carregado de paz.

– Dirige melhor do que conduz um cavalo? – brincou, retribuindo o sorriso.

– Esqueça o que aconteceu, eu lhe imploro. Quando quiser, podemos ir.

Nesse instante Júlio entrou sorridente e mais sereno.

– Conversei com Rodolfo e lhe contei tudo o que aconteceu. Ele já me deu uma repreenda e me convenceu a retornar ao hospital. Amanhã cedo nos encontramos por lá. Ele me perguntou se você estava em condições de dirigir, e eu respondi que você estava, mas seu carro não. – O bom humor estava de volta. – Mas antes de ir, vamos tomar um lanche, senão vai contar a Rodolfo que não tratamos nossos convidados com hospitalidade.

Otávio, a cada instante, ficava mais confuso. Parecia que conhecia aquela família há tempos.

Logo depois, estavam todos reunidos saboreando um apetitoso lanche. O irmão se apresentou, seu nome era Miguel. Muito parecido com a irmã, tinha o mesmo olhar profundo e instigante. Mais jovem que Helena, contava com vinte e quatro anos e era o braço direito do pai, administrando com ele o patrimônio da família. Tinha estudado agronomia e agora colocava em prática o aprendizado adquirido na universidade. Apertou fortemente a mão de Otávio:

– Sinto pelo que aconteceu, nos perdoe. Já avisei papai da

temeridade em permitir que minha irmã se desloque pela fazenda com Tempestade, aliás, cavalo que me pertence e do qual ela se apoderou. Ela tem de ficar cuidando de suas plantinhas na estufa, caso contrário é problema à vista – disse em tom jocoso, cutucando a irmã, que lhe devolveu um olhar carregado de censura.

– Meu jovem, perdoe meus filhos. Posso lhe garantir que a mãe deu uma educação esmerada, porém parece que se esqueceram de tudo. Assim como falo com Rodolfo, espero também que você se sinta em casa! Releve a infantilidade de meus filhos!

Já passava das nove horas da noite, e Júlio pediu ao filho que levasse Otávio até sua casa, no que foi contido por Helena.

– Eu mesma o levarei. Fui a responsável por todo o inconveniente, nada mais coerente que eu o conduza de volta.. – O pai ia rebater, mas ela foi mais rápida e saiu com o médico, quase o empurrando para fora.

– Nos vemos amanhã, então. Boa noite! – Otávio se despediu dos dois e acompanhou Helena, que já estava dentro da camionete esperando por ele. – Você é rápida! Fico preocupado em deixá-la voltar sozinha tarde da noite.

– Não se preocupe, conheço cada palmo desta terra. Vou ficar em segurança!

– Prometa que ligará assim que chegar em casa. Não ficarei tranquilo sabendo que está sozinha por essa estrada solitária. Não tem medo? – questionou o médico.

– Medo de quê? – ela sorria.

– Não sei! Está escuro, sem a luz da Lua a iluminar o caminho. Parece assustador, não acha? – ele insistia.

– Não para mim. Fui criada aqui, conheço todos os moradores da redondeza. Os ladrões não entram em nossa propriedade, acho que por respeito a meus pais, que são pessoas generosas e solidárias. Então, o que poderia temer?

– Quando eu era criança, costumava passar as férias aqui todos os anos. Ficávamos na fazenda que pertencia à minha falecida mãe, não muito distante daqui. Era uma propriedade muito antiga, da época em que ainda havia descendentes de escravos, alguns, inclusive, morreram aqui. Minha irmã costumava dizer que de madrugada ela ouvia correntes pelo chão, como se eles caminhassem arrastando-as. Eu nunca ouvi os sons a que ela se referia, mas certa vez fui até a varanda e vi várias sombras próximas a um grande galpão. Nem sei por que estou contando tudo isso para você. – Otávio estava sério.

– Não tenho medo de pessoas que já morreram, Otávio, se é isso o que deseja saber. Não ficarei assustada se aparecer um desses companheiros à minha frente, pois são todos espíritos, assim como nós. A diferença é que eles já estão em outro plano, o espiritual, e nós, no plano material, pois ainda temos um corpo físico a nos servir nesta encarnação.

Otávio ficou calado refletindo sobre o que a jovem acabara de falar. Novamente o assunto era espiritualidade. Aonde quer que fosse, parecia que o tema estava a persegui-lo.

– Nem sei por que comentei isso com você. Muitas coisas inexplicáveis aparentemente tem suas raízes fundadas na nossa ignorância acerca da finalidade da vida. Um dia conversaremos sobre isso – disse Otávio.

– Muito interessante um médico cogitar um debate sobre temas tão imponderáveis e misteriosos. Temos um pequeno grupo de estudos aqui na cidade. Se ficar mais tempo por aqui, e se julgar conveniente, posso levá-lo até lá.

– Quem sabe! Jamais podemos dizer que não faríamos isso ou aquilo. Não sabemos o que nos aguarda pelo caminho, não é mesmo? – disse ele com olhar manso.

– Concordo! Temos de manter nossa mente aberta a novas possibilidades de aprendizado que somente o tempo é capaz de nos proporcionar. Bem, chegamos! O passeio foi rápido e seguro. Está entregue! Foi um prazer conhecê-lo, Otávio. – E Helena apertou a mão do médico com vigor. – Nos veremos em breve! Mais uma vez, peço que me perdoe pelo incidente.

– Já está perdoada! Obrigado pela carona. Vá com cuidado e ligue quando chegar.

– Pode deixar. Assim que o carro estiver pronto, Miguel o trará. – E com um aceno partiu.

Otávio ficou parado na porta da casa observando o carro seguir seu caminho. Com o barulho, Clara saiu de casa e correu para abraçar o irmão.

– Você está bem? Como aconteceu? – ela estava aflita.

– Fique tranquila, está tudo bem – disse tentando acalmar a irmã.

– Um pequeno acidente sem consequências. Apenas o carro ficou um pouco danificado, mas estou bem. – Clara continuava abraçada ao irmão, apertando-o fortemente.

– Fiquei em pânico só de imaginá-lo em perigo. Não faça mais isso comigo!

A irmã agora o repreendia veementemente. O pai apareceu em seguida com o semblante também preocupado:

– Está tudo bem? Quer que a gente olhe? – perguntou, apalpando o ferimento com cuidado.

– Helena já cuidou do ferimento. Ela colocou uma bandagem com algumas ervas que funcionaram de forma eficiente. Eu contei a ela, Clara, que você tinha interesse sobre o assunto. Uma garota interessante! – seu olhar estava brilhando, o que não passou despercebido pela irmã.

– Júlio tem o maior orgulho dos filhos! Assim como eu! – E os enlaçou. – Helena é uma jovem especial e muito talentosa. Quanto à erva utilizada, veremos se realmente produz resultados efetivos. Amanhã comprovaremos.

Clara acompanhou o irmão até o quarto e não se conteve:

– Que brilho é esse em seu olhar? Há tempos não o via assim!

Otávio abaixou o olhar e decidiu não confrontá-la, pois não tinha uma resposta.

– Vamos, me conte tudo! – insistiu a irmã.

– Você não tem jeito! Estou cansado, preciso dormir um pouco – falou, tentando disfarçar.

– Ora, Otávio, sabe que eu o conheço melhor que você mesmo. Tem algo diferente em seu olhar, e não sei se devo me preocupar ou não. Me responda: é Helena?

Ele não sabia o que dizer, pois ainda não compreendera o que tinha acontecido naquele domingo fatídico, após conhecer aquela jovem de olhar profundo. Sentira-se conectado a ela de uma maneira que jamais experimentara anteriormente. Camila apareceu em sua tela mental, como a lembrá-lo quem ele era e seu papel nesta encarnação, e uma tristeza infinita se apoderou dele. Levantou o olhar para a irmã, que o abraçou.

– Meu querido, seu coração está em conflito. Vá dormir e peça a seus protetores que o auxiliem neste momento. Quando as respostas estiverem maduras, você há de reconhecê-las. Descanse! Otávio permaneceu abraçado à irmã, sem dizer uma só palavra. Clara o compreendia tão bem, sentia-se confortado nesse abraço, e uma emoção incontida se apoderou dele. Sentiu vontade de chorar e deixou que as lágrimas lavassem sua alma. Clara sentiu que algo acontecera quando ele conheceu Helena. Acreditava que algumas pessoas se aproximam e se reconhecem de outras existências. Nesse ir e vir, atraímos aqueles que amamos e aqueles com os quais temos algo a resolver. Helena estaria em qual condição? Iria descobrir nos próximos dias qual a relação que havia entre eles, pois definitivamente algo existia!

Clara desvencilhou-se do abraço no irmão e, com um sorriso, disse:

– Somos seres livres, meu irmão querido, e assim devemos viver, semeando amor por onde passarmos. É o dar e receber, nisso consiste a dinâmica da vida em qualquer tempo! Existe, porém, uma lição de inestimável valor que nos custa a aprender: só podemos oferecer ao outro o que temos em nosso íntimo. Você é um ser de luz e deve irradiar a todos com quem compartilha a existência. Ame-se, em primeiro lugar, só assim será um ser integral. Se você se sente tolhido em suas ações, deve buscar entender os reais motivos. Camila é sua esposa, porém está transitando pela vida assim como você, procurando acertar em suas escolhas. Seus caminhos estão entrelaçados por ora visando à própria evolução e à libertação de dívidas contraídas em existências passadas. Mas tudo a seu tempo! Camila precisa conhecer seu próprio papel, assumir seus débitos e efetuar a correção. Esse trabalho não lhe pertence, meu irmão. É apenas dela. Deixe a vida fluir em seu ritmo normal, aceitando que cada coisa será esclarecida em seu devido tempo. Não queira controlar o que não está em suas mãos!

Enquanto Clara falava, uma luz intensa a envolvia. Ao seu lado, uma mulher de semblante sereno e iluminado sorria a cada palavra pronunciada, fruto da mensagem que ela própria emitia telepaticamente e que era captada integralmente pela jovem. A entidade estava acompanhada por outros seres também luminosos, espargindo todo esse amor aos dois irmãos, que acolhiam e experimentavam uma infinita paz.

Otávio sentiu uma energia reconfortante envolvendo-o, restabelecendo o equilíbrio perdido. Ele inspirou profundamente, absorvendo todas as energias presentes.

– Obrigada, minha querida. Já me sinto melhor. Vamos dormir!

– Descanse, amanhã teremos um dia repleto de atividades.

A entidade luminosa sorriu e se despediu:

– *Que Deus os abençoe, filhos queridos! O meu amor permanece com vocês!*

Capítulo 11

Escolhas possíveis

Na manhã seguinte, nem sinal da forte tempestade do dia anterior. Otávio teve uma noite intranquila, entre sonhos confusos e tensos. Examinou o ferimento e constatou que as ervas foram realmente eficientes. Desceu as escadas e encontrou o pai e a irmã tomando o café da manhã.

— Bom dia!

— Já acordado, meu filho? Pensamos em deixá-lo descansando um pouco mais. Como se sente? — perguntou o pai se aproximando.

— Estou bem. Helena fez um excelente trabalho — respondeu, mostrando a cicatrização já em evolução. — Me esperem, vou tomar apenas um café preto.

— Nada disso, não queira aborrecer Marina logo cedo. Ela não admite que ninguém saia de casa assim! Vamos! — E conduziu o filho para a sala de refeições, onde havia uma mesa repleta de iguarias.

— Creio que voltarei uns quilos mais gordo! — sorriu Otávio, sentando-se.

Após um delicioso café, os três se dirigiram ao hospital, onde as tarefas os aguardavam.

Na metade da manhã, Rodolfo é avisado de que Júlio retornara ao hospital, como havia combinado.

— Nosso fugitivo acaba de chegar. Me acompanhem! — disse o médico.

Encontraram pai e filha já instalados no antigo quarto.

– Ora, ora, quem está de volta! Pensou que seria fácil livrar-se de mim? Na minha ausência terá não um, mas dois médicos a vigiá-lo. – Rodolfo foi até o amigo e lhe deu forte abraço.

– Voltei com uma condição. Espero que cumpra o prometido – disse Júlio em tom sério.

Os dois irmãos se entreolharam, curiosos para saber do que se tratava.

As apresentações foram feitas e as duas jovens apertaram as mãos com um sorriso de simpatia. Rodolfo relatou a conversa que tivera com o amigo no dia anterior, e as condições impostas por ele para retornar ao hospital. Helena estava em pesquisa avançada com uma erva, testada até então apenas em animais, e aguardava autorização para iniciar o estudo no próprio pai, que se candidatara ao experimento, com o aval do orientador da filha. Mas o início do procedimento poderia demorar ainda algum tempo por causa da burocracia.

Rodolfo aceitou as condições, inclusive, já havia solicitado a intervenção de um amigo para agilizar o pedido de autorização e legalizar a prática.

Otávio ouvia a conversa e lembrou-se de um companheiro capaz de auxiliá-los. Saiu do quarto, acompanhado de Clara, que estava curiosa com a questão.

– O que pretende fazer?

– Tenho um amigo que pode nos ajudar e acelerar essa aprovação. Não quero o hospital envolvido em práticas irregulares. Papai não deveria prometer o que não pode cumprir de imediato. Vou ver o que consigo.

Otávio saiu da sala e ligou para um conhecido do setor de regulação de pesquisa científica.

– E então? – Clara estava ansiosa com a resposta.

– Não é tão simples como parece, mas creio que já demos um passo à frente. Cláudio pediu algumas horas e irá ligar com notícias. Vamos aguardar. Helena é uma pesquisadora que tem seus méritos, porém, as coisas ainda são lentas por aqui, minha irmã. Existe muita resistência nessa área, estritamente científica, masculina e machista. Ela tem estudos com aprovação internacional, mesmo assim é olhada com ceticismo pela classe.

– Não consigo conceber uma visão tão estreita. Quando isso vai mudar?

– Algum dia, minha irmã. Enquanto isso, temos de conviver com mentes retrógradas, incapazes de observar a essência de tudo. Os dois seguiram para o quarto, e Otávio pediu ao pai que aguardasse. A primeira a falar foi Helena:

– Papai, Otávio tem razão, devemos esperar e realizar tudo dentro das normas. Não vamos desanimar. Meu desejo é que isso possa render muitos frutos e outros possam se utilizar desse medicamento, não apenas o senhor. Tenho muita fé de que essa medicação será um sucesso, mas precisamos respeitar cada fase do processo. Faça isso por mim, meu pai. – Ela olhava-o com tamanha ternura, que ele não conseguiu resistir ao seu apelo.

– Você tem razão, minha filha. Não tenho intenção de prejudicar os anos de pesquisa a que você se dedicou. Vamos aguardar a resposta. Que ela seja positiva!

– Ainda bem que não foi cabeça-dura desta vez – falou Rodolfo entre risos.

– Olha só quem fala! É um páreo duro essa disputa! – respondeu Júlio, já relaxado.

– Ótimo, então. Você fica aqui e continua com o tratamento habitual, enquanto esperamos para iniciar o experimento alternativo. Vou falar com Manoela e pedir que o amarrem à cama desta vez – recomendou Rodolfo, que saiu em seguida, deixando os filhos com o paciente.

Clara se antecipou e perguntou:

– Sua pesquisa é secreta ou podemos conhecer?

– Quando quiser. Seu pai me cedeu um laboratório quando eu estava finalizando a pesquisa. Tenho uma estufa em casa onde colho o material necessário. Será um prazer dividir isso com vocês. Minha intenção é divulgar tudo o que aprendi nesses anos de estudo.

Enquanto Helena falava, percebia-se claramente a paixão que a movia. Otávio não desviava o olhar da jovem, como que hipnotizado. Clara, que percebeu tudo, teve a nítida sensação de que eles já se conheciam de outros tempos, de outras experiências corpóreas.

– Podemos ir agora? Seu pai ficará bem. Otávio, vem conosco? –

A pergunta de Clara tomou-o de surpresa e o tirou daquele torpor.

– Ficarei por aqui. Acho que terei outras oportunidades de conhecer o estudo de Helena. Quero me inteirar do problema do senhor Júlio.

– Certamente que terá outra chance. Vamos, Clara, temos muito que conversar. Até logo, Otávio – despediu-se Helena.

Júlio observou a cena que se desenrolou à sua frente e sorriu. Percebeu a atração que Helena exercia sobre ele, e era tarefa inglória não se render a ela.

– Minha filha é uma jovem talentosa e merece o reconhecimento por seus feitos. Suas pesquisas estão avançadas, e torço para que isso aconteça a tempo. Ela sempre foi muito sensível, percebendo coisas que a maioria não conseguia detectar. Não sei se me entende. Seu pai a conhece profundamente e a respeita assim como é.

Otávio ficou confuso com aquela conversa.

– O que quer dizer com sensível?

– Você tem tempo para ouvir minhas histórias?

– Tenho todo o tempo do mundo...

Júlio iniciou a conversa, narrando coisas curiosas que ocorreram com ela desde a mais tenra idade. Elisa, sua esposa, achava o dom da filha totalmente natural, assim como é a faculdade de ver, ouvir e falar. Dizia que existem pessoas mais sensíveis que outras, com percepções mais aguçadas. Como se ela tivesse um outro sentido além dos cinco já conhecidos, que ampliava a percepção do mundo à sua volta. Helena tinha comportamentos diferentes das demais crianças; no entanto, isso parecia não afetar sua capacidade de interagir com elas. Comunicativa, sensível, compreensiva, companheira, fiel a seus propósitos, sempre esteve rodeada de amigos. Sua infância foi rica de experiências positivas, adquirindo aprendizado e sabedoria. A natureza sempre foi objeto de seus experimentos. A paixão pelas plantas, o conhecimento das mais diversas espécies e suas potencialidades, levaram-na a se especializar em funções terapêuticas. Estudou fora do Brasil por dois anos e, quando retornou, focou o estudo em determinadas plantas pouco conhecidas. Apesar de ser ainda jovem, circulava nos meios acadêmicos com desenvoltura. Tinha um futuro promissor, isso se a deixassem trabalhar e obter o merecido sucesso. Trabalhava exaustivamente, e seu maior sonho era encontrar a cura para a doença que acometia o pai. Ela dizia que os amigos que a auxiliavam em suas pesquisas acreditavam que isso aconteceria em curto espaço de tempo. E ela confiava plenamente neles.

Enquanto Júlio falava da filha, era nítida a relação de intenso afeto e amor existente entre eles. Seus olhos brilhavam.

– Ela trabalha com muitos pesquisadores? – questionou Otávio. – O senhor disse que os amigos que trabalham ao seu lado dizem que ela encontrará a cura em breve.

– Bem, é aí que a coisa se complica. E é por isso que disse que ela é diferente.

– Como assim? – Otávio estava realmente curioso.

– Você me promete que não vai falar a ela sobre isso?

Nesse mesmo instante Rodolfo entrou no quarto e ouviu as palavras do amigo.

– Ora, você está me saindo um grande fofoqueiro. Espere Helena saber que você anda contando seu segredo por aí. Ela não vai gostar nem um pouco. Agora chega de tanta conversa. – Chamou a enfermeira e pediu que ela iniciasse os procedimentos.

– Mais tarde retomamos de onde paramos, combinado? – E piscou para Otávio, que não estava entendendo nada do que se passara.

– Você vai dormir um pouco para que possa estar bem-disposto novamente quando Elisa chegar. Sabe dos efeitos do medicamento, não? Desta vez acrescentei algo para dormir.

– Você é tão cruel como seu pai, Otávio? Estou feliz por ficar longe dele o mês inteiro.

– Sou um pouquinho pior! – Piscando para Júlio, que entendeu o recado, Otávio saiu do quarto acompanhado do pai. – O que ele estava querendo insinuar sobre Helena? Não entendi nada do que ele disse.

– Mais tarde eu lhe explico, meu filho. Por ora, posso dizer que ela é uma criatura diferente de todas que já conheceu. Ela é especial! Capaz de muitos prodígios, se assim posso chamar seus feitos. Um dia você também irá descobrir... – E seguiram pelos corredores atulhados de pacientes, na rotina normal de uma segunda-feira. – Até hoje eu me pergunto por que as pessoas ficam doentes na segunda-feira!

No laboratório, Helena apresentou a Clara sua mais recente

pesquisa. Explicou-lhe como tudo se iniciou, na época em que ainda estudava fora do país. Contou sobre um querido professor, seu orientador, com quem iniciou a pesquisa juntos, mas cujos resultados infelizmente ele não pôde comprovar, pois falecera algum tempo depois. Apesar do grande baque que a morte daquele professor lhe provocou, Helena prosseguiu com as pesquisas em sua homenagem. Com a doença do pai, agora tinha mais um motivo para dar continuidade ao projeto, com mais ímpeto e garra. Esperava que ele tivesse tempo suficiente para utilizar seu medicamento.

Em alguns instantes, ambas já se conheciam com profundidade, em detalhes, percebendo o quanto eram parecidas em seus posicionamentos e em sua visão do mundo.

Clara gostara imensamente de Helena, e parecia que a recíproca era verdadeira.

– Tenho muito interesse nessa sua área de pesquisa. Sou pediatra e favorável a novas condutas terapêuticas. Não podemos olhar nossas crianças como se fossem todas iguais. Cada criatura é única em sua individualidade e deveria ser tratada de forma específica. Bem, tento fazer o que minha consciência aprova e que beneficiará meus pequeninos. Amo essas crianças que Deus colocou em meu caminho. Procuro dar-lhes o que tenho de melhor, gostem os outros ou não. São as crianças a quem escolhi servir, e assim será! – Clara era enfática em suas colocações.

– Concordo com você, mas minha área de atuação é infinitamente menor. Mesmo assim, conduzo dessa mesma forma minha vida. Somos muito parecidas. Gosto muito de crianças também!

– Já pensou em ser mãe? – questionou Clara.

– Bem, para que isso aconteça preciso antes encontrar um pai para colaborar nesse projeto, não acha? – brincou Helena.

– Você é jovem, bonita, talentosa, deve ter muitos pretendentes.

– Acredita que não? Talvez porque eu não tenha muito tempo para questões afetivas. Minha vida tem se resumido a trabalho e trabalho! – disse rindo de si mesma. – E você?

– Não sou diferente, Helena. Apesar de que tenho planos de ser mãe em breve.

– Já tem um pai para seu futuro filho?

— Neste caso não será necessário. Não me olhe assim, vou explicar...

Clara contou sobre o garoto Augusto, do orfanato, que pretendia adotar mesmo sendo solteira. Queria muito poder dar um lar para Augusto, e ninguém a demoveria de seus planos.

— Uma atitude louvável, Clara. Quem mais tomou conhecimento disso?

— Contei para Otávio e Arnaldo, um querido amigo – respondeu a médica.

— E esse Arnaldo, quem é? Algum candidato a pai? – Helena era muito espirituosa.

— Ele é apenas meu amigo, mesmo que todos digam o contrário. Otávio ficou chocado com minha ideia, mas depois de conhecê-lo mudou de opinião. Esse garoto traz tanta amargura no olhar, é tão carente de afeto, que, quando o vi pela primeira vez, minha primeira atitude foi de correr e abraçá-lo. Quero muito ajudá-lo a reconquistar sua estima, que é baixa ao extremo. O processo já foi iniciado e tenho de aguardar a decisão do juiz. É questão de tempo! – O olhar de Clara se fechou por instantes.

— Tudo o que é seu chegará a você no tempo certo! – disse Helena amorosamente. – Tenha fé, minha amiga. Tudo acontecerá no tempo que Deus designar como certo. Confie nisso!

— Eu sei que tudo tem seu tempo e assim procuro viver. Pensei em falar com meu pai, porém não sei se ele entenderia. Ainda mais agora... – E se calou, baixando o olhar.

— Clara, sei o que está acontecendo com seu pai e sinto tanto por ele! Confio plenamente nele, mas não aprovei a omissão da doença a vocês. Quando ele lhe contou?

— No dia em que cheguei de São Paulo. Ele ainda não quer contar a Otávio, quer esperar um pouco mais. A relação entre eles foi difícil desde que minha mãe morreu. Tentei uni-los de todas as formas, mas Otávio mantinha muita mágoa no coração depois que descobriu a traição de papai, pouco antes de minha mãe adoecer – revelou Clara, já se arrependendo depois.

— Eu sei de todos os segredos da família Albuquerque – disse Helena em tom de conspiração. – Fique tranquila, nossos pais são muito amigos e confidentes. E entre meu pai e mim não existem segredos. Somos uma família muito unida, Clara. O martírio do dr. Rodolfo tem durado alguns meses, e seu único pedido foi que Marina não soubesse ainda.

– Ele pediu o mesmo a mim. Tudo é muito triste! A vida é tão frágil, quando menos se espera ela se esvai por nossos dedos, e nada há que possa reverter esse processo.

– É verdade! Por isso devemos valorizar cada instante concedido pelo Pai!

Capítulo 12

Colheita obrigatória

Enquanto isso, em São Paulo...
Carmen, mãe de Camila, prometera a Otávio que cuidaria da filha em sua ausência. Ela requeria cuidados e precisava ser assistida de perto. Porém, isso era tarefa quase impossível.

Assim que o marido viajou, Camila chamou a mãe e impôs seus próprios termos:

– Não pense que ficará a me vigiar, mamãe. Sou bem crescida e não tenho necessidade de uma babá. Quando quiser, pode voltar para sua casa e nenhuma palavra sobre isso com ele, entendido?

O telefone tocou, era Otávio avisando de sua chegada à casa de seu pai, no interior. Depois que conversaram, Camila, histérica, jogou um vaso ao chão.

– Como ele pôde me deixar sozinha aqui?

– Acalme-se, minha filha. Será apenas por um mês. O pai precisa da ajuda dele enquanto estiver fora. As pessoas de uma família cooperam entre si. – Seu olhar perdeu-se no infinito, sentindo uma tristeza infinita. Era nisso que ela acreditava, porém isso não acontecia com sua família.

– O que está insinuando com "as pessoas da família cooperam entre si"? – Camila repetia em tom jocoso. – Ora, mamãe, não me venha falar de união. Sua incompetência foi a responsável por nossa família ser como é! – As palavras saíam asperamente, provocado intensa comoção na mãe.

– Sinto muito não corresponder aos seus desejos, Camila. Fiz tudo o que sabia e que poderia fazer. Seu pai é testemunha de meus esforços. No entanto, cada um segue o caminho que escolheu. Não sou obrigada a ouvir tantos absurdos. Se minha presença a incomoda, fique sozinha com seus fantasmas a lhe atormentarem. – Carmen levantou-se e pretendia sair, quando a filha, em prantos, a abraçou.

– Fique, mamãe. Tenho medo de ficar sozinha nesta casa. Alguém pretende me enlouquecer, eu sei disso! Ouço sons estranhos a todo instante! Não vá, eu lhe peço! – E abraçava a mãe fortemente.

Carmen sabia dos problemas que a filha enfrentava em seu casamento e a possibilidade de Otávio abandoná-la era uma hipótese a ser considerada. Os sons que ela dizia ouvir seriam alucinações? Queria se certificar disso e concordou com a ideia de ficar lá na ausência de Otávio. Mas o destempero da filha precisaria ser contido, ela própria não estava mais aceitando aquilo. Lembrou-se do nascimento de Camila e a felicidade de dar uma irmã à Sofia, sempre arredia e distante. Sofia, no entanto, rejeitou a irmã desde o berço, mantendo uma postura agressiva com ela. As duas cresceram e, conforme os anos se passavam, a animosidade se intensificava. Oscar, seu marido, tentou de tudo para modificar a relação entre as duas, mas sem resultados positivos.

Sofia, imune aos apelos dos pais, se distanciou da família. Não gostava de estudar tampouco trabalhar. Vivia entre viagens e festas. Quando o pai percebeu que um dia talvez não pudesse mais bancar os caprichos da filha, deu-lhe uma de suas lojas para que ela administrasse e pudesse viver com seu trabalho. Sofia, que tinha tino para os negócios, fez a loja prosperar. Sem a interferência do pai, ela cresceu profissionalmente e fez seu nome no mercado. Ambiciosa e independente, abriu outras duas lojas e foi morar sozinha num dos imóveis do pai. Sua vida consistia em trabalho, viagens e festas, e pouco procurava a família. Estava com trinta e dois anos, solteira, sem planos de se casar. E, assim como a irmã, dizia que jamais estragaria seu corpo para ter uma criança chorona e cheia de vontades. Não tinha pudor em namorar homens comprometidos, o que para os padrões da época era algo lamentável e comprometedor. Assim ela vivia, de forma extravagante e inconsequente, para desespero dos pais.

Camila adorava expor as mazelas da irmã sempre que a

oportunidade permitia. Elas eram verdadeiras inimigas! Camila não se interessava pelos negócios e sonhava em se casar. O que as irmãs tinham em comum era o gosto pelas festas e a negação da maternidade, para a tristeza dos pais, que gostariam de ter herdeiros.

Assim era a família de Carmen! Ela olhava o desespero de Camila e tudo faria para auxiliá-la, mesmo à custa de ofensas e impropérios. Era sua filha muito amada, que um dia se renderia ao amor puro e verdadeiro. O tempo comprovaria...

— Fique calma, Camila. Ficarei ao seu lado enquanto puder! Não se desespere. Farei um chá, e depois vá se deitar — a mãe deixou a filha sentada no sofá, que olhava o vazio, temerosa de enfrentar seus próprios fantasmas. Tinha muito medo. Nos últimos dias, uma voz a atormentava, dizendo que ela lhe pertencia. Como? Era casada com Otávio, seu grande amor! Não haveria outro em sua vida! Jamais!

De repente, como se seus pensamentos fossem conhecidos, um porta-retrato caiu de uma estante causando pânico em Camila. Como isso acontecera? Não havia mais ninguém na sala. Não havia vento. As janelas estavam fechadas. Seus sentidos ficaram em alerta, sentiu arrepios por todo corpo e o temor se instalou.

— Mamãe! Mamãe! Onde está! Estou com medo! — e passou a chorar encolhida no sofá.

A mãe chegou e a abraçou forte, sentindo uma presença invisível e hostil. Elevou seu pensamento a Deus, mentalizou a figura do Mestre a abençoá-las e pediu que intercedesse contra qualquer mal. Camila tremia e soluçava, dizendo coisas ininteligíveis. Carmen apenas a abraçava e dizia que nada de mal iria lhe acontecer.

Aos poucos, a jovem foi se acalmando, e o ambiente parecia livre daquela presença maligna.

— Mamãe, estarei enlouquecendo? O que está acontecendo comigo? Tenho tanto medo!

— Fique calma, minha querida, não é nada disso, acredite! Vamos resolver isso juntas.

— O porta-retrato caiu sozinho, como se alguém o empurrasse. Senti como se alguém se aproximasse de mim e quisesse me segurar! O que significa tudo isso?

— Não sei, mas iremos descobrir. Acalme-se! Venha comigo,

vamos preparar um chá para nós duas. Se quiser, dormirei com você.

Camila abraçava a mãe fortemente.

– Você ficará ao meu lado, promete?

A mãe assentiu e juntas saíram para a cozinha, não sem antes Camila acender todas as luzes da casa, como para afugentar qualquer intruso.

Carmen custou a dormir, como se olhos invisíveis a observassem todo o tempo. Conseguiu conciliar o sono após muitas orações e despertou antes da filha, que parecia dormir um sono tranquilo.

Desceu as escadas e encontrou Dalva na cozinha.

– Aconteceu alguma coisa? – perguntou a empregada.

– Coisas misteriosas, Dalva. Foi providencial sua presença, preciso lhe contar o que aconteceu – e Carmen narrou os fatos do dia anterior.

Depois de ouvir tudo, Dalva iniciou a conversa que tanto relutava.

– Não sei se a senhora sabe, mas sou espírita há alguns anos. Frequento um centro espírita todas as semanas e tenho aprendido muito sobre o outro lado da vida.

Dalva contou sobre os vários incidentes inexplicáveis que ocorreram após a morte de Luiza, mãe de Otávio. Ela costumava sentir a presença da antiga patroa, mas não entendia aquela sensação, afinal a patroa já não pertencia mais a este mundo. Aos poucos, aprendeu que a vida não termina com a morte do corpo físico, mas continua eternidade afora. Esses e outros conhecimentos lhe trouxeram a descoberta de que era médium, ou seja, uma intermediária entre esses dois mundos tão próximos. Sua sensibilidade se ampliava conforme estudava, e a vidência agora era nítida. Sentia uma presença hostil na casa, e, pela sensação desagradável que experimentava, somente poderia ser um companheiro sofredor. Sentia arrepios todas as vezes que entrava na biblioteca. Mas o que poderia fazer? Apenas guardar suas impressões para si. Ninguém a compreenderia!

Mas agora as coisas mudaram, e a senhora Carmen estava a lhe solicitar ajuda.

– Camila não está bem, sinto lhe dizer. A senhora a conhece melhor do que eu e pode confirmar isso. No início considerei que fosse apenas mau gênio, porém nas últimas semanas pude comprovar que existe algo mais. É certo que suas condutas reprováveis são responsáveis pelas emoções que experimenta. Sua filha ainda não entendeu a regra básica do universo, ou seja, tudo o que oferecermos ao mundo, ele nos devolverá na mesma intensidade. Não posso julgar os comportamentos dela; no entanto, sei que a senhora, como mãe, reprova. Sua filha escolheu seguir por um caminho tortuoso, e as consequências são inevitáveis. Ela, assim como todos nós, contraiu dívidas que precisam ser quitadas, para que possa seguir em frente. Quando ela escolheu esse caminho, atraiu os companheiros que lhe desejam cobrar algo ou que estão nas mesmas condições que ela. Não sei se estou sendo clara.

Carmen ouvia atentamente a mulher, admirando seu conhecimento acerca das regras da vida, falando de forma tão clara que era impossível não entender. Sim, sua filha escolhera o caminho mais difícil. Ela e a irmã agiam de forma semelhante. Um dia a vida as cobraria. No entanto, era doloroso admitir que falhara com as filhas, e isso causava-lhe imensa tristeza, que Dalva podia perceber.

– Não se sinta culpada pelas ações de sua filha. Cada criatura recebe de Deus a possibilidade de escolher os próprios caminhos, se tornando responsável por suas escolhas. Está em nossas mãos decidir por qual porta entrar, se a larga ou a estreita. E essa opção é individual, ninguém pode fazer por nós – disse a mulher sabiamente.

– Como mãe, deveria ter auxiliado mais! Sinto-me impotente vendo-a nessas condições deploráveis – afirmou Carmen.

– Nada é definitivo nesta vida. A todo momento podemos modificar o caminho que percorremos. Depende apenas dela! Podemos auxiliá-la oferecendo nosso amor, mas a decisão final de sair desse padrão de pensamento é somente de Camila, uma vez que ela mesma se colocou nessa situação, atraindo mentes doentes tais quais a dela. Sua filha está em desequilíbrio, e deve partir dela o desejo de se modificar.

– Como posso ajudá-la? Me dê uma luz, pois apenas vejo a escuridão! – Carmen estava confusa.

– Amor de mãe é algo a considerar, porém não pode realizar o trabalho que a ela pertence. Se a senhora quiser, posso levá-la até a casa espírita que frequento. Podemos ir amanhã à noite, se estiver disposta – disse solícita.

– Agradeço imensamente e aceito. Será conveniente nada comentarmos com Camila, que pode não entender. Sempre acreditei em algo além do que podemos ver com nossos olhos físicos. Minha crença, no entanto, me fez me acomodar, aceitando apenas o que nos é imposto. Acredito em Deus e em sua sabedoria infinita, e sei que Ele não é responsável pelos sofrimentos que experimentamos. Somos nós os únicos responsáveis. Você está me dizendo coisas que fazem sentido. Se a morte não é o fim de tudo, se permanecemos vivos, mesmo após nosso corpo físico se deteriorar, se vivemos numa realidade paralela a essa, podemos interferir sobre aqueles que aqui ficaram. É isso que está tentando me dizer?

Dalva sorria ante a perspicácia de Carmen, que compreendeu de forma simples o que acabaram de conversar. Ela iria gostar de conhecer a nova doutrina.

– A senhora entendeu o que quero dizer. Quando partimos deste mundo, não podemos permanecer aqui, pois novas tarefas nos aguardam. Se aqui ficamos, perturbamos a ordem natural das coisas. Se existe algum companheiro do mundo espiritual aqui, precisamos entender o motivo de sua permanência e fazer que isso se modifique.

– Isso é possível? Temos como saber os motivos? – Carmen estava curiosa.

– Sim, se assim for permitido! Amanhã a levarei lá. Será nosso segredo!

– Fique tranquila, minha amiga. Darei um jeito de sair sem que ela perceba. Sei que não precisaria ajudar Camila, que sempre a tratou com grosseria...

– Não diga isso. Cada um dá o que tem em seu coração. Camila está doente, posso assim dizer, mas ela vai se curar, se assim for sua vontade. É meu dever cristão relevar e oferecer o que trago em meu coração. – Dalva ostentava uma luminosidade enquanto falava, fruto das companhias espirituais que estavam a seu lado.

– Mais uma vez lhe agradeço – E Carmen ofereceu-lhe um terno abraço, que foi correspondido.

Carmen tomou seu café silenciosamente e esperou a filha despertar. Iria convidá-la para almoçar com o pai. Tudo ficaria bem! Assim confiava!

Próximo de Carmen, um habitante do mundo espiritual estava indignado.

– *Vocês não vão tirá-la de mim! Ela fez um pacto comigo e vou cobrar! Não pensem que vão me afastar daqui! Nunca! Ela voltará em breve aos meus braços!* – A entidade estava furiosa com a provável intercessão, perturbando seus planos. Enquanto isso, Carmen orava, pedindo a Deus que a auxiliasse. Conforme orava, companheiros iluminados entraram no local e se aproximaram do irmão carente, que começou a gritar:

– *Saiam daqui! Este é meu domínio! Não podem invadir meu espaço!* – Começou a sentir suas forças enfraquecerem. – *Ninguém irá me impedir de conseguir o que desejo. Alice fez um pacto comigo. Eu cumpri a minha parte, agora é a vez dela. Eu vou voltar!* – E desapareceu.

As entidades luminosas fizeram uma limpeza em todo o local, eliminando todas as negatividades. Dalva pôde ver quando os irmãos deixavam a casa acenando a ela, oferecendo um sorriso.

– Obrigada! Deus é realmente Pai de amor e misericórdia, jamais abandonando aqueles que nele creem. – E mentalmente dirigiu a Deus uma sentida prece de agradecimento.

Camila acordou mais serena, sentindo-se menos oprimida. Quando a mãe sugeriu que fossem almoçar com o pai, ela começou a reclamar, dizendo que era um programa que não tinha vontade alguma de fazer. Dessa vez, Carmen decidiu agir com energia.

– Você decide, minha filha. Se eu sair sozinha, prometo não voltar. Terá de dormir sozinha, pois Dalva terá a merecida folga. Aturar você não tem sido tarefa fácil. Mas como gosta da solidão, fique com ela. Estou saindo!

Carmen pegou a bolsa e ia se dirigir à porta quando a filha a chamou.

– Se eu for com vocês, promete que não me deixará sozinha nesta casa? – Sua voz mais parecia um lamento. Ela se lembrara da noite anterior. Definitivamente, não tinha pretensão de ficar sozinha novamente.

Dalva passava pela sala e deu uma piscadela para Carmen, que de costas para a filha devolveu com um sorriso. Se a chantagem era a única alternativa do momento, dela se utilizaria. Deus a perdoaria por isso! Era por uma boa causa!

– Então se apronte. Você não está indo para o suplício. Procure ser simpática, estaremos num local público e bem frequentado por nossos amigos. Não seja deselegante!

Camila ensaiou um sorriso, deixando seu rosto mais sereno. Carmen percebeu que essa tática surtira resultados favoráveis e sentiu-se feliz com a nova postura. E saíram...

Capítulo 13

Conexão de almas

Helena e Clara conversaram tanto, que nem perceberam o tempo passar.

– Papai quer que almocemos com ele. Gostaria de se juntar a nós? – perguntou Clara.

– Aceito, porém preciso ver como meu pai está. Me acompanha? – Helena conhecia todos os funcionários e parecia ser muito querida por todos.

– Vejo o quanto é estimada por aqui.

– Espero que não fique enciumada – brincou Helena sorrindo.

– Fique tranquila quanto a isso. Só tenho ciúmes de meu irmão! – afirmou Clara enfática.

– Imagino quando ele se casar...

– Infelizmente, ele já se casou.

Helena sentiu-se estranhamente triste. Até então, não era relevante o fato de Otávio ser ou não comprometido, porém sentira certo desapontamento. Somente não entendia o motivo!

– Pelo visto, você não aprovou a união – disse ela tentando aprofundar o tema.

– Camila é muito diferente dele. É um relacionamento muito conflituoso e fico aborrecida com isso. Não gosto de vê-lo sofrendo. Tentei alertá-lo antes do casamento; no entanto, ele preferiu não me ouvir. – Clara abrira o coração para a nova amiga, confiando em sua discrição.

– Muitas vezes nos enganamos em nossas avaliações e percebemos quando pode ser tarde demais. – O olhar de Helena ficou distante e sombrio.

– Será que existe o "tarde demais"? Não podemos mudar nossos caminhos ao perceber que escolhemos de forma equivocada? Nada é definitivo nesta vida, nem mesmo a morte, pois ela definitivamente não existe! – Clara tinha seus pontos de vista.

– Tem razão, Clara. Percebo que acredita no mesmo que eu, na eternidade do espírito. Creio que já vivemos outras encarnações, estabelecemos laços de afeto ou rancor, e temos de corrigir nossos atos falhos para que possamos continuar a caminhada rumo à evolução. Muitas vezes solicitamos novos encontros para refazer caminhos. Mesmo que isso nos custe, por breve momento, a paz. Se pudéssemos ver o futuro, saberíamos que nosso sacrifício será em benefício da nossa felicidade. Então, minha amiga, deve valer a pena – Helena era categórica em sua opinião.

– Sim, mas quando esses fatos ocorrem tão próximos de nós, nos solidarizamos com aquele que sofre.

– Entendo, Clara, mas o que é injusto para nós seria aos olhos de Deus?

A médica ficou pensativa analisando as palavras sensatas de Helena. O que é justo ou injusto? Seria justo o pequeno Augusto não ter uma família a apoiá-lo, caminhar ao seu lado? Nada justificava tal sofrimento. Se somos seres eternos e vivemos sucessivas experiências, qual foi o tipo de semente que ele plantou para efetuar uma colheita tão ingrata? Decidira que faria o que estivesse ao seu alcance para minorar o sofrimento de Augusto, propiciando novas oportunidades de refazer seus caminhos. Isso é o que realmente lhe importava!

– Você tem razão minha amiga. Olhamos com olhos tendenciosos aqueles que amamos e vemos sofrer. Certamente, Otávio deve ter seus motivos para estar ao lado de Camila. Porém, acredito que temos de fazer a parte que nos compete. Se o outro não é receptivo, não é nossa responsabilidade. Chega um momento em que iremos fazer escolhas diferentes e não podemos obrigar que o outro nos acompanhe na jornada! Clara ostentava um olhar triste.

– Você disse muito bem: ele terá de efetuar uma escolha, e

ela ocorrerá no seu tempo, quando Otávio tiver esgotado todas as possibilidades. Seu irmão pode estar sofrendo agora, porém a dor possibilita um aprendizado que fortalece. Esteja ao seu lado. Quando ele precisar de seu apoio, saberá com quem pode contar. – Helena abraçou Clara com carinho.

Quando chegaram ao quarto de Júlio, encontraram-no adormecido, com uma enfermeira ao seu lado.

Helena aproximou da cama e observou o pai dormindo. Amava-o tanto, que a simples possibilidade de não contar mais com sua presença a tirava do prumo. Era sempre tão centrada, no entanto isso a abalava profundamente. Tentou tirar da cabeça os pensamentos negativos, preenchendo sua mente de otimismo. Ele estava sob o olhar atento de Deus e em suas mãos. Que mais ela poderia querer? Mentalmente, elevou seu pensamento e fez uma sentida prece, pedindo que intercedesse por seu pai. Isso a acalmou e a fez recuperar a confiança.

– Cuide dele por mim! Mais tarde eu volto – disse Helena à enfermeira, puxando Clara para fora do quarto.

As duas encontraram Otávio e Rodolfo sentados no refeitório do hospital. O primeiro a falar foi Otávio, que ostentava um discreto sorriso:

– Acabei de falar com Cláudio, que prometeu uma resposta definitiva em dois dias, prazo que podemos esperar antes de iniciar qualquer procedimento. Júlio não ficará sem medicação até lá. Peço um pouco mais de paciência – disse, olhando firmemente para Helena que não desviou o olhar.

– Agradeço seu empenho. Isso vai facilitar o andamento da pesquisa. – Seu olhar pousou no dele e novamente a ligação se estabeleceu, desta vez mais intensa. Momento que durou instantes, mas lhes pareceram a eternidade.

O que aquilo significava? Helena não sabia, apenas sentia que tudo aquilo lhe era muito familiar. Aquele olhar profundo, a doçura em suas palavras, a ternura que ele irradiava em sua direção. Sonhava com o dia daquele encontro; no entanto, isso não estava certo! Sentiu suas pernas bambas, o que a fez se desviar do olhar dele.

– Nada tem a me agradecer. Meu amigo confidenciou-me sobre a repercussão que isso terá, caso seus testes sejam favoráveis, como creio que irá acontecer. Deve estar orgulhosa dessa pesquisa, os benefícios serão imensos e muito contribuirá para reverter quadros dolorosos. Cláudio me dará uma resposta definitiva sobre o início de seus experimentos em humanos o mais rápido possível. O interesse é da própria comunidade científica. Aliás, tenho muito interesse em conhecer o projeto. Teremos tempo para isso, afinal ficarei aqui por algumas semanas, até papai voltar de suas férias. Enquanto ele se diverte, nós trabalhamos. – E sorriu para o pai, que constatava feliz o interesse do filho. Pedia a Deus que o tempo fosse seu aliado e conseguisse uma resposta positiva ao tratamento do velho amigo.

O almoço foi rápido. Helena saiu apressada para o laboratório, e pai e filho participaram de reuniões com diretores do hospital. Otávio não gostava da burocracia e achava tudo aquilo exaustivo. A quantidade de informações que o pai estava lhe passando apenas para ficar um mês ausente era demais. Algo lhe parecia estranho e decidiu conversar com ele à noite. Será que Clara sabia de algo que ele desconhecia?

No final da tarde, Elisa chegou ao hospital e se dirigiu apressada ao quarto do marido. O filho lhe contara sobre a fuga, e ela estava apreensiva. Entrou no quarto e encontrou Júlio ainda adormecido. Pegou as mãos dele e as segurou entre as suas. Lágrimas escorreram por seu belo rosto já maduro, mas ainda ostentando suavidade e doçura, e relembrou sua vida ao lado dele. Foram anos de intensa felicidade. A cada dia ao lado dele descobria uma faceta nova de sua personalidade. Era impossível resistir ao seu sorriso afetuoso, à sua fala mansa e cativante. Seus dois filhos completaram a feliz união, abençoando sua vida com muitas alegrias. Como viver sem sua presença a lhe infundir conforto e confiança? Quando descobriram a doença, ainda em fase inicial, ficaram em choque e moveram todos os seus esforços para conseguir a cura. No entanto, nada parecia surtir o efeito desejado. Ficou a observar o marido, esperando que ele despertasse, mantendo suas mãos unidas às dele.

Alguns minutos se passaram, e a enfermeira retornou:

– Não a vi chegar! Foi bem de viagem? – A jovem sorriu afetuosamente, pois gostava muito da esposa de Júlio.

– Poderia ter sido melhor, se meu marido tivesse se comportado de forma adequada.

– Tentamos dissuadi-lo, nem Helena foi capaz de convencê-lo.

– Onde ela está? Pensei que iria encontrá-la aqui.

– Deve estar no laboratório. Pediu que a avisássemos quando chegasse. Volto num instante.

Minutos depois, Helena entrou no quarto e abraçou a mãe carinhosamente.

– Estava com saudades, mamãe! E papai também! Ele não se comporta bem quando a senhora não está por perto. Como foi a viagem? E suas amigas?

– Poderia ter sido melhor. Na realidade, apenas meu corpo viajou, pois meus pensamentos aqui permaneceram. Seu pai não me deixou ir! – E olhou com amor para o marido ainda adormecido. – Que foi que deu para fugir daqui?

Helena sorriu e contou todos os passos do pai desde que a esposa viajara. Falou sobre as últimas novidades da pesquisa e da colaboração de Otávio, filho de Rodolfo.

– Vamos aguardar, creio que teremos uma resposta afirmativa desta vez. Papai retornou com a condição de fazer parte dos primeiros experimentos. Mas vai ter de esperar um pouco mais. Sinto que dará certo, mamãe. Estou confiante! Ele vai se curar! – As palavras soavam como uma certeza, e era nisso que ela precisava se apoiar.

As duas mulheres se abraçaram longamente, sem palavras...

– Já pensou na possibilidade de seu pai não corresponder às suas expectativas? – A pergunta foi direta, e Helena a encarou firmemente.

– Sim, mamãe, é uma possibilidade que não podemos descartar. No entanto, essa opção não está nos meus planos – Suas feições ficaram sérias.

Nesse momento, Júlio abriu os olhos, e Elisa correu a abraçá-lo, beijando-o repetidas vezes.

– Não vou confiar mais em você. Prometeu que permaneceria aqui até a minha volta. O que deu em você para fugir feito um larápio?

– Estava aborrecido e preferi voltar para minha casa, onde me sinto bem. Seus filhos não te ligaram, não é mesmo? – E mostrou um olhar reprovador para a filha. – Você espera o ano todo para reencontrar suas amigas. E como foi?

– Tudo sempre igual. Apenas uma ausência, mas por uma boa

causa. Sílvia acaba de se tornar avó e decidiu não comparecer. Todas mandaram lembranças para você.

 Helena ficou calada, vendo a relação de amor que eles construíram ao longo da vida. Pensava se não perdia tempo deixando o lado amoroso em segundo plano. Como encontraria o amor de sua vida se não estava receptiva a ele? Precisava repensar suas prioridades. No mesmo instante surgiu a imagem de Otávio à sua frente. Seu coração disparou. Porém, durou tempo suficiente para ela se lembrar de que ele era casado, o que significava que esse envolvimento não podia acontecer. Não seria leviana a tal ponto. No entanto, seu coração lhe dizia outra coisa. Estava confusa!

 – Helena, está longe? Seu pai lhe perguntou se tem alguma novidade – A mãe percebeu o descompasso da filha. Mais tarde teria uma conversa com ela.

 – Ainda não, mas tenho confiança que saberemos em alguns dias. Enquanto isso, procure ficar calmo. Está tudo sob controle.

 – No controle de Deus, é o que quer dizer, não? Contra esse fato não temos argumentos!

 – Querido esposo, Deus ainda não quer você por lá. Antes tem de completar sua programação, lembra-se do que conversamos? – Elisa segurou sua mão e a beijou com doçura. – Você ainda permanecerá por aqui por muito tempo, escute minhas palavras!

 – Chega de conversa fúnebre! Mamãe, fique com ele, pois tenho de retornar ao trabalho. Vejo vocês mais tarde! – E saiu apressada para que não vissem seus olhos marejados.

 Andava a passos largos e rápidos e não viu Otávio se aproximando.

 – Acalme-se, aonde vai com tanta pressa?

 Ela olhou com tristeza, com as lágrimas já escorrendo em seu rosto.

 – Não sei se vou conseguir suportar se meus planos não derem certo.

 – Você está fazendo tudo o que sabe. Não pode se culpar se não conseguir curar seu pai – Otávio foi firme em suas palavras.

 – Não posso perder meu pai! Desculpe a pressa, preciso voltar ao trabalho – pediu, desvencilhando-se de Otávio, quando ele a segurou firmemente.

 – Vamos conversar um pouco? Tenho algumas perguntas...

– Depois, Otávio, agora preciso ir!

– Relaxe um pouco, Helena, caso contrário teremos outra pessoa doente por aqui. Se quiser ajudar seu pai, ajude-se primeiro. Controle suas emoções. Vamos tomar um café! – E, sem esperar uma resposta, seguiu com ela pelos corredores do hospital até uma pequena lanchonete. Ela se deixou conduzir passivamente. Sentaram-se e começaram a conversar.

– Sei que é uma pesquisadora responsável e competente, porém precisa relaxar um pouco. Pelo que conversei com meu pai, o caso é sério; no entanto, existem ainda recursos a serem utilizados. Continue com sua pesquisa, pois sei o quanto ela é importante, mas saiba que pode não ser adequada a seu pai. Existe essa possibilidade. Não vai resolver os problemas do mundo, aceite isso! Como médico, tenho de aceitar minhas limitações e compreender que nem todos os esforços empreendidos garantem a cura tão esperada. Não se cobre tanto, Helena!

A jovem derramava lágrimas com as palavras acertadas do médico, porém era difícil lidar com a possibilidade de sua pesquisa não obter os resultados esperados. Além do que, não estava pronta para lidar com a perda do pai.

– Desculpe a emoção, sei que tem razão. Mas papai é muito especial em minha existência, é como se fosse minha base. Nossa ligação é mais antiga do que pode imaginar. Sinto como se nos conhecêssemos desde sempre. Sinto-me tão segura sabendo que ele está por perto! Mamãe diz que já vivemos muitas vezes juntos. Não sei se acredita nisso, mas é assim que vejo nossa relação. Quero muito ser capaz de ajudar em seu tratamento.

– Começo a perceber o que seu pai quis dizer sobre você! – riu, descontraindo a amiga.

– O que foi que ele falou a meu respeito? – perguntou curiosa.

– Que você era especial, em vários sentidos. Tenho de concordar com ele. – Seus olhares se cruzaram. – Desculpe, não quero parecer invasivo, mas sinto o mesmo com relação a você. Parece que a conheço desde sempre, apesar de conhecê-la há tão pouco tempo. Novamente, peço desculpas. Não sei por que falei sobre o que sinto. Normalmente sou um homem discreto, pouco falo dos meus sentimentos. Mas a seu lado me sinto leve e em paz.

– Agradeço a confiança. Serei eternamente grata por tudo. – Helena sentia que a conversa poderia seguir por um caminho tortuoso, mas não conseguia desviar o olhar do dele.

Otávio segurou a mão de Helena e ambos sentiram a energia que se estabeleceu entre eles. Novamente a conexão se fez. Numa questão de segundos, Helena percebeu quem ele era. Reencontro de almas!

Capítulo 14

Estreitando laços

Helena sentiu que ele era a pessoa que ela estava esperando em sua vida. No entanto, o destino lhe pregara uma peça, e ele chegara tarde demais. Como viver um romance com ele? Pelo que Clara lhe contara, seu casamento não andava bem, estava fragilizado e vulnerável. E não seria ela a causadora da separação. Sentiu-se profundamente cansada, como se tivesse caminhado tanto tempo em direção contrária à dele. Desencontros! Era tarde demais! Mesmo que ele fosse o amor há tanto tempo esperado, o momento já passara e não seria mais possível ficarem juntos.

Otávio parecia ter os mesmos pensamentos, pois seu semblante se tornara triste e distante. Mesmo assim, retinha a mão dela entre as suas, como se aquele gesto a impedisse de partir. Haveria lugar para ela em meio a tantos conflitos? Camila era sua esposa e devia fidelidade a ela, mesmo que seu coração não mais lhe pertencesse. Sabia que o caminho que ela escolhera não teria volta, mas tinha de tentar de todas as maneiras administrar seu casamento. Ficaria um mês na cidade, depois partiria, deixando tudo para trás. Agora a possibilidade de nunca mais encontrar Helena lhe doía intensamente. O que significava aquilo? Estava tão confuso, assim como ela se sentia.

Ficaram silenciosos durante alguns instantes, até que a jovem soltou lentamente sua mão, como se lesse seus pensamentos.

– Também não sei o que é isso, mas devo confessar que me assusta. Sou independente, em todos os aspectos, mas você, não. Sou sincera em lhe dizer que sinto por você algo que jamais senti por homem algum. Se tivesse chegado um pouco antes, quem sabe o que o destino nos reservaria. Mas... – Ela não terminou as palavras, pois viu a emoção nos olhos de Otávio.

Ele abaixou o olhar e assim permaneceu. Em seguida, seu olhar cruzou novamente o dela e, dessa vez, o que ela viu a perturbou:

– Talvez o que vou lhe dizer possa parecer algo sem sentido; no entanto, reflete meus reais sentimentos. Eu quero você, e isso está gritando dentro de mim, não posso fingir que nada disso esteja acontecendo. Não sou leviano em minhas condutas, jamais agi de forma desleal com minha esposa. No entanto, nossos caminhos não são mais os mesmos, nós nos perdemos e não quero que eles se cruzem novamente. Essa é minha única certeza! Não sei se posso pedir a você tempo para resolver minha vida. Mas vou resolver tudo e voltarei livre de compromissos. Pode me esperar? – Seu olhar parecia uma súplica, deixando-a atônita.

Helena não sabia o que responder. Não pretendia ser a responsável por sua separação, nem sabia se estava disposta a pagar tal preço. No entanto, o olhar que ele ofereceu, cheio de esperança, a comoveu. Mais ainda, a enterneceu! Teria perdido o juízo? O que as pessoas pensariam dela? E seus pais? E Rodolfo?

Dessa vez foi ela que pegou a mão do médico e disse:

– Acho que estou perdendo o pouco de juízo que tenho. Você está disposto a tudo isso? O que as pessoas irão dizer dessa atitude? Os pais de Camila, seu pai? Eu posso e quero esperar por você! Estamos loucos? Egoístas? Estamos agindo de forma cristã?

– Apenas sei que quero você! Está disposta a pagar qualquer preço? – Seu olhar era firme, carregado de convicção.

Helena correspondeu ao seu olhar e sua resposta foi afirmativa. Havia tanta cumplicidade naquele gesto, tanta intimidade, que ela própria se assustou. Um reencontro de dois espíritos que se buscavam no tempo e no espaço para reafirmar um compromisso assumido muito antes. De repente tudo ficou tão claro! Naqueles breves momentos havia apenas eles dois no mundo! Nem mesmo em seus devaneios julgava que o amor chegaria dessa maneira em sua vida! Sabia das dificuldades que teriam de enfrentar, mas lutariam para reconquistar a chance de ficarem juntos! Essa era sua única certeza!

Otávio, por sua vez, compreendera os motivos de estar lá. Uma força irresistível o levara para aquela cidade, e os motivos pouco importavam. Ele precisava estar ali, definitivamente! Jamais fora impulsivo em toda a sua existência, suas ações sempre foram controladas e objetivas. No entanto, como ser imune aos apelos de seu coração? Parecia que conhecia Helena toda a sua vida, e a simples hipótese de se distanciar dela fazia com que uma dor intensa o acometesse. Queria abraçá-la, mas não queria comprometer ainda mais a situação delicada em que se encontravam. Olhava para ela, mostrando tudo o que carregava em seu coração, sabendo que ela o acompanhava nessa viagem. O sentimento era recíproco, e isso o encorajou ainda mais!

– Não quero conturbar ainda mais suas emoções. Sei o que está sentindo em relação ao seu pai e quero que saiba que estarei ao seu lado, em qualquer situação. Você é muito importante para mim, Helena. Agora entendo o que senti quando a vi pela primeira vez. Aquela cena parecia uma reprise! Podemos dizer que foi um reencontro inesperado, pelas vias mais originais. Como o acaso não existe, esse encontro já estava fadado a acontecer. Agradeça a seu cavalo por mim! – E sorriram pela primeira vez após aquelas revelações.

– Vou ser eternamente grata ao Tempestade. Um nome sugestivo para o que ele causou em nossa vida! Farei muitos agrados a ele, pode ter certeza. – Seu olhar estava claro e carregado de mansidão. Nem ela acreditava como podia se sentir assim em meio ao turbilhão em que sua vida se envolvera. E tudo acontecia tão rápido, de forma tão intensa! – O que fazemos agora? – Suas mãos estavam entrelaçadas, e ele quase a levou aos lábios, porém ela o conteve.

– Tenhamos paciência –, disse Helena, soltando sua mão e fixando seu olhar no de Otávio. – Nosso tempo chegará, acredite! Agora precisamos ir. Tenho trabalho a fazer e você também.

– Tem razão. Prometa-me que ficará bem! Não quero ver lágrimas em seus olhos. Confie nos desígnios de Deus. Seu pai está em excelentes mãos. Você precisa apenas confiar! – O olhar dele, sereno e confiante, instilando tanta certeza, a comoveu.

– Agradeço suas palavras. Jamais pensei que seriam provenientes de um médico, normalmente céticos e prepotentes. Você não é assim e o admiro ainda mais! Obrigada.

Ele sorriu ante o comentário e olhou com carinho para ela. Saíram e cada um foi para uma direção.

Tudo sob o olhar atento de um personagem sombrio, habitante do mundo espiritual. Era o mesmo irmão desencarnado que se encontrava em sua casa atormentando Camila. Ele havia sido retirado de lá pela equipe de companheiros da luz e perambulava por aí. Impossibilitado de lá permanecer, se dirigiu a outro local e, pelos fios mentais de Otávio, postou-se ao seu lado. A entidade ria e se comprazia daquela situação.

– *A história se repete! E ela ainda acredita que ele a ama! Doce ilusão, minha cara Alice! Ele ainda não será seu, não desta vez! Já estão tramando em suas costas, revivendo tudo novamente! Como é tola em acreditar nele! Irá enganá-la mais uma vez, e você voltará para mim! E não precisei mover nenhum dedo. Ele irá traí-la como fez no passado. E você voltará desesperada buscando meu apoio. Estarei por perto, assim tudo ficará mais fácil. Eu avisei!* – E saiu de cena gargalhando.

Outros companheiros espirituais acompanhavam a cena, em especial Luiza, mãe de Otávio, que assistia ao desenrolar dos acontecimentos com certa preocupação.

– *Esse reencontro estava fadado a acontecer, no entanto estou temerosa. Camila ainda está frágil. E está perdendo a oportunidade que lhe foi concedida para que pudesse resolver suas pendências com Otávio. Isso a comprometeu ainda mais, e somente uma atitude nobre será capaz de fazer com que retorne ao caminho da luz. Otávio se dispôs a auxiliá-la, porém seus caminhos se tornaram divergentes. Ele fez a parte que lhe competia, e ela? Helena o esperava para juntos darem continuidade às suas jornadas evolutivas. Trata-se de uma encarnação complexa que demandará muito tato e critério para que não comprometam outras vidas envolvidas. Camila fez um pacto com as sombras, e isso dificulta sua caminhada. Eliseu a acompanha desde que reencarnou, aguardando uma oportunidade de cobrar sua dívida. O lar de Camila e Otávio precisa de luz para que as sombras não finquem raízes. Dalva acolheu nossas solicitações e tem oferecido os recursos para a reconquista do equilíbrio, porém caberá a eles manterem o lar em harmonia. Um momento delicado!*

– *Irmã querida, Deus está sempre no comando de tudo! Cada*

companheiro envolvido nesta história terá de oferecer a sintonia para que possamos interceder por eles. Podemos estar atentos e observar cada ação desses irmãos, mas não podemos interferir em suas escolhas. Helena e Otávio sabiam dos riscos e aceitaram retornar, mesmo que não pudessem permanecer juntos. Camila é uma irmã ainda carente de esclarecimentos e precisa de ajuda. Otávio saberá resolver essa difícil situação. Helena estará ao seu lado dando o suporte necessário. Observemos o desenrolar dos fatos! – E chamou um dos irmãos presentes, solicitando que acompanhasse Eliseu, o espírito rebelde, em suas andanças. – *Por ora, recorramos à oração, Luiza. Peçamos a Deus que providencie a resposta certa a nossos apelos.*

Luiza assentiu e juntos colocaram-se em profunda prece. Aos que tivessem olhos de ver o mundo espiritual que nos envolve, poderiam perceber a profusão de luzes que esses irmãos irradiavam naquele momento. A oração sincera é capaz de reverter quadros sombrios, modificando o padrão espiritual em que habitamos.

Helena dirigiu-se para seu laboratório, mas dificilmente conseguiria produzir algo de efetivo. Otávio lhe fizera juras de amor, tudo o que sempre sonhou, no entanto não era assim que imaginara acontecer. Esperava que tudo fosse calmo e sereno. Mas sendo ele quem era, como poderia assim acontecer? Riu de si mesma e acalmou seu coração. Nada poderia fazer por enquanto. Sabia apenas que ele era o cavaleiro andante que esperava por toda a sua vida. Não abriria mão de ser feliz ao seu lado. O caminho que iriam percorrer não seria nada fácil, mas teriam todo o tempo do mundo para reconquistarem o direito de estar juntos novamente!

Pensou que precisava urgentemente de um passe, uma transfusão de energias seria o que a reconduziria ao equilíbrio emocional. Respirou profundamente e fechou os olhos, pedindo a Deus que a envolvesse em sua luz. Mais tarde iria até o pequeno centro espírita. Precisava dividir isso com Tobias, o dirigente do local e seu mentor encarnado. Ele a conhecia desde os tempos da adolescência, quando sua percepção espiritual se ampliou significativamente. Sua mãe conhecia Tobias fazia muito tempo. A própria Elisa recorrera a ele quando era muito jovem, pois sentia coisas estranhas e via habitantes do mundo espiritual à sua volta. E ele, amorosamente e com sabedoria, explicou todo o processo de intercâmbio com a espiritualidade. Quando Helena passou a apresentar a mesma sensibilidade, Elisa a levou ao centro. E, nesses anos todos, era a ele, Tobias, a quem Helena recorria, mesmo a distância. Quando voltou para a casa do pai, depois de passar um tempo fora para estudos, estreitou os laços com o centro e passou a frequentar semanalmente as reuniões. Primeiro, participou de reuniões de estudo e, depois, passou a trabalhar como médium, intermediando comunicações do mundo espiritual. Era uma tarefa que desempenhava regularmente e, a cada dia, sentia que sua percepção se ampliava e começava a entender várias passagens de sua vida.

Tobias era um senhor de meia-idade, que desempenhava várias atividades, além do trabalho profissional como protético. Aos domingos, participava de um trabalho social, que incluía visitas a lares carentes. Sempre com um largo e amoroso sorriso. Com tantos méritos, nem mesmo os padres mais inflexíveis conseguiam vê-lo como um emissário das trevas, como comumente eram chamados os praticantes da doutrina dos espíritos. Era uma convivência pacífica, afinal todos seguiam a um mesmo Mestre. Jesus era a quem serviam, isso era o que realmente importava. Numa cidade pequena, o respeito mútuo era algo necessário e que deveria ser exemplificado por todos.

Helena retomou seu trabalho, focando na pesquisa que em breve seria realizada em humanos. O primeiro a usufruir desse experimento seria seu pai. Era a oportunidade de ter seu feito reconhecido e, principalmente, de controlar a terrível enfermidade que o acometia. Contava que ele poderia se curar.

Otávio, por sua vez, foi ao encontro da irmã e do pai, que estava lhe mostrando a ala infantil. Clara ficou extasiada com tudo o que viu. O pai fizera um grande investimento no setor, com aparelhagem moderna e instalações adequadas. Encontrou ambos na sala de reuniões, onde conversavam animadamente. Clara viu o semblante preocupado do irmão assim que ele entrou.

— O que aconteceu, Otávio? Algo o preocupa?

— Nada, minha irmã. Apenas preocupações. Papai, tem certeza de que pretende ficar apenas um mês fora daqui? — A pergunta foi direta e deixou o pai incomodado.

— Ora, não pretendo viajar imaginando que algum problema possa surgir e vocês não possam resolvê-lo. Minha intenção é viajar com tranquilidade. Não quero ninguém me perturbando nesse período. O que o preocupa? – tentou disfarçar o pai.

– São tantas informações, o senhor está delegando tudo como se não tivesse a intenção de reassumir seu cargo quando retornar. Espero que isso não esteja em suas cogitações, afinal, pretendo ficar aqui apenas durante sua viagem.

– Fique tranquilo, Otávio. Reassumirei minhas funções logo que chegar, não tenha receios. No entanto, quero deixar bem claro que vocês dois são meus herdeiros. Este hospital será de vocês quando eu não estiver mais por aqui. O que farão quando isso acontecer? – A pergunta foi direta a ambos, e Clara se prontificou a responder.

– Ora, papai, quando isso acontecer, um dia, pensaremos sobre o assunto, não é mesmo, Otávio? Até lá, tudo o que construiu com tanto empenho pertence a você. Hoje estamos apenas dando um suporte. Deixemos para pensar quando isso realmente ocorrer.

Otávio ficou pensativo, como se captasse algo no ar. Definitivamente, a conversa estava ficando um tanto suspeita. Estavam escondendo algo dele? Sim, havia algo mais, tinha certeza. Com tudo o que estava acontecendo em sua vida naquele momento, preferiu não aprofundar o assunto. Helena agora era sua maior preocupação. Sabia apenas que não a perderia por nada deste mundo. Os caminhos que trilhariam, o tempo se incumbiria de lhes mostrar.

– Papai, fique tranquilo. Cuidaremos do hospital como se fosse nosso, não é mesmo, irmã querida? – alfinetou a irmã, mostrando que teriam de conversar em tempo oportuno.

– Com certeza, papai. – Clara olhou atentamente para Otávio, compreendendo tudo. Teriam de conversar mais tarde.

Capítulo 15

Muito a aprender

Enquanto isso, em São Paulo...
Carmen se instalara na casa da filha, temendo por seu estado emocional conturbado. A filha não conseguia ficar sozinha na casa e se aproximara da mãe, algo inusitado, partindo dela. Camila estava insegura, temerosa, como se estivesse acuada. Dalva convidou Carmen a visitar o centro espírita que frequentava, e ela, católica convicta, pensou seriamente em aceitar o convite. Pouco sabia dessa doutrina, mas se fosse uma alternativa para resolver o problema da filha, por que não?

Dalva dissera que participava de encontros semanais nas segundas, e Carmen tratou de convocar o marido para ficar com a filha na sua ausência. No dia da visita ao centro, Carmen e Dalva se dirigiram ao local onde as reuniões ocorriam. Era uma casa modesta, porém ampla, com várias dependências onde se realizavam as atividades. Carmen estava apreensiva, afinal nunca estivera num local como aquele.

Assim que chegaram, ela percebeu que Dalva era uma frequentadora assídua, pois foi cumprimentada com carinho por muitos dos integrantes do centro. Depois de deixar Carmen em uma sala com outras pessoas que aguardavam atendimento, Dalva explicou que tinha um trabalho a realizar e se encontrariam depois.

— Fique tranquila, a senhora ficará bem. Não tema!

Carmen foi conduzida àquela sala, onde aguardaria atendimento.

Não tinha ideia do que iria acontecer. Ficou silenciosa. Fechou os olhos e orou de maneira sincera. Passados alguns instantes, uma jovem senhora iniciou uma prece coletiva, deixando o ambiente saturado de luz e paz. Carmen sentiu-se mais serena e aguardou o momento de ser levada a uma mesa com um atendente.

Uma senhora simpática e amorosa, chamada Dulce, lhe ofereceu um sorriso franco.

— Bem-vinda à nossa casa. É a primeira vez? — perguntou, iniciando a conversa.

Carmen estava mais calma, vendo seus temores desaparecerem, pois lá parecia mais um consultório médico ou mesmo um confessionário. Essa foi sua impressão, e sentiu-se mais confortável para relatar suas aflições. Dulce ouviu silenciosamente seus problemas, que na verdade eram da filha. Disse que estava lá por ela. Conforme falava, sentia como se tirassem um peso imenso de suas costas. Ao fim do relato, a atendente fez uma pergunta:

— Acredita que cada um de nós é responsável por suas escolhas?
— Acredito que sim.
— Sua filha é um ser único, com uma história que apenas ela tem conhecimento, mesmo que de nada se recorde. Nossos atos, sejam desta vida ou de outras, interferem em nossas emoções mais do que podemos supor. Já que veio nos procurar, preciso fazer-lhe uma pergunta e espero que seja sincera consigo mesma: acredita na possibilidade de nascermos sucessivas vezes? Acredita na eternidade do espírito?

Nunca pensara sobre isso, essa era a mais pura verdade. No entanto, tantas ocorrências em sua vida deram provas suficientes de que havia algo mais a ser considerado. O simples fato de as duas filhas nutrirem profundo ódio entre elas já era motivo para que isso se justificasse. Tentou inúmeros recursos para que se entendessem, no entanto, nada surtia efeito. E nunca houve um motivo palpável que justificasse aquela animosidade. Mas, se acreditasse que as causas estavam no passado, em outras existências, talvez isso fizesse sentido. Estava confusa, e Dulce percebeu.

— Não quero perturbar suas crenças, estou apenas fazendo-a refletir. Conheça a Doutrina dos Espíritos, codificada por Allan Kardec, e creio que obterá as informações que tanto deseja. Não entre em conflitos desnecessários, afinal Deus é um só e é nele que acreditamos. – Carmen ficou curiosa, afinal não dissera que era católica em momento algum. Aquela senhora parecia conhecer seu íntimo e suas convicções.

– Creio em Deus, Pai de amor e misericórdia – sussurrou.

– Nós também, minha irmã. Somos um imenso rebanho. Como disse o Mestre, nenhuma ovelha se perderá. Todos, um dia, caminharemos juntos, respeitando nossas diferenças, nossas crenças, nossos ideais. Você veio em busca de auxílio, no entanto, o primeiro recurso da cura consiste em quanto desejamos efetivamente a cura e quantos esforços empreenderemos nessa conquista. Necessário que cada um faça a parte que lhe compete. Hoje receberá um passe para restabelecer seu equilíbrio; no entanto, é apenas o início de um longo processo. Sei que está pensando que veio aqui para auxiliar sua filha, porém necessita tanto quanto ela dessa ajuda – E sorriu afetuosamente.

Realmente, Carmen também precisava de ajuda, apenas ainda não tinha percebido isso. Algumas lágrimas rolaram e sentiu-se leve, como havia muito tempo não experimentava. Sua vida não estava sendo nada fácil, principalmente porque a culpa a atormentava a todo instante. Sentia-se responsável por não conseguir resolver o impasse entre as filhas. Teria sido uma péssima mãe? Poderia ter feito diferente? Oscar, seu marido, insistia que as duas tinham mau gênio e deveriam ter sido contidas logo na infância. No entanto, sua consciência lhe dizia que havia algo mais, ainda indecifrável. Talvez por esse motivo, a revelação de Dulce fazia tanto sentido. Tudo era originário de vidas passadas, mas que precisavam ser resolvidas ainda nesta. Mas como?

– Minha amiga querida, percebo sua angústia, mas não queira todas as respostas de uma vez. Tudo virá a seu tempo. Façamos assim, tome uma série de passes e volte aqui novamente. Recupere seu equilíbrio. Só podemos ajudar o outro quando nos encontramos na posse de nossas energias. Só podemos oferecer ao outro o que possuímos. Quanto à sua filha, peço que deixe seu nome e endereço conosco. Veremos o que pode estar acontecendo de mais sério. Tem o hábito da oração? – perguntou Dulce.

– Oro todos os dias.

– Pois a utilize também na residência da sua filha. Faça isso por ela. Pelo que me relatou, ela está em profundo desequilíbrio emocional e espiritual.

– Poderia me responder uma pergunta?

– Sim, se estiver em minhas possibilidades de responder.

– Sinto algo desconfortável, como um arrepio que me faz sentir muito frio quando estou num dos cômodos da casa. É possível que tenha algum fantasma lá?

Dulce riu da pergunta, mas respondeu com toda a atenção:

– Bem, se está se referindo a um habitante do mundo espiritual, não posso lhe afirmar que isso esteja acontecendo, mas é possível sim. Não deveria estar lá, mas pode ser que esteja também em perturbação, assim como sua filha. Agora, vamos até a sala de passes. Ouvirá uma pequena palestra e depois tomará uma transfusão de energias.

– Obrigada! Sinto-me mais serena e confiante. Seguirei suas orientações.

Na sala de passe, Carmen ficou refletindo em tudo o que ouvira e percebeu que fazia todo o sentido. Jamais pensara sobre a possibilidade de vivermos sucessivas experiências, o que explicaria tantos sofrimentos que ora passamos. Hoje, pensava ela, estamos tentando ser pessoas boas, praticar ações benevolentes, aceitar as diferenças existentes entre cada criatura. No entanto, e sobre o que fizemos no passado? Nossas ações ilícitas, se as praticamos contra nossos semelhantes, como ficará perante a justiça divina? Sim, faziam sentido as palavras daquela doce senhora. Teria muito a conhecer, um longo caminho a percorrer, mas sentiu a confiança e a paz ao seu lado. Talvez, Camila tenha sido o instrumento de Deus para que ela abrisse definitivamente seus olhos espirituais e percebesse a realidade que a envolvia. Suas filhas precisavam de ajuda, isso era um fato consumado. Em seguida, foi conduzida a uma sala com pouca iluminação, onde vários trabalhadores faziam o trabalho de doar energias aos assistidos. Mesmo na penumbra, pôde ver Dalva entre eles, concentrada em sua função. Fechou os olhos e sentiu algo a envolvê-la, como se uma capa fosse colocada sobre seu corpo – uma sensação incrível, que lhe proporcionou paz e equilíbrio.

Ao final, encontrou-se com Dalva.

– Espero que tenha apreciado a experiência, dona Carmen.

– Não sei como agradecer, minha querida amiga. Vou ser eternamente grata por tudo. Não imagina o bem que me fez ter vindo aqui.

No caminho de volta, Carmen, animada, relatou suas experiências a Dalva. Ao chegarem a casa, depararam com pai e filha numa discussão. Dalva discretamente se retirou.

– Tudo bem com vocês? – perguntou, sentindo o ambiente tenso entre eles.

Oscar foi o primeiro a se pronunciar.

– Camila está sendo intolerante ao extremo. Converse com ela – E saiu da sala contrariado.

Camila estava irritada.

– Papai está indo longe demais! Sofia o manipula, e ele ainda não percebeu que ela irá levá-lo à bancarrota. Ela ligou e pediu uma reunião com ele, sem a minha participação. Ela pretende enganá-lo com mais um dos seus truques e não quer testemunha. Não permitirei que ela tire tudo o que é meu!

Carmen não estava entendendo nada, apenas que se tratava de negócios, assunto com o qual nunca se envolvera. Parecia que Sofia queria entrar num terreno perigoso, competindo com o próprio pai, algo que Camila reprovava. O pai acreditava em uma concorrência eficaz e lucrativa, desde que fosse dentro dos padrões da ética e da honestidade. Mas aos olhos de Camila, o pai seria facilmente enganado pela irmã. Oscar, por sua vez, um veterano nos negócios, sentiu-se ultrajado com a ideia que Camila fazia a seu respeito. Ele não era tão tolo para que Sofia, por mais ardilosa que fosse, lhe passasse a perna. Era essa a discussão que travavam assim que Carmen chegou.

O esposo era um bom homem, de índole jamais questionada e nome respeitado no meio comercial. Já de Sofia não se poderia dizer o mesmo. Apesar de as suas lojas estarem prosperando, o pai nunca participou dos seus negócios. Que meios ela utilizava era uma incógnita. O que deixara Camila enfurecida era que a irmã desejava comprar uma loja do pai, sem desembolsar dinheiro algum. Queria explicar seu projeto apenas para ele, sem a participação de mais ninguém da família. Camila estava indignada.

– Acalme-se, minha filha. Seu pai tem experiência suficiente para perceber quando um negócio é ou não conveniente. Você o ofendeu com seus temores.

– Ora, mamãe, você sabe que Sofia sempre conseguiu o que

quer. Papai não sabe o monstro que ele criou! Se ele soubesse do que ela é capaz para conseguir o que deseja... – E não continuou a frase, percebendo que não deveria seguir por esse caminho.

Carmen, porém, percebeu que a filha lhe omitia algo.

– O quer dizer com isso? O que você sabe que nós não sabemos? – perguntou diretamente.

Camila ficou calada pensando se deveria contar o que sabia sobre os métodos de Sofia para gerir seus negócios. Seria o momento certo para contar aos pais todos os seus podres? Sabia que isso custaria o ódio eterno da irmã, mas pouco se importava com isso. Sofia jamais aceitou sua presença. Desde criança sentia animosidade por parte dela, com sua fala irônica e dissimulada. Conforme crescia e se tornava uma jovem com muitos atrativos, percebia a inveja que causava em Sofia. Porém, nessa época não se importava mais em se aproximar da irmã. Simplesmente a desprezava. Não nutria nenhum outro sentimento por ela, a não ser desprezo. Sentia que a irmã estava sempre arquitetando um plano para colocá-la em situação constrangedora. Foram se afastando até se tornarem duas completas estranhas para tristeza dos pais.

Quando Camila se apaixonou por Otávio, Sofia fazia chegar até ele uma série de mentiras e artimanhas, com o intuito de que ele perdesse o interesse pela irmã. Às vésperas do casamento, Sofia armou um plano, que depois acabou não dando certo, para convencer o noivo de que Camila o traía. Quando Camila contou aos pais, eles não acreditaram na veracidade da história, o que a deixou decepcionada na época. E o que Camila sabia sobre Sofia desta vez era verdade, porém os pais poderiam, novamente, não acreditar nela. Ela precisava se cercar de provas. Até lá, seria mais conveniente permanecer com seu segredo.

– Ora, mamãe, tudo o que eu já lhe disse sobre ela a senhora acreditou? Quantas vezes não me disse que eu era implicante? Vocês sempre encobriram os atos errados dela, dizendo que Sofia agia assim por imaturidade ou por ciúmes, jamais por ser uma pessoa sem moral! Ela é capaz de qualquer coisa para obter o que deseja e sempre foi assim! Pergunte aos seus amigos o que eles pensam sobre isso. Vai se surpreender com as respostas, minha mãe. Mas sei que prefere não tomar conhecimento, assim não sofre, não é mesmo? Sinto lhe dizer que sua filha é uma pessoa vil, sem escrúpulos, que não se importa com o outro. Ela sempre tentou de todas as formas me causar sofrimento. Me perdoe, mas não existe possibilidade, nesta vida, de perdoá-la por tudo o que ela já me causou.

Carmen pensou em Sofia, e reconheceu que ela sentia profundo ressentimento por todos de sua família, em especial por Camila, a irmã caçula a quem perseguia de maneira implacável. Por que Sofia agia de forma tão desumana? O que ela carregava em seu mundo interior que a fazia agir tão cruelmente? Talvez o problema maior não fosse Camila, mas sim Sofia! Carmen sentiu uma tontura e precisou se sentar. Camila percebeu o estado da mãe e correu a socorrê-la.

– Mamãe, me desculpe! Sente-se, vou pegar um pouco de água.

Carmen estava desolada com sua incapacidade de gerir a própria família. Tinha muito para refletir antes da próxima visita ao centro espírita.

Capítulo 16

Na trilha do destino

A semana passou rapidamente. Rodolfo sabia que os filhos dariam conta das responsabilidades. Ele viajaria na sexta-feira, e Marina quis oferecer um jantar na noite anterior aos enteados e amigos próximos.

Júlio ainda estava internado, aguardando o procedimento que teria início no final de semana. O amigo de Otávio conseguiu agilizar o processo, e Helena poderia, finalmente, iniciar os testes necessários à aprovação do medicamento em questão. Estavam todos ansiosos e repletos de esperança.

A resposta chegou na tarde de quarta-feira. Otávio explicou que o amigo havia conseguido judicialmente uma liminar para iniciar o experimento, em caráter de urgência. Helena olhava Otávio com admiração. Sabia que, sem sua ajuda, a aprovação do caráter experimental do seu projeto poderia demandar semanas, ou meses. Abraçou-o afetuosamente num gesto como se confessasse a importância dele em sua existência. E então ela se afastou e disse:

— Meu caro amigo, serei sua devedora nesta vida. — Seus olhos estavam marejados.

Otávio pegou suas mãos.

— Você é responsável por tudo, não eu. Jamais se esqueça disso! O mérito é todo seu, Helena. Agora prepare-se para dar início aos testes. Vai precisar de ajuda?

— Se for necessário, colocarei uma equipe à sua disposição – disse

Rodolfo. Ele sabia o quanto aquele projeto era importante para a jovem, afinal acompanhara toda a odisseia que ela vivera no último ano.

– Agradeço imensamente e aceitarei. Não darei conta de tudo sozinha.

Helena abraçou o pai com o coração repleto de novas esperanças.

– Vai dar tudo certo! Estamos todos juntos nesta luta e venceremos! – gritou Helena, que, antes de sair, se jogou na cama e disse algumas palavras no ouvido do pai. Em seguida saiu sorrindo. Rodolfo e Otávio se entreolharam, procurando entender o que ela dissera, pois Júlio dava uma gargalhada.

– Não queiram participar dessa relação deles. Eu mesma já desisti e me conformei em ficar de fora – disse Elisa sorrindo.

– Deixem de ser curiosos. Temos os nossos segredos e, nessa condição, permitam-me manter o silêncio. – Júlio ostentava um ar maroto.

– Portanto, trate de ficar até o final da semana com nosso tratamento, fui claro? – brincou Rodolfo.

– Você não tem um hospital para cuidar? Espero que seu filho seja menos implicante que você. Não sei como o aturo há tanto tempo.

Rodolfo sorriu e saiu acompanhado do filho.

– É um homem valoroso, meu filho. Espero que a morte não o subtraia tão jovem dessa existência. Ele fará falta!

– Todos farão falta quando partirem, meu pai. Cada um tem seu valor e deixará um lugar vazio que jamais será preenchido. Afinal, cada ser é único! – finalizou Otávio. O pai colocou a mão no ombro do filho e continuaram falando sobre o hospital.

Na noite da quinta-feira, véspera da viagem de Rodolfo e Marina, o jantar aconteceu.

Otávio esperava ansiosamente pela presença de Helena, que Rodolfo fez questão de convidar. Elisa ficaria no hospital com Júlio, e Miguel e Helena compareceriam. Assim havia sido acordado. A jovem pesquisadora não era muito afeita a reuniões sociais, mas esse jantar não se enquadrava nessa categoria. Queria estar perto de Rodolfo, seu grande amigo e incentivador de suas pesquisas. Ela sabia sobre sua doença, mas não o quanto estava adiantada nem quanto tempo ele teria. Quando soube da doença, correu a lhe prestar solidariedade, incentivando-o a buscar todos os recursos disponíveis, porém ele dissera que era irreversível e já tinha aceitado a fatalidade, como médico acostumado a lidar com isso. Uma ironia do destino. Pediu-lhe, apenas, que mantivesse o segredo e que mais ninguém tivesse acesso a essa informação, especialmente Marina. Não queria preocupá-la. Foi uma viagem minuciosamente traçada. Rodolfo esperava que Marina se divertisse muito!

Helena chegou quando todos os demais já estavam presentes. Miguel a acompanhava. Eram os mais jovens entre todos. Clara ainda não conhecia Miguel e percebeu sua semelhança com o pai. Era alto, bem apessoado e com um sorriso cativante e límpido. A irmã contara que ele estudara Agronomia, assim como o pai, para dar continuidade à administração das fazendas. Trabalhava desde muito jovem e tinha a pele morena de sol. Rodolfo e Marina o conheciam desde criança.

Clara começou uma conversa animada com Miguel, que era muito divertido. Sentia como se já o conhecesse e deram muitas risadas juntos.

Helena ficou perto de Otávio durante todo o jantar. Conversaram sobre os mais diversos assuntos, fugindo do que realmente importava a eles. Era o que a vida lhes ofertava por ora e queriam estar próximos um do outro. Isso já era o bastante.

A troca de olhares entre eles foi notada por Clara. O que estaria acontecendo? Percebia certa cumplicidade entre eles. Agora tudo fazia sentido! Ele estava escondendo algo muito importante, e ela iria descobrir naquela mesma noite.

Após o jantar, Otávio e Helena saíram para dar uma caminhada no jardim. Era uma noite fria, e ele percebeu que ela estava toda encolhida. Num gesto impulsivo ele a abraçou, e assim permaneceram, sem dizer uma palavra. Helena queria apenas aproveitar a sensação de estar ao lado dele. Sem julgamentos, sem constrangimentos!

Otávio vivia uma sensação semelhante. A simples presença da jovem ao seu lado era suficiente para sentir que a paz lhe retornava. Essa sensação era tão forte que o inebriava, e ele se viu transportado para uma realidade totalmente diversa. Num momento diverso, numa outra época! Durou alguns instantes, e retornou confuso. O que estaria acontecendo com ele? Apertou Helena fortemente, com medo de perdê-la.

– O que aconteceu?
– Algo estranho e confuso. Era como se estivéssemos em outra época, tudo ocorreu numa fração de segundos. Você e eu estávamos diferentes! Não sei se acredita...
– Claro que acredito. Somos viajantes do tempo, meu querido. Hoje estamos aqui, mas já pertencemos a outros locais e momentos diversos.
– Estávamos abraçados, como aqui estamos, mas em corpos diferentes. Como isso é possível?
Helena o abraçou mais forte e disse em seu ouvido:
– Você tem muito a aprender sobre a vida. Acalme seu coração e lembre-se de todos os seus questionamentos sobre as infinitas possibilidades de encarnação. Venha comigo até o centro espírita que frequento. Tobias terá um prazer imenso em conhecê-lo!
– Minha vida está um caos! Não creio que ele possa me ajudar. Queria viver minha vida com você e não sei quando ou se isso irá acontecer! Até quando vou conseguir me manter íntegro e no controle de meus atos?
Helena queria abraçá-lo, beijá-lo e dizer que tudo isso passaria em algum momento! Mas quando? Essa era a incógnita que a perturbava também. Já estavam fora havia algum tempo e ela não queria despertar suspeitas indevidas. Pegou a mão de Otávio e as colocou entre as suas:
– Tudo voltará ao seu equilíbrio. Essa é a dinâmica da vida! Depois do caos, vem a paz! Depois da tempestade, a bonança. Depois da noite, o dia. Assim se processa, Otávio querido. Tenha fé de que tudo irá se acertar no seu devido tempo. Eu acredito! – E ofereceu um afetuoso sorriso. – Vamos entrar agora, não quero que suspeitem que existe algo entre nós... – Fez uma pausa e disse em seguida: – pelo menos por enquanto.
Otávio relaxou e retribuiu o sorriso.
– Como consegue fazer isso? Você não existe! – E pegou-a pela mão e a conduziu de volta à casa.
Passava das onze horas quando todos se retiraram. Marina e Rodolfo agradeceram pela noite maravilhosa e subiram abraçados, deixando os dois irmãos na sala em silêncio.
– Que olhar é esse pra mim? – perguntou Otávio.

– Você é quem vai me responder: que olhar é esse? O que está acontecendo com você?

Otávio ficou calado, refletindo no que poderia contar à irmã. Era tudo muito complicado e não queria expor Helena. Ela insistiu:

– Otávio, eu o conheço bem. Existe uma tensão em seu olhar. Pensei que o motivo era Camila, no entanto minha intuição diz que não é com ela que você está preocupado. Algo que o papai falou?

– Não, se bem que sinto que ele está me escondendo algo. E você também! Mas estou com outros problemas a resolver. É isso! – Tentava ser objetivo.

– Que problemas o afligem que eu não possa ajudar? Jamais o julguei, meu querido. Nem quando decidiu se casar eu o critiquei. Estou com você sempre! – Ela se levantou e o abraçou ternamente. Sentia-se mal por não poder falar sobre o pai, mas ele pedira que mantivesse esse segredo até viajar. Não podia trair a confiança que o pai lhe depositava. Seria apenas por mais um dia, depois contaria tudo, sem omitir nenhum detalhe. – Fale comigo. Abra seu coração, talvez eu possa ajudar.

Otávio precisava se abrir com ela, a única pessoa em quem confiava plenamente. Respirou fundo e começou o relato:

– Já teve a sensação de que chegou tarde demais e perdeu a melhor parte da sua vida? Assim eu me sinto! E não dá para voltar para trás. Estou me sentindo péssimo. Se você tivesse à sua frente o amor da sua vida e não pudesse viver esse romance, como se sentiria? – A pergunta foi direta e carregada de amargura.

Clara jamais poderia supor que o irmão pudesse passar por aquilo, ele, sempre tão seguro de si.

– Vamos por partes, querido. Primeiro se acalme, respire fundo e procure racionalizar tudo o que acabou de me dizer. Decifre para mim o que isso significa. Estou confusa. Está se referindo à Helena? Onde ela entra nessa história?

Otávio encarou-a firmemente:

– Perdi o trem da minha vida e me sinto parado na estação sem saber qual será meu destino. Sim, minha irmã, é a ela que estou me referindo. Jamais me senti assim, frustrado.

Clara respirou fundo. O que poderia dizer? "Largue tudo e fique com ela, se é isso que o fará feliz." Não. Havia outras pessoas envolvidas. Não conseguia visualizar consequências favoráveis dessa atitude, ainda mais se considerar que Camila era capaz de atos inimagináveis. Era realmente uma situação complexa. O olhar do irmão, no entanto, lhe dizia que ele estava em conflito porque já sabia o que teria de fazer. Só não sabia como!

– Já tomou sua decisão, querido? Pelo seu olhar, posso lhe dizer que está propenso a viver esse romance com Helena. É isso que pretende fazer? Não acha que é cedo demais? E Camila, como fica nessa história? – A pergunta o torturou ainda mais.

– Você tem acompanhado meu casamento e sabe como tenho vivido, em especial no último ano. Não vou negar que me casei por amor ou por algo que julgava ser amor. Fomos felizes enquanto foi possível. Mas ela saiu definitivamente da rota que programamos, e vir para cá foi algo que eu necessitava para manter minha integridade emocional. Nunca cogitei a hipótese de me envolver com outra mulher, mas Helena é diferente. Assim que a vi, percebi que algo poderia acontecer. Sinto como se a conhecesse por toda a vida. É algo mágico e intenso.

Clara sorria e pensava no quanto Helena havia sensibilizado o irmão.

– Tem certeza de que vale a pena insistir nessa história de amor? – perguntou.

– A única certeza que tenho é que ela é o amor da minha vida.

– Então lute por ela, Otávio. Faça tudo para que esse romance possa ser vivido de forma equilibrada. Você vai encontrar muitos obstáculos, porque Camila é uma pessoa complicada. Não sei como vai fazer, mas estou com você! E Helena, como sente em relação a isso?

– Disse que vai me esperar. Decidimos manter tudo no mais absoluto sigilo até lá. Sem direito a encontros furtivos! – sorriu Otávio.

– Acho sensato e correto. Uma exposição seria desnecessária – afirmou Clara.

– Vou me manter ocupado durante todo o mês. Quando voltar para São Paulo, tomo uma decisão. Por mim e por Camila. Que ela siga seu caminho!

Clara o abraçou e, nesse momento, sentiu um aperto no coração, pressentindo que uma tempestade se aproximava e a devastação poderia ser imensa...

Capítulo 17

Revelações alarmantes

Na manhã seguinte, os dois irmãos foram surpreendidos por uma visita inesperada. O pai conversava com um tabelião, que lhe mostrava alguns papéis. Marina se encontrava ao seu lado. Ele chamou os filhos e pediu que se sentassem, pois tinha algo a lhes falar. Os dois se entreolharam curiosos com a presença do visitante.

— Bem, espero que compreendam minha atitude. Pode parecer estranho, mas já deveria ter feito isso há mais tempo, afinal vocês são meus herdeiros diretos. Fiz o levantamento de meu patrimônio e decidi fazer a divisão de todos os meus bens antes de viajar. Os bens de sua mãe já foram divididos anos atrás, como sabem. Metade dos meus bens ficará com Marina e o restante dividido entre vocês dois. Espero que estejam de acordo com a divisão. Marina está ao meu lado há mais de quinze anos e tem sido uma companheira admirável – , disse, olhando com carinho e gratidão para a esposa.

Otávio foi o primeiro a se manifestar.

— Não acho necessário, meu pai. Ficarão ausentes apenas um mês. Por que a urgência?

— Nunca se sabe o que pode acontecer, meu filho. Por que não deixar tudo resolvido? Isso não se refere apenas ao hospital, mas às fazendas e outros investimentos. Um patrimônio significativo, que espero que façam bom proveito. Aqui estão as procurações, dando direito a que vocês possam tomar qualquer decisão em minha ausência.

Os dois leram atentamente o documento e perceberam que o patrimônio era realmente vultoso. Fazendas, imóveis, investimentos, tudo estava lá descrito.

– Acha realmente necessário, papai? – perguntou Clara.

– Sim, minha querida. Assim, posso viajar tranquilo, deixando vocês cuidarem de tudo. Eu e Marina estaremos nos divertindo enquanto isso – sorriu.

– Umas merecidas férias, querido. – Marina falou pela primeira vez. – Seu pai decidiu isso há algum tempo, muito antes de decidirmos viajar. Concordo com ele em deixar tudo resolvido. Façam isso por ele!

Os dois irmãos assinaram os documentos e o entregaram ao representante do cartório local, que saiu em seguida.

– Bem, creio que tudo já esteja resolvido. Querida, peça para descerem as malas. Temos uma viagem pela frente até o aeroporto. Morar em cidade pequena tem esse inconveniente. Vocês dois não vão trabalhar hoje? Não se esqueçam de que o hospital é de vocês agora! Sem corpo mole! – disse, com bom humor.

– Papai, estamos aqui de férias – brincou Clara, mostrando-se ofendida.

Rodolfo se aproximou da filha e a abraçou carinhosamente.

– Vocês são meu maior orgulho! Não sabem o quanto me fizeram feliz vindo aqui atendendo ao meu pedido. Vou viajar tranquilo, com a certeza de que tudo ficará bem! Obrigado, meus filhos. Sua mãe sentiria muito orgulho de vocês!

– Papai, tem certeza de que não quer que os leve até o aeroporto? Voltarei em algumas horas, não será problema algum. – Otávio insistia em levá-los.

– Não é necessário, está tudo ajeitado. Prefiro que permaneça no hospital cuidando de tudo por lá. Clara, minha filha, leve estes documentos para o escritório e guarde-os em local a que possam ter acesso facilmente. – A filha percebeu que o pai pretendia falar com o filho sozinho. Saiu e os deixou na sala.

– Posso lhe pedir outra coisa, meu filho? – O pai olhava diretamente em seus olhos.

– Claro, papai! Pode falar!

– Não magoe Helena por nada desse mundo. Ela é uma pessoa

maravilhosa e não merece sofrer. Tenha cuidado em suas ações. Vocês podem sair machucados se algo der errado.

Otávio empalideceu com a revelação do pai. Como ele soubera de Helena?

– Ninguém me contou, se é isso que está pensando. Apenas percebi os olhares que trocaram durante o jantar. Precisam ser cautelosos daqui para a frente. Vivemos numa cidade pequena interiorana e um tanto quanto preconceituosa. Não imagino aonde pretendem chegar, mas devo apenas alertá-los que estão caminhando num terreno perigoso. Muita cautela, Otávio. Existe uma terceira pessoa envolvida, que pode sair muito machucada também. – O pai se calou, vendo o desconforto do filho. – Por favor, não o estou julgando, pois não tenho esse direito. Quero sua felicidade mais que tudo, e, se o caminho que escolheu for esse, tem o meu apoio. Posso ter muitos defeitos, mas não sou hipócrita em apontar os erros alheios, quando ainda cometo tantos equívocos. Aprendi a não julgar o outro, uma grande lição que sua mãe me ensinou. Sei que é um assunto que você não gosta de relembrar, mas preciso falar sobre isso. Sua mãe foi uma mulher excepcional e você saiu a ela. Tenho imenso orgulho de você e sei que tomará a decisão certa nessa situação complexa. Cuide-se, meu filho. Faça o seu melhor em todos os sentidos. Aquele lá em cima está de olho em cada ação que praticamos – afirmou, apontando o dedo para o alto.

– Não sei como tudo isso aconteceu, meu pai. Talvez não exista uma explicação racional, simplesmente a conexão se fez. Posso lhe afirmar que não sou leviano e não tenho intenção alguma de brincar com os sentimentos de Helena. Já tomei a decisão, mas ainda não sei como fazer. Apenas sei que não posso continuar minha existência sem Helena ao meu lado. Foi tudo rápido? Sim, de forma inexplicável. Camila será poupada ao máximo, se isso o tranquiliza. Ela foi importante em minha vida, mas nossos caminhos divergiram e não temos mais os mesmos objetivos. É a mais pura verdade. Sei que ela irá sofrer no início, porém terá de compreender e aceitar minha escolha. Não quero que se preocupe com isso, papai. É um problema que compete a mim solucionar. Helena e eu saberemos esperar o tempo certo, afinal já esperamos tanto... – Seu olhar ficou sereno e se perdeu.

Rodolfo abraçou o filho com todo amor e disse:

– Espero que seja feliz! É tudo o que mais desejo nesta vida!

Otávio sentiu-se em paz e confortado no abraço, agradecendo a chance que Deus lhe concedeu de retomar sua relação com o pai.

– Agradeço sua compreensão. Jamais magoarei Helena, seria a última coisa que faria na vida, acredite! Demorei tanto a reencontrá-la que não a perderei por nada.

– Reencontrá-la? – questionou o pai, um tanto confuso.

O filho sorriu ante o comentário:

– Outra hora conversaremos melhor, agora se apresse. Marina o espera.

Clara chegou naquele instante e presenciou a cena. Era isso que há tanto tempo esperava: os dois se reconciliarem de forma definitiva.

– Vamos, está ficando tarde! – E deu o braço ao pai que irradiava a mais pura felicidade.

Após despedidas calorosas, o casal partiu, deixando para trás os dois irmãos.

– E agora, maninha? Ao trabalho! O dever nos aguarda – brincou Otávio.

Ela segurou seu braço e disse:

– Antes preciso entregar algo a você. Venha comigo até o escritório.

– Estou curioso, de que se trata? Não é meu aniversário.

Clara não dizia nada. Foi até a escrivaninha e pegou um envelope guardado em uma gaveta.

– Papai pediu que lhe entregasse isso. – Ela ostentava um semblante triste.

– Estou começando a me preocupar. Que cara é essa? – Pegou o envelope, abriu-o e retirou uma carta escrita de próprio punho pelo pai. Ele relatava todo o seu problema de saúde e as decisões que já haviam sido tomadas. Otávio ficou calado alguns instantes e, em seguida, direcionou o olhar para a irmã:

– Você sabe o conteúdo desta carta?

– Papai me contou assim que chegamos e me fez prometer que não lhe revelaria nada até que fosse o momento certo.

– Como puderam esconder esse fato tão grave? Por que não me contou? Jamais lhe escondi nada, Clara! – Otávio estava triste e decepcionado com a atitude da irmã.

– Papai disse que lhe contaria, mas do seu jeito. Não fique bravo comigo, eu lhe peço! Ele mesmo queria contar. Mas não conseguiu. Decidiu escrever.

Otávio ficou silencioso. Era tudo muito injusto! Agora que ele se dispusera a retomar seu relacionamento com o pai!

– Qual a gravidade e o prognóstico?

Ela contou o histórico da doença, detectada já em caráter terminal. Um tipo muito agressivo de câncer, sem qualquer possibilidade de ser controlado. O prazo que o médico lhe dera foi de apenas alguns meses, porém não havia um padrão. Poderia viver alguns meses ou apenas algumas semanas, impossível prever. Daí a decisão dele de aproveitar o tempo que lhe restava na viagem com a esposa, que não sabia absolutamente nada sobre seu estado de saúde.

– Sua intenção é não retornar a São Paulo, suponho – disse para Clara.

Otávio agora compreendeu as infindáveis reuniões sobre o hospital, como se estivesse entregando a administração. Ele não podia ter ocultado esse fato de extrema relevância. Sua vida estava em São Paulo, não tinha planos imediatos de se transferir de cidade. Ficar por lá um mês estava dentro de suas possibilidades, mas assumir um hospital de maneira definitiva, não! Estava em choque. Esqueceu-se de Helena, de seus conflitos, de Camila, apenas o pai dominava seus pensamentos. Sentiu-se traído, enganado por todos. Não sabia se brigava com a irmã, se ia embora, estava muito contrariado e confuso.

Clara sabia o que ele estava pensando, como estava se sentindo. Ele apenas se esquecera de um detalhe: o próprio pai tomara todas as decisões, temendo não ter tempo suficiente para resolver as pendências. Os filhos eram seus herdeiros e teriam de assumir as responsabilidades. O que fariam depois não seria mais problema dele, pois nem estaria mais aqui. Esse pensamento deixou-a em profunda tristeza. Talvez ele não voltasse vivo da viagem. Otávio parara para pensar nessa possibilidade?

– Meu irmão, sei que está abalado com tudo o que tomou conhecimento. Tem suas razões, não posso negar. Quero apenas que pense em papai e em como ele se sente perante tudo isso. – Clara se calou, emocionada.

Otávio correu a abraçá-la, compartilhando a mesma emoção.

Ficaram assim por longo tempo até que ele se afastou e disse:

– Não havia mais nada a fazer? – Seu questionamento era mais um lamento.

– Não. Foi algo inesperado também para ele, que jamais teve qualquer indício dessa enfermidade. Uma fatalidade! Se isso o conforta, ele aceitou essa sentença com classe. – E riu um sorriso triste. – Ele me disse que se a morte iria derrotá-lo, ele a enfrentaria com toda a categoria. Atitude típica de papai. É doloroso, é cruel, porém é um fato que não podemos contrariar. Ele nos queria por perto, apenas isso. E mais, ele queria você ao seu lado. Ele me confidenciou que foi a semana perfeita de sua vida. Que você era a única pendência a resolver, e conseguiu. Otávio, o hospital tem tudo a ver com você, não tente negar. Posso assessorá-lo na medida das minhas possibilidades; no entanto, você foi talhado para esse papel, meu irmão. Era tudo o que ele mais desejava! Agora não fale nada, preciso apenas de você ao meu lado! – E abraçou o irmão novamente.

Quando Otávio percebeu a irmã mais serena, ele disse:

– Vou ter muito a refletir durante esses dias aqui. De qualquer forma, temos de começar o dia. Vamos? – E estendeu a mão para a irmã.

– Vamos. Temos um hospital para administrar. Por ora, pode contar comigo.

– Por ora e por muito mais. Não tente me colocar nesse projeto sozinho. Não sei se é isso que eu desejo para mim!

– Há situações extremas em que não nos é permitido recusar. Essa é uma delas. Se não for você, quem será? Pretende vender o hospital? – Ela fez a pergunta que ele mesmo estava se fazendo.

– Quem sabe? – Foi lacônico e direto.

– Não ouse pensar isso, Otávio! Papai não permitiria. Ele viria assombrá-lo até o fim dos seus dias.

– Um fantasma a mais a me importunar! – E viu a surpresa estampada no olhar da irmã, que não entendeu o que ele queria dizer.

– Qualquer dia conversaremos sobre isso. Talvez possa me explicar alguns fatos estranhos que ocorrem lá em casa. – Ele se referia ao sonho recorrente e às sensações perturbadoras que experimentava em seu lar. Esquecera de tudo desde que lá chegara.

– O que está acontecendo com você?

– Conversamos outro momento. Vamos?

Os dois saíram em direção ao hospital. Tinham muito trabalho a fazer!

Antes de sair, Otávio respirou profundamente e comentou:

– Está sentindo? O perfume de mamãe é inesquecível.

Clara sentiu a paz retornando ao seu coração e um abraço a lhe envolver.

– Mamãe sempre está ao nosso lado em todos os momentos delicados.

Otávio sentiu um afago em seu rosto e ouviu nitidamente: *"Obrigada por tudo o que está fazendo por seu pai"*.

Na realidade espiritual, Luiza sorria ternamente aos filhos, sentindo uma profunda paz.

– *O perdão é tesouro de inestimável valor e somente os que dele se utilizam terão a paz por companhia. Rodolfo tinha algumas pendências com Otávio, e elas precisavam ser resolvidas antes de ele partir. Seu caminho, agora, será mais iluminado. Estaremos aqui para recebê-lo quando for a hora. A mágoa, quando está presente, envenena o coração daqueles que a abrigam. Otávio perceberá que, com essa pendência solucionada, sua mente estará mais serena, pois seu coração irradiará energias reconfortantes e renovadoras. Sua situação é crítica, sob vários aspectos, e ele terá de provar se todos os ensinamentos adquiridos serão capazes de balizar suas decisões para que suas escolhas não contradigam sua consciência.*

– *Irmã querida, continue em prece fervorosa, pois sabemos que o caminho que ele escolheu não será fácil de ser trilhado. Sua atual companheira carece de atenção e cuidados. Ele sabia que antes de viver seu sonho de amor teria de ampará-la em suas dificuldades. Foi ele que assim programou junto com aquela que o acompanha há tantas encarnações. Veremos como ele conseguirá não falhar em sua tarefa. Esse momento será crucial para que ele resolva a direção há seguir. Essa separação provisória foi providencial, pois ele não cederá aos caprichos de Camila; no entanto, a proximidade com Helena pode ser fator preponderante em suas ações futuras. Cautela e tato deve recomendar a ele, que consegue captar suas ideias facilmente. É sua maneira de ajudá-lo neste momento crucial.*

– Assim o farei, amigo querido! Que Deus continue envolvendo a todos em seu amor!

Capítulo 18

Fatalidade

Em São Paulo, a semana foi intensa. Camila ficou preocupada com a saúde da mãe e passou a tratá-la com mais carinho. A possibilidade de Sofia estar tentando envolver o próprio pai em suas artimanhas preocupou ainda mais Carmen.

O marido comunicou que teria uma reunião com a filha mais velha em seu escritório. A presença da esposa e de Camila não seriam convenientes. Oscar nunca ocultara nada da esposa, e não seria dessa vez que o faria. Apenas julgou que Sofia merecia ser ouvida, na pior das circunstâncias. Sabia das práticas pouco convencionais que ela utilizava e já a havia alertado para possíveis consequências legais. Não queria ter seu nome ligado ao dela quando isso acontecesse. A filha dizia que não queria que ele se intrometesse em seus negócios. Por esse motivo, ele estava curioso com a reunião por ela solicitada. Se ela não aprovava seus métodos, o que poderia querer?

Na sexta-feira, o pai a recebeu em seu escritório, conforme o combinado. A reunião durou apenas meia hora. Quando ela saiu sorridente, comentou ironicamente com a secretária:

– Meu pai precisa de água. Ele não está passando bem – disse e saiu.

Oscar estava realmente pálido e ostentava um olhar inconformado.

– O senhor precisa de algo? Não me parece bem... – , disse, preocupada com ele.

– Vou precisar me ausentar mais cedo. Cancele as reuniões da tarde, por favor. – Levantou-se vagarosamente, pegou o paletó e saiu.

Depois de ouvir o que a filha lhe propusera, não tinha palavras. Quanta decepção, especialmente partindo de quem se tratava. Como ela fora capaz de tamanha amoralidade? Como era possível que ela tivesse isso em mãos? Isso acontecera fazia tanto tempo! Como ela foi desenterrar seu passado? Ele estava sendo chantageado pela própria filha! Era algo inadmissível, jamais poderia supor que isso um dia acontecesse! Ou ele agia conforme seus propósitos ou ela abriria a boca, manchando seu nome!

Sentiu um aperto no peito e precisou parar. Respirou fundo e continuou a caminhar. Devia ter contado essa passagem à esposa, afinal em nada comprometia o sentimento que lhe dedicava. Isso acontecera antes de se casarem, envolvendo pessoas que ela nem sabia que existiam. Como Sofia teve acesso a essas informações? Quem teria contado a ela? Pensou em todos os que estavam ligados ao fato e um rosto parecia se firmar em sua lembrança. Somente ele seria capaz de desenterrar aquela história e dar com a língua nos dentes. Os demais não tinham interesse algum. Já se passara tanto tempo, mas eram fatos comprometedores, que no atual momento político poderiam torná-lo alvo de investigações. Talvez ainda pudessem julgá-lo, no entanto não era isso que mais o preocupava. Era ver seu nome ligado a atividades políticas ilegais que poderiam comprometer seus negócios e, consequentemente, prejudicar sua família. Sofia pouco se importava com isso, tanto que queria que ele cedesse algumas de suas lojas, caso contrário levaria a notícia a público. Um ato infame, considerando que provinha de sua própria filha. Pensou em sair e dar uma volta para espairecer e decidir o que fazer.

Porém, ainda no elevador, a dor se intensificou, fazendo-o cair. Todos o conheciam naquele edifício comercial, onde toda a sua equipe administrativa trabalhava.

Oscar respirava com dificuldade, ainda sentindo forte dor no peito. Entre as pontadas, pediu que avisassem sua secretária, que prontamente chegou.

– Sr. Oscar, acalme-se. Tudo ficará bem! Já contatamos uma equipe médica. Procure ficar quieto, não se preocupe.

O homem se contorcia com as intensas dores, mas mesmo assim conseguiu balbuciar:

– Pegue um envelope que está no cofre... e o entregue à Carmen se algo me acontecer. Apenas a ela e a mais ninguém.

A secretaria comprometeu-se a atender seus pedidos. Ela trabalhava com Oscar havia mais de vinte anos e tinha por ele muita estima. Era um patrão justo e íntegro, admirado por todos os seus funcionários.

Ângela, assim ela se chamava, disse:

– Fique tranquilo que farei como deseja. Agora, procure se acalmar, o socorro está chegando. – Ela carinhosamente segurou sua cabeça para não deixá-la no chão frio.

Oscar sentia que algo mais sério estava lhe acontecendo, principalmente quando tudo à sua volta pareceu mais iluminado, como se todas as luzes tivessem sido acesas. Divisou alguns vultos chegando, conforme a dor ia diminuindo, até cessar por completo. As feições da secretária, bem próxima dele, foram desaparecendo, e ele foi ficando sereno. De repente, tudo se apagou, e ele se sentiu sugado por uma força descomunal e retirado de lá. Não ouvia nem via mais nada. Foi perdendo a consciência gradualmente até não sentir mais nada a seu redor. A única coisa que percebia era que não estava com medo. Apagou por completo, não podendo ouvir o que se passava:

– Sr. Oscar, fale comigo. Alguém me ajude, ele está morrendo! – Ângela estava em pânico e tentava acordá-lo. O tormento durou até a ambulância chegar e os paramédicos anunciarem que o homem estava morto. Ele tivera um infarto. Nada mais poderia ser feito, senão comunicar aos familiares.

Ângela estava inconformada com o que acabara de presenciar. Jamais estivera tão próxima da morte. Ainda atordoada, assumiu suas funções e telefonou para a casa de Camila, onde costumava encontrar a esposa do patrão nos últimos dias.

A própria Carmen atendeu ao telefone e recebeu a notícia aterradora.

– Mamãe, papai está bem?

Carmen não conseguia falar, estava em choque. Dalva foi rápida em levá-la até a poltrona antes que desfalecesse, levando Camila ao desespero.

– Não me diga que algo sério aconteceu! Onde está papai? Me diga! – Ela passou a sacudir a mãe que nada respondia. Dalva intercedeu:
– Acalme-se, dona Camila.
Dalva olhava para a mulher que ostentava uma dor lancinante no semblante. Pegou o telefone e ligou para o escritório, e a notícia também a chocou. Ao desligar, voltou seu olhar a Camila, que percebeu o que acabara de acontecer.
Abraçou a mãe com força, chorando convulsivamente pela perda inesperada do pai. E assim ficaram por intermináveis minutos. Dalva correu a ligar para Otávio, porém não o encontrou. A empregada se prontificou a ligar para o hospital, onde ele se encontrava.
– Já pedi que dr. Otávio ligue para a senhora. – Camila agradeceu com o olhar carregado de dor. – Obrigada, Dalva. Ajude minha mãe, terei de providenciar tudo. Ela não está em condições de resolver nada. Fique com ela, eu lhe peço.
Camila parecia outra pessoa. A dor e o sofrimento modificam as pessoas, assim Dalva comprovou, sensibilizando-se com a dor que mãe e filha estavam vivenciando.
Camila ligou para Ângela, que, solícita, se dispôs a tratar do funeral. A jovem agradeceu a dedicação e pediu que a mantivesse informada sobre cada passo.
Camila queria que Otávio estivesse ao seu lado naquele momento difícil. Só ele aplacaria a dor que sentia. Assim tinha sido sempre! Precisava dele ao seu lado!
Carmen, já recomposta, perguntou à filha:
– Sua irmã já foi avisada? – Nem sequer se lembrou da reunião que ela marcara com o marido naquela manhã.
– Creio que sim. Ângela se prontificou a avisar a todos. Não se preocupe com nada. É uma funcionária eficiente e papai gostava muito dela.
– O que iremos fazer sem ele? – A pergunta ainda não estava pronta para ser respondida por nenhuma delas ali presente.
– Não sei, mamãe. Não vamos falar disso agora. Papai era uma pessoa muito especial e deixará uma lacuna insubstituível em nossa vida. Ele não estava bem? – A pergunta deixou a mãe circunspecta, sem responder de pronto.

– Você sabe que seu pai jamais reclamava de nada. Não consigo me lembrar de nenhum momento em que ele tenha falado sobre sua saúde. Foi o coração, assim disse quem me ligou. Jamais soube que ele tinha problema algum.

– Deve ter sido fulminante –, opinou Dalva, que estava ao lado das duas mulheres, tentando envolvê-las em luz. – Vou fazer um chá. Se precisarem de algo é só me chamar.

Carmen segurou a mão de Dalva e agradeceu:

– Obrigada, minha amiga. Depois fique conosco, sua presença me conforta.

A empregada sorriu e saiu, deixando-as com sua imensa dor.

Enquanto isso, no interior, assim que chegou ao hospital, Otávio recebeu o recado. Ligou no mesmo instante para sua casa e recebeu de Dalva a notícia fatídica. Enquanto ouvia, ia empalidecendo, deixando a irmã preocupada.

– O que aconteceu?

– Péssimas notícias. – E contou sobre a morte súbita do sogro. – Vou precisar viajar agora mesmo. Não posso deixar Camila sozinha neste momento. Cuide de tudo por aqui e auxilie Helena no que for necessário. Voltarei assim que puder. – Abraçou a irmã e saiu.

Na viagem de volta para São Paulo, Otávio foi rememorando os últimos eventos. Já não era mais o mesmo homem que chegara havia apenas alguns dias àquela cidade do interior. Tanta coisa aconteceu. Viveu emoções jamais experimentadas, conheceu fatos dolorosos. Definitivamente, já não era mais o mesmo. Seus sentimentos em relação à Camila haviam sido colocados em xeque e não sabia como iria reagir quando estivesse com ela. Depois de conhecer Helena, nada mais seria como antes!

Estava convicto de que teria de efetuar escolhas definitivas para sua vida, só não sabia como conduzir as mudanças necessárias. O tempo lhe mostraria o melhor caminho!

Assim que chegou, foi direto para sua residência. Passava das quatro horas. Camila e a mãe ainda estavam lá. Ao ver o marido, Camila desabou, abraçando-o. Ela tinha uma ligação muito próxima com o pai e estava sofrendo a dor de perdê-lo. A mãe, assim que o viu, sentiu-se confortada. Ele ofereceu um abraço carinhoso à sogra, a quem muito estimava.

– Sinto muito pelo que aconteceu. Não existem palavras que possam consolar vocês neste momento. Como tudo aconteceu? – Ele sabia que algo desencadeara o mal súbito.

Carmen contou o pouco que sabia. Mas, conforme falava com Otávio, ela se lembrou de que Sofia havia marcado uma reunião com ele. Decidiu não comentar o assunto com Camila para não aumentar ainda mais a animosidade entre elas. Iria falar com Ângela em momento oportuno. E Sofia? Por que não se dignara a ligar para a mãe até então? Não estava preocupada com ela?

Otávio subiu e foi tomar um banho para se preparar à interminável noite que estava para se iniciar, velando Oscar.

A noite foi longa e exaustiva. Oscar tinha muitos amigos, e todos foram render sua última homenagem. E nada de Sofia aparecer! O enterro estava marcado para as dez horas do sábado num tradicional cemitério da cidade.

O dia estava amanhecendo quando Sofia chegou toda de preto, ostentando uma falsa tristeza. Abraçou a mãe e a irmã, ao seu lado. Nenhuma delas se esquivou ao abraço, aquele não era momento para dissensões. Oscar não merecia isso! Ângela permaneceu durante toda a noite ao lado da família, sensibilizada por tudo o que havia presenciado nas últimas horas, assim como Dalva, que ficou ao lado de Carmen.

Otávio estava exausto. Não dormia desde a noite anterior. Teria tempo para isso mais tarde. Após o sepultamento, Ângela procurou Carmen e lhe entregou o envelope, como o patrão solicitara.

– Seu marido, antes de morrer, pediu que eu lhe entregasse isto. Não conheço o conteúdo, ele apenas me orientou que o entregasse somente à senhora.

Carmen pegou o envelope misterioso nas mãos e segurou junto ao peito. Antes de deixá-la ir, fez algumas perguntas à secretária. Tudo foi observado atentamente, e a distância, por Sofia, que trocara apenas algumas frases com a mãe durante todo o tempo em que estiveram juntas. Viu quando a mãe lhe direcionou um olhar acusador, do qual se desviou, saindo em seguida em direção ao carro. Era conveniente não enfrentar a mãe naquele momento tenso. O confronto iria ocorrer, porém, quando ela julgasse conveniente.

Não sentia culpa alguma pelo que ocorreu ao pai, afinal ele tinha o coração sensível. Como ela poderia imaginar que ele poderia ter algum problema? Teria sido emoção demais? Não, não tinha culpa alguma, era o que queria acreditar.

Camila não percebeu o que aconteceu naquele breve encontro de olhares. Estava sob efeito de um sedativo leve que o esposo lhe ministrara. Carmen recusou qualquer medicamento que a impossibilitasse de se despedir do amado esposo. Queria estar presente de corpo e alma.

No caminho de volta, Carmen disse que voltaria para casa, o que foi impedida pela filha. Não ficaria sozinha naquele momento doloroso em hipótese alguma. Otávio também insistiu na permanência dela em sua casa nos próximos dias.

Dalva acompanhou todos os eventos, em especial pelo lado espiritual, cuja vidência se aprimorava a cada dia. Viu a movimentação em torno do homem, tudo de forma equilibrada e iluminada. Pôde perceber a presença de Luiza, que lhe sorriu com carinho e, mentalmente, lhe direcionou uma curta frase: *"Cuide de todos eles, minha amiga querida. Eles precisam de sua ajuda!"*.

Dalva lhe enviou, pelos canais da telepatia, a mensagem de que tudo ficaria bem!

Quando chegaram, ela se prontificou a fazer um lanche para todos. Carmen agradeceu com um sorriso triste.

– Agradeço seu carinho, minha amiga.

– Tudo ficará bem, dona Carmen, eu lhe garanto. Seu marido era um homem bom, digno e comprometido com o bem. Isso já é motivo mais que suficiente para ser ajudado em sua passagem. Por todas as suas ações, ele será amparado pelos companheiros da luz e conduzido à sua nova morada. – Enquanto ela falava, irradiava muita luz sobre todos os presentes, que se sentiram reconfortados. Até Camila percebeu o ambiente se transformando:

– Obrigada pelas palavras de carinho, Dalva. Sua presença me acalma. Posso lhe dar um abraço? – Ela estava sendo sincera e deixou todos os presentes atônitos.

Dalva sorriu e a abraçou com genuíno afeto. Otávio não reconhecia a esposa, que parecia estar modificada. Talvez os momentos conflituosos possam ter acessado seu íntimo e depositado novas sementes: compreensão, aceitação, humildade. Seria possível uma transformação tão rápida? Pensou em sua própria vida e percebeu que isso era possível, afinal como explicar tudo o que lhe acontecera num curto espaço de tempo? Sentiu uma pontada no peito em ter de ser portador de notícias tão dolorosas para a esposa. Não seria naquele momento, mas esse dia chegaria. Ele já se decidira separar-se dela, no entanto teria de ser cauteloso em seu discurso, e ele ainda não estava preparado para tal decisão. Ainda mais nas condições atuais, com a perda repentina do sogro.

Passados alguns minutos, Dalva serviu um lanche. Ao término da refeição, Camila disse que precisava dormir um pouco. Carmen olhava insistentemente para Otávio, que percebeu que ela queria conversar com ele.

Deu um beijo carinhoso no rosto da esposa e disse que tinha uns telefonemas para dar e depois subiria. Quando ela os deixou, Carmen mostrou o envelope ao genro:

– Não sei o que isso significa, Otávio. Porém, não desejo fazer isso sozinha. Não tenho mais ninguém em quem confiar. Pode fazer isso por mim? – E contou tudo o que Ângela lhe relatara, momentos antes. – Leia para mim, por favor.

Otávio abriu o envelope e retirou algumas folhas já amareladas, denunciando serem antigas. Junto a elas, um documento assinado pelo marido, deixando um testamento de todos os seus bens. O que mais chamou a atenção, no entanto, foram as folhas que acompanhavam o testamento. Conforme ele lia, tomava conhecimento de fatos no passado que Oscar jamais relatara. Ela sabia que ele escondia algo, mas jamais suspeitara que era sobre política. Suas incursões em movimentos políticos não pareciam ser práticas às quais ele fosse adepto. Mas estava tudo registrado naqueles papéis, e ele não estava mais lá para negá-las. Carmen ficou pensativa se aquilo poderia depor contra seu esposo se fosse divulgado. Em seguida, contou que Sofia estivera com o marido momentos antes de ele morrer. Havia algo suspeito naquilo tudo...

Capítulo 19

Segredo descoberto

Otávio analisava tudo o que acabara de ler, pensando nas possíveis implicações de o conteúdo ser revelado.

— Fique tranquila, Carmen. Não vejo no que isso possa comprometer os negócios da família. Se ele nada lhe falou até hoje, mantenha isso oculto. O que a preocupa?

— Sofia esteve lá para uma reunião. Não sei o que ela pretendia, mas Oscar passou mal logo depois. Acredita que possa haver alguma ligação? – A mulher não queria admitir, mas a filha poderia ter sido responsável pelo que aconteceu.

— Não pense assim. O coração é um órgão silencioso e nem sempre manifesta com antecipação o que sente. Seu marido deveria estar com algum problema e isso aconteceria de qualquer maneira. Se Sofia esteve lá, se falou algo que o perturbou, jamais saberemos. O mais importante desse conteúdo é o testamento. Peça ao seu advogado que faça a análise e dê prosseguimento. A vontade dele deve ser respeitada.

Conforme Oscar deixou documentado, os bens deveriam ser divididos entre as três herdeiras; as lojas, em sua totalidade, ficariam no nome da esposa; e a administração dos negócios, nas mãos Camila. Sofia até poderia impedir, alegando que a irmã nada sabia dos negócios do pai. Porém, essa seria uma questão a ser discutida mais tarde, não naquele momento.

— Sofia não irá gostar nada disso – observou a mãe com o cenho franzido. – Ela não aceitará essa última determinação do pai.

– Não pense nisso agora. Deixe seu advogado falar por vocês, é o mais conveniente. Gostaria de ficar aqui, mas não posso. Papai viajou e tenho de estar lá – preferiu omitir todos os detalhes sobre a saúde do pai e os planos que ele traçara para os dois filhos médicos. Sentiu que pisava em terreno movediço e cuidou de ser cauteloso. Teria tempo para resolver cada pendência, mas não seria naquele momento. Estava preocupado com a esposa, que estava diferente e queria entender o que se passava. – E Camila, visitou o médico conforme combinamos?

– Não houve tempo, meu filho. Ela iria ontem, quando tudo aconteceu. Ela está passando por um momento delicado e não sei como irá superar a morte do pai. Tenha paciência com ela, eu lhe peço.

Carmen não sabia se seria conveniente relatar os temores da filha. Decidiu nada contar ao genro até que entendesse melhor sobre a Doutrina Espírita e sua eficácia no tratamento da filha. Naquele momento lembrou-se do marido e da falta que faria em sua vida. Lágrimas escorreram, e Otávio percebeu que ela estava muito sensibilizada.

– Sei que está fazendo tudo ao seu alcance. E, agora, mais do que nunca, ela precisa ser assistida. Não queremos que ela tenha uma crise nervosa. Conto com sua ajuda uma vez mais. Terei de retornar amanhã mesmo. Sinto muito não poder acompanhar todo esse processo.

– Obrigada, meu filho. Sei que posso contar com você. Viaje tranquilo. Cuidarei dela em sua ausência. Peço apenas que esteja ao meu lado na leitura do testamento, caso seja possível. – E subiu calmamente as escadas, levando consigo sua pungente dor.

Otávio sentiu uma angústia. A sogra não tinha ninguém em quem confiar, então ele pensou em ficar mais alguns dias para ajudar uma pessoa muito querida, num momento delicado. Estava exausto e precisava dormir algumas horas, mas não queria estar ao lado de Camila na mesma cama. Relutou em subir para seu quarto e permaneceu na biblioteca. O cansaço o venceu e em alguns minutos estava num sono profundo.

E, novamente, o mesmo personagem aterrorizante estava à sua frente, encarando-o com olhar irônico e repleto de sarcasmo:

– *O que faz aqui? Já lhe disse para se afastar dela! Já fez sua escolha, então saia daqui!*

Otávio estava confuso com tudo o que ouvia e não conseguia esboçar gesto algum. O que ele queria dizer com tudo aquilo? Ele sabia de Helena? Quem era ele?

– Não sei quem você é nem o que faz aqui. O que pretende?

– *Não lhe devo explicações, mas vou falar: afaste-se dela, porque ela nunca lhe pertenceu. Quando esteve ao seu lado, você a desprezou. Ela veio até mim e eu a ajudei! Ela me deve por tudo que lhe fiz! Você irá desprezá-la de novo. Assim como naquela ocasião, você novamente se uniu a outra mulher sem se preocupar com seus sentimentos. Saia desta casa e não volte nunca mais, senão...* – Ele parou a frase pela metade.

– Senão o quê? – A atitude de Otávio era firme e cheia de coragem.

– *Não sabe do que sou capaz! Saia daqui!* – Ele agora gritava.

– Esta casa é minha, saia você daqui! – disse o médico, encarando-o firmemente.

Eliseu, o espírito que acompanhava Camila, quis atacar Oscar, porém sentiu-se preso ao chão. Tentava se soltar, mas tudo foi em vão. Como ele ousava enfrentá-lo? Como tinha tanto poder?

Otávio não entendia o que estava acontecendo. Ele estava brigando com aquele ser? Era tudo uma grande loucura, só poderia ser um pesadelo! Queria despertar, e nesse momento alguém o acordou, retirando-o daquela situação absurda.

– Dr. Otávio, o senhor está bem? – Dalva ostentava um olhar apreensivo.

– Estava sonhando! – Lembrou-se nitidamente dos fatos ocorridos instantes atrás, fruto de um pesadelo.

– Passei pela biblioteca, e algo caiu ao chão. Entrei e percebi o senhor adormecido e falando coisas sem sentido. Está tudo bem? – Ela ainda sentia a presença inóspita de um ser do mundo espiritual, o mesmo que percebera outras vezes. Viu um porta-retrato caído e papéis espalhados sobre a mesa. Pensou que teria de intensificar as orações naquele local urgentemente.

Otávio sentiu arrepios por todo o corpo. Queria sair dali o mais rápido possível, porém aquela era a sua casa.

– Dalva, vá descansar. Foram muitas emoções hoje, todos precisamos de um tempo para digerir o que aconteceu.

– O senhor está bem?

– Não sei o que faria sem você, Dalva. Mas não se preocupe comigo; quando puder, conversaremos. Tenho muito a lhe falar, só que ainda não é o momento. Confie em mim, minha amiga! Tudo vai ficar bem!

– Eu sei! Algo sério aconteceu e está estampado em seus olhos. Não posso precisar o que foi, mas sei que abalou muitas das suas crenças. Tenha cautela e paciência com Camila. Ela está vivendo momentos de muita tensão. Se pudesse ficar por alguns dias...

Otávio relutava em permanecer mais tempo naquela casa, no entanto sua consciência o acusava de estar sendo relapso. Decididamente, não sabia o que fazer!

– Bem, vou tentar descansar e você faça o mesmo. Vou para o quarto que era da minha mãe. Está habitável? – Ele tentava descontrair o momento.

– Está, eu cuido dele todos os dias. Pode ir! Bom descanso!

Todos dormiram até anoitecer, estavam exaustos. Despertaram com o telefone que tocava insistentemente. Dalva atendeu e seu semblante se fechou. Otávio desceu as escadas e perguntou quem era.

– É Sofia, e pediu para falar com a mãe. – Carmen desceu em seguida e pegou o telefone.

Carmen ouviu com atenção e disse apenas:

– Fique tranquila, minha filha. Cuidarei de tudo. Seu pai deixou um testamento e avisarei quando a leitura acontecer. Aguarde nosso advogado. Não, eu desconhecia esse documento, mas faremos todas as vontades de seu pai. Agradeço sua preocupação. Até mais! – Algumas lágrimas escorriam. Ela não contava com a rapidez da filha em querer se apossar da fortuna herdada. Como podia ser tão insensível?

Otávio quebrou o silêncio:

– Ela já quer colocar a mão na fortuna do pai?

– Sim, e de uma forma infame. Disse que tem direitos e que seu advogado cuidará para que ela não seja prejudicada. Parece até que tem conhecimento do conteúdo do testamento. Oscar falava sobre as práticas por ela adotadas, mas eu nunca quis saber de nada. Preferi me poupar de dissabores. Agora, porém, teremos de nos enfrentar. Será uma batalha cruel, Otávio.

– Ligue para seu advogado e peça uma reunião urgente. Ele

poderá instruí-la melhor nessa situação. Os negócios terão de prosseguir e precisam ser administrados por alguém. Isso tem de ser resolvido rápido.

– Pedirei que venha nos ver. Poderia protelar sua viagem e estar presente nessa reunião? – Carmen precisava de sua presença, e ele não teve como negar-lhe o pedido.

– Conte comigo! Estarei ao seu lado. Nada entendo dos negócios de seu marido, mas posso lhe oferecer meu apoio moral. Camila já sabe o conteúdo do documento?

Naquele instante, a esposa descia as escadas e ouviu a conversa:

– Mamãe, o que ainda não me contou?

– Sente-se, minha filha, é uma longa história.

Camila ouvia atentamente o relato da mãe e ficou surpresa com a vontade do pai, afinal jamais se interessara pelos negócios, mesmo tendo estudado contabilidade. Quando era mais jovem, acompanhava-o em sua rotina de trabalho. Ele costumava dizer que um dia tudo seria delas, das duas filhas, e elas teriam de conhecer todo o processo para poder continuar a tarefa. Pensou na irmã e sorriu. Seria um balde de água fria sobre a ganância dela. O pai conhecia Sofia e sua índole e agiu conforme sua consciência determinava. Seu império não seria administrado por quem desconhece dignidade. Se ele a indicou, ela, a filha caçula, para assumir seu lugar, não poderia recusar, mesmo que isso a assustasse e a tirasse de sua zona de conforto. Sua vida estava tão complicada; a relação com Otávio, por um fio; os temores injustificados a deixavam frágeis... Não sabia se daria conta de alguma coisa naquele momento crítico, porém não ia decepcionar o pai. Se ele assim decidiu, foi pensando que ela daria conta, pois acreditava na habilidade dela para os negócios! Teria de tentar!

– Era Sofia ao telefone? – perguntou a jovem.

– Sim, ela quer reivindicar seus direitos. Otávio me aconselhou a falar com nosso advogado primeiro. Ela tentará de todas as formas nos pressionar, então que seja tudo feito de forma rápida e o mais indolor possível. Não tenho intenção alguma de prejudicar sua irmã, porém a vontade de seu pai será seguida e você assumirá a direção das lojas.

Camila e Otávio se entreolharam, e, por mais que ele tentasse ocultar suas futuras intenções, algo em seu olhar deixou Camila em profundo temor. Sentiu que alguma coisa se rompera.

– Pretende me dizer algo?

Ele fixou seu olhar no dela e simplesmente disse:

– Estarei ao seu lado neste momento tumultuado, se é isso que a perturba. No entanto, muitas coisas ocorreram nessa última semana, me obrigando a retornar à casa de meu pai. Ficarei apenas alguns dias, até sua mãe e você resolverem essas pendências com sua irmã. – A resposta foi direta, e ela teve certeza de que algo o incomodava, porém teve receio de perguntar e ouvir o que não desejava.

Otávio não queria que ela sofresse por ele. Desejava que fosse feliz, mas viver apenas aparentando uma felicidade não estava em seus planos. Nem se ela suplicasse, se o ameaçasse, o que ele sentia por Helena não iria se modificar. Não escolhemos quem será objeto de nosso amor, pois ele simplesmente acontece. Sabia, no entanto, que aquele não era o momento propício para colocar todas as cartas na mesa em razão dos últimos dolorosos eventos. Teria de ter calma, lucidez e confiança de que seus objetivos eram justos.

Camila, num gesto instintivo, correu e o abraçou fortemente, pedindo que ele a confortasse em suas dúvidas e inseguranças. Ele correspondeu ao gesto, sentindo que essa tarefa ainda lhe pertencia.

– Seu pai já viajou? Ele está bem?

– Ele e Marina já viajaram e estão bem. Administrar o hospital será uma tarefa árdua, tendo em conta que envolve muito mais do que simples atendimentos médicos. Ele nos deixou um grande problema a resolver, visto a complexidade da tarefa. E tenho de me dedicar integralmente a isso até ele retornar. – Omitiu a parte em que não imaginava se o pai voltaria em condições de reassumir seu papel.

A mãe retornou dizendo que o advogado estaria com eles na manhã seguinte. O dia passou rápido, e as lembranças dolorosas tomaram lugar na família. Após o jantar, Carmen se recolheu cedo, alegando estar ainda cansada. Dalva avisou que estaria à disposição se necessitassem de algo, mas Camila foi logo dizendo:

– Vá descansar, Dalva. O dia foi longo para todos. – E ofereceu um sorriso leve, surpreendendo a empregada, que agradeceu e saiu.

– Bem, querido, estamos apenas nós dois aqui. Não sou idiota e sei quando alguém me oculta algo. Se o que pretende é me poupar, esqueça. Sou forte e resistente, mesmo que muitas vezes não pareça.

Você está frio e distante, muito mais do quando daqui partiu. Seu olhar diz uma coisa e suas palavras, outra. O que está acontecendo? Você tem razão em muitas questões, não posso negar. Porém, você está sendo inflexível com minhas convicções. Deve haver um modo de viver respeitando quem somos! Se antes já estava confusa, imagine com tudo que está por vir! Uma união representa companheirismo, cumplicidade, proximidade! Preciso de você ao meu lado, só assim darei conta da tarefa que meu pai me confiou! Te amo mais do que tudo!

Camila já estava em prantos, e Otávio não podia deixar de contar parte do que estava acontecendo com ele. Helena ficaria para outro momento, era o mais conveniente.

– Se deseja a verdade, sente-se que a história é longa. Meu pai está morrendo, e pediu a mim e a minha irmã que cuidem do hospital para ele. Sabe o que isso implica?

Capítulo 20

A vida surpreende

Otávio contou tudo que acontecera desde que chegara à pequena cidade do interior, onde o pai morava. Contou todos os detalhes e finalizou com a carta de despedida.

Camila olhava o esposo surpresa com a revelação. Tudo estava mais complicado ainda. E, pelo que ela presumia, a sua intenção era assumir definitivamente o hospital, o que implicaria uma mudança radical em sua vida.

– O que isso significa? Pretende se mudar para essa cidade e mudar totalmente sua vida por um capricho do seu pai? – Ela estava confusa e indignada com aquela hipótese. O marido não podia abrir mão do seu casamento por isso!

Por um momento Otávio se arrependeu de contar toda a história. Camila tinha voltado a agir como uma criança mimada, para quem o mundo gira apenas ao seu redor. Como ela podia dizer que era um "capricho" do pai? Ele estava morrendo, será que ela havia compreendido essa parte da história? Aquela era a mesma Camila de quem ele se afastara ao longo da vida e com quem não mais partilhava seus sonhos. Isso o entristeceu!

– Escute, Camila, não se trata de capricho de meu pai, mas sim de algo muito mais complexo, se é que entendeu a parte que ele está morrendo e somos seus herdeiros. O que acharia mais conveniente que eu fizesse? Que virasse as costas para ele e recusasse cuidar do meu próprio patrimônio?

– E Clara? Duvido que ela tenha aceitado passivamente essa herança! E se aceitou, que fique com todo o hospital, você não precisa dele, meu querido! Você tem seu trabalho, suas aulas de que tanto gosta, vai perder tudo isso?

– Clara não deseja assumir sozinha o hospital. Propôs que ficássemos juntos e cuidássemos a quatro mãos. Não vou deixá-la sozinha com tantos encargos.

– Preciso de você ao meu lado, consegue entender? – Falava baixinho em tom de súplica.

– Camila, eu não queria te contar por causa disso. A morte do seu pai foi uma fatalidade e agora você precisa estar no controle de suas emoções. Sua mãe precisa de você! – Ele tentava desviar do assunto em questão, pois em nada ajudaria insistir em discussões divergentes.

– Você pretende ficar aqui até quando?

– Vou tentar esperar a leitura do testamento.

– Precisamos de você ao nosso lado quando tivermos de encontrar a fera. Não sei do que ela será capaz quando souber de tudo. Sinto por minha mãe, que não merece a filha que colocou no mundo.

– Vamos dormir, não se perturbe ainda mais. Cada um colherá conforme plantou! – Sentiu-se invadido por uma onda de calor que o envolveu inteiramente, apaziguando seu coração. Foi até o escritório e abriu uma gaveta, retirando um comprimido de um frasco escondido bem no fundo. Pegou um copo com água e disse: – Tome, dormirá melhor. Amanhã terá um dia de fortes emoções, e uma boa noite de sono é essencial.

Ela aceitou, apreciando o gesto do marido. Sentia-se protegida ao seu lado. Não podia sequer imaginar uma vida sem sua presença.

Os dois subiram as escadas e foram para o quarto.

Ele esperou que ela adormecesse e voltou novamente ao quarto da mãe. Sentiu-se em paz, mas sem sono algum. Clara devia estar preocupada com a falta de notícias, mas naquele momento não queria falar com ninguém, nem mesmo com a irmã. Queria ficar sozinho e pensar em sua vida.

Pensou em Helena e na falta que ela lhe fazia. Os procedimentos com o pai dela teriam se iniciado? Ela devia estar ansiosa e temerosa em expor o pai a uma droga nova, ainda em fase de experimentação. Sem sono algum, levantou-se e andou pelo quarto, parando para observar a quantidade de livros numa estante. Havia muito tempo não entrava no quarto da mãe e se esquecera do quanto ela amava a leitura. Tinha livros para todos os gostos. Parou e observou alguns autores em destaque. Entre eles, um livro de Allan Kardec: *O Livro dos Espíritos*. Começou a folheá-lo, parando em alguns títulos que lhe despertaram interesse. Clara e Arnaldo, seu amigo médico e espírita, já haviam falado sobre aquela obra.

Leu alguns capítulos do livro e sua curiosidade foi crescendo. O conteúdo era interessante, as perguntas eram objetivas e claras, até para um iniciante como ele. O que chamou sua atenção foi a forma como o livro se desenvolvia, de forma didática e facilmente assimilável. Já lera grande parte do livro, quando adormeceu.

Dessa vez não foi um pesadelo, mas um sonho. Estava no jardim de sua casa, local que sua mãe mais apreciava, e ele a viu sentada em um banco, próximo a muitas flores, suas preferidas. Ela lhe sorriu e disse:

– *Saudades suas, meu filho querido. Aproveite este momento e recomponha suas energias. Sei que passa por um momento crucial. Quando fizer a escolha que seu coração clama, sabe que não poderá voltar atrás e será responsável pelas consequências. Não decida por impulso, pondere e examine tudo, somente depois sinalize à vida sua decisão. Você disse que cada um colhe aquilo que planta, e está certo. Isso serve para todos os seres do planeta, estejam encarnados ou desencarnados. Somos responsáveis pelos caminhos que escolhemos. Procure agir com a sensatez que sempre conduziu suas condutas, assim, as chances de acertar serão maiores.*

– Sinto tanto sua falta, minha mãe. Em breve, papai retornará para o mundo espiritual, lugar onde você se encontra. Poderá cuidar dele? Ele ficará bem? – Otávio estava apreensivo.

– *Seu pai soube aproveitar sua vida e se reconciliou com aqueles que magoou. Escolheu caminhos iluminados e conseguiu se redimir perante alguns adversários do passado. Ofertou amor à Marina, a quem muito fez sofrer no passado, conseguindo quitar extensa dívida contraída tempos atrás. Assim somos nós, viajantes dessa longa estrada. Entre erros e acertos vamos promovendo nossa evolução.*

Porém, enquanto deixarmos pendências no passado, distante de nós estará nossa libertação. Sim, meu querido, seu pai ficará bem! Minha maior preocupação, no entanto, são vocês. Cuidem-se, aprimorem-se, auxiliem-se mutuamente, respeitem a todos que de vocês divergem. Lembrem-se de que todos os caminhos de luz conduzirão ao Pai. Essas duas realidades, material e espiritual, estão interligadas e podemos estar conectados em ambas se possuirmos sensibilidade apurada. Os dois mundos se completam e interagem, é isso que esse livro ensina. Leia atentamente e encontrará as respostas que procura.

– É tudo muito confuso para mim. Isso não é um sonho, então? Estou visitando você em seu mundo?

– *Sim, meu querido, você veio me visitar, pois assim foi permitido. Fique comigo mais alguns instantes e depois volte para seu próprio mundo.* – Ela sorriu e o embalou, por um tempo que ele não soube definir, e foi essa a recordação que teve ao despertar: de ter estado com sua mãe.

Otávio lembrou fragmentos da conversa que teve com ela, mas a sensação foi algo indescritível. Olhou ao redor do quarto e agradeceu a Deus o encontro revigorante que Ele lhe propiciara. Já amanhecera e o dia seria longo.

Passou por seu quarto e observou Camila que ainda dormia. Sentou-se ao seu lado da cama e fitou-a com carinho. Queria muito que ela encontrasse alguém que pudesse fazê-la feliz. Infelizmente, ele não era essa pessoa. Levantou-se e saiu.

Camila só foi acordar no final da manhã. Tivera uma noite confusa, talvez pelo efeito da medicação. Um sonho estranho a perturbou, como se alguém quisesse lhe dizer algo, mas não conseguia captar a mensagem. Tudo nebuloso! Dessa vez, no entanto, não sentiu medo e acordou serena. Tomou um banho e desceu. Encontrou a mãe e Otávio na sala esperando o advogado chegar.

– Está bem, minha filha?

– Otávio me deu um remédio e dormi como um anjo.

– Era apenas um relaxante, você estava precisando.

Conversaram amenidades até o advogado, dr. Junqueira, chegar. Com ele, a conversa durou pouco mais de meia hora. A leitura do testamento ficou agendada para a terça-feira seguinte no próprio escritório de Oscar. Dr. Junqueira já tinha conhecimento do documento, afinal fora ele quem o redigira, dentro do sigilo pedido por seu cliente. Ele conhecia a família fazia muitos anos e de longa data prestava serviços jurídicos a Oscar. Era de total confiança, assim Otávio pôde comprovar.

A orientação final era que nada comentassem com Sofia, caso ela as questionassem. Ela somente tomaria conhecimento das informações no momento certo. Carmen olhou para Otávio e perguntou:

– Pode ficar até essa data? Gostaria muito que estivesse ao nosso lado. – Ela olhava com tanto carinho que ele não pôde recusar.

– Fique tranquila que as acompanharei, apesar de minha presença ser desnecessária.

Assim que o advogado saiu, Otávio foi até a biblioteca para telefonar à irmã. Queria conversar com ela de forma reservada.

– Não faça isso novamente, me deixando sem notícias. Estava preocupada! Já está retornando para cá?

– Infelizmente, ainda não. – E contou tudo o que se passara, assim como os motivos de sua permanência por mais alguns dias em São Paulo. Perguntou notícias do pai, e ela disse que chegara apenas um telegrama, logo pela manhã. Estava tudo bem com eles.

– Sei que está curioso com nosso paciente especial. Aconteceram alguns incidentes e o tratamento foi adiado para segunda-feira. E Camila, como ela está? – Ela sabia do gênio difícil da cunhada, ainda mais levando-se em conta toda a tragédia sobre a família.

– Ela está reagindo bem, o que me surpreende e ao mesmo tempo me atemoriza. Não sei o que pode advir dessa pretensa mansidão. Ela terá muito trabalho pela frente, e combinamos que eu ficaria com você, cuidando do hospital, por todo o mês. Ela dará uma trégua durante esse período. Mas temos um impasse. Por ela, fico aqui definitivamente e você cuida do hospital sozinha. – Ele disse e sorriu, imaginando a cara da irmã ao ouvir isso.

– Nem se atreva, dr. Otávio! Não sabe do que sou capaz de fazer! Além do mais, sei que tem outros interesses por aqui. Ouso dizer que essa hipótese é totalmente absurda e sem propósito. Prometa-me que me dará notícias. E caso você precise permanecer mais alguns dias, vou entender. Cuidarei de tudo por aqui!

– Sei que posso contar com você em qualquer situação. Qualquer dúvida, me telefone. Fique bem, Clara. Nos falamos amanhã. – E desligou após uma despedida calorosa da irmã. Queria ter falado sobre o sonho com a mãe, mas não quis estender a conversa. Contaria pessoalmente quando voltasse.

Camila estava por perto e ouviu parte da conversa entre os irmãos, principalmente quando falavam sobre ela. Os dois eram muito unidos, e ela tinha ciúmes dessa cumplicidade gritante entre eles. Mas se arrependeu da conversa que tivera com a cunhada meses atrás, pois comprometera ainda mais a relação com o esposo. Perto deles sentia-se uma intrusa sempre. Desconhecia essa forma de ligação, pois nunca teve um relacionamento tão próximo com a irmã. Saiu silenciosamente para que ele não percebesse sua presença. Não queria mais problemas.

Após o almoço, Otávio disse que iria dar uma volta a pé. Camila fez menção de acompanhá-lo, mas ele agradeceu, pois sua intenção era ficar um pouco sozinho.

Dalva o conhecia e sabia que algo o estava perturbando. Falaria com ele antes que retornasse à casa do pai. Carmen observava o genro e sentia que ele estava distante e arredio. Pediu a Deus que amparassem a todos naquele momento tão crítico, endereçando pensamentos de muito amor ao marido que já não estava mais ao lado deles. Sua nova crença dizia que a morte não era o final de tudo e queria muito acreditar nisso. Que ele aceitasse essa nova condição, respeitando a vontade de Deus, que é sempre soberana. Foram quase quarenta anos de uma convivência harmoniosa e feliz. Ele foi um companheiro inigualável e esperava ter correspondido. E se Dalva estivesse certa em suas convicções, eles poderiam se reencontrar, quando assim fosse permitido. Enviou palavras de amor e saudade àquele que tanto amou na vida.

Camila percebeu a tristeza no coração da mãe e foi em sua direção, oferecendo um afetuoso abraço.

– Não fique assim, mamãe. Estarei ao seu lado em qualquer situação. Confie em mim! Sei que já cometi muitos erros, especialmente com você, mas corta meu coração vê-la sofrendo assim. Papai sempre estará conosco. Não sabe o quanto lamento ter falado com ele daquele jeito. Sinto-me culpada por tal negligência, ele que tanta paciência dedicou a mim. Será que ele me perdoou? Posso ter contribuído para seu problema se agravar? – Ela estava sentindo-se péssima e a culpa a dominava.

– Pare com isso minha filha. Você não tem responsabilidade alguma com o que aconteceu com seu pai. Estava nos desígnios de Deus, nos quais não podemos interferir. Sabe que seu pai sempre compreendeu você e a amou mais do que tudo. Você era sua princesinha, lembra-se? – As duas se comoveram com as lembranças e sorriram.

– Papai foi o melhor pai que alguém poderia ter. Pena que não esteja aqui para que eu possa dizer tudo o que sinto – disse, abaixando o olhar.

– Portanto, filha, que isso sirva de ensinamento. Que possamos dizer àqueles que estão ao nosso lado o quanto o amamos, para que não nos arrependamos do que deixamos de fazer. Viva com atenção, não deixando passar a oportunidade de oferecer ao mundo e às pessoas o que realmente deseja: amor, carinho, bondade, seja o que for. Seu pai sabia de seus sentimentos em relação a ele, queria a sua felicidade acima de tudo. Faça o que puder para que ele continue a se orgulhar de você. – A mãe olhava com carinho a filha, pensando nas tarefas que viriam.

Camila encarou a mãe com firmeza e disse:

– Farei tudo ao meu alcance, mamãe. Não vou decepcionar vocês dois! Não sei como farei, apenas sei que darei o meu melhor. Vou cuidar de você como papai faria, está bem?

Carmen não acreditava que aquilo estava acontecendo. Como sonhara ouvir isso algum dia! Pena Oscar não estar presente para ouvir o que a filha estava a prometer! Ele, tempos atrás, lhe dissera que confiava em Camila e que ela um dia surpreenderia a todos. Sua predição estava se realizando! De jovem fútil e mimada, decidira amadurecer com as oportunidades do caminho. É sempre tempo de crescer!

– Filha querida, você me enche de orgulho. Seu pai sempre confiou que esse dia chegaria! Agradeço, meu amor! – E abraçou-a fortemente, sendo correspondida plenamente no abraço. Mãe e filha unidas pelos desafios, pela dor, pela esperança!

Otávio chegou no exato momento em que isso acontecia e ficou a observar a comovente cena. O que mais a vida estaria a lhe mostrar?

As duas nem perceberam sua presença e ele saiu para a cozinha, em busca de Dalva, sua fiel amiga. Devia-lhe algumas explicações. Ainda não tivera tempo de conversar com ela e contar sobre o pai e tudo o mais. Não sabia como ela reagiria, apenas que não seria julgado por seus atos.

Encontrou-a fazendo o jantar.

– Estava pensando quando viria me procurar, Otávio.

– Você parece minha mãe, sempre atenta a tudo. Preciso conversar, só não sei se esse é o momento propício. Preciso abrir meu coração, minha amiga, senão vou sufocar. Você me conhece tão bem e sabe o que tem sido minha vida nesses últimos meses.

– Fale o que quiser, meu querido. Estou aqui...

Capítulo 21

Perspectivas

Otávio tivera o cuidado de fechar a porta para que aquele momento fosse reservado. Contou-lhe sobre o pai, sobre Helena, sobre seu interesse na nova doutrina, sobre como estava se sentindo. Ela o ouvia atentamente, sem interrompê-lo. Sabia o quanto ele confiava em sua discrição.

– Bem, Dalva, é isso. Já sabe o tamanho da encrenca em que me encontro. Logo eu! Hoje me sinto um jovem colegial ao encontro do primeiro amor. Tenho de tomar decisões em minha vida que serão contundentes e definitivas, magoando pessoas que eu prezo demais. Sinto um aperto no peito, que não sei quando passará. – Seu olhar estava tenso, carregado de tristeza.

A mulher ouviu tudo e disse-lhe sensatamente:

– Somos responsáveis por nossas escolhas, meu filho. Se acredita que esse reencontro mudou sua vida, é porque ele estava fadado a acontecer. Não sabemos o que programamos para nossa existência, nem quem nos acompanhará nessa jornada, mas o fundamental é estar receptivo às orientações que a vida oferece. Manter-se num casamento em que seus objetivos já não são os mesmos, é o mesmo que trair-se a si mesmo e permanecer sofrendo. Será isso mesmo que Deus prepara para nós? Será que ele quer nosso sofrimento ou quer que sejamos felizes? Camila ainda não entendeu que a felicidade é conquista de vocês dois juntos. Se ambos estivessem voltados para um mesmo objetivo, talvez tudo fosse diferente. No entanto, foi o egoísmo dela que causou esse distanciamento entre vocês. Siga seu coração, porém não se esqueça de que deve respeito a ela e não deve assumir nenhum compromisso com outra mulher enquanto estiver casado. Agindo assim, de maneira sensata e ponderada, garantirá a paz de sua consciência. Existe bem mais precioso na vida?

Otávio sorriu e a abraçou com carinho.

– Tem razão, minha amiga, assim vou proceder.

– E seu pai, vocês se reconciliaram?

– Sinto-me leve e em paz, mas triste por saber que sua vida está por um fio e nada podemos fazer. Peço apenas que ele não sofra. – Seu olhar ficou distante.

– O Pai sabe o que faz em qualquer situação. Precisamos aceitar sua vontade, assim o sofrimento é menor. E quando Marina souber?

– Estaremos ao seu lado dando nosso apoio. Ela fez meu pai muito feliz, auxiliando-o em todos os momentos. Ainda é jovem, poderá retomar sua vida. Bem, mas deixemos esse assunto para depois. – Ele estava para sair quando se lembrou de contar o sonho que teve com a mãe.

– Sua mãe é um espírito de muita luz. E cuida de cada um dos que ela aqui deixou. – Os olhos de Dalva ficaram marejados.

– Tenho certeza, Dalva. Ainda mais nesses momentos perturbadores! Obrigado por me ouvir, sem críticas ou julgamentos. Sei que posso contar com você!

– Sempre, meu querido! – E o abraçou com carinho.

A noite transcorreu calma e sem atritos, precisavam de um momento de serenidade. Dormiram cedo e na manhã seguinte receberam uma visita especial.

Sofia lá estava com toda a sua prepotência.

– Bom dia! Vim apenas confirmar minhas suspeitas. Não deveria estar em outro lugar?

Carmen já estava de pé e a recebeu na sala com delicadeza.

– Você parece bem, minha filha. Só não entendo essa sua entrada intempestiva em casa de sua irmã. Algo aconteceu que eu ainda não saiba? – A mãe procurava ser cortês.

– Papai morreu e ninguém se apresentou ao trabalho? Aquilo não caminha sozinho. Passei aqui para confirmar que nem você nem Camila se dispuseram a ir. Bem, em razão disso, creio que eu seja a pessoa mais habilitada para substituí-lo. Não creio que seja de seu interesse assumir as funções de papai. E Camila não tem condições. Resta apenas eu! – A mãe apenas observava a arrogância da filha, vendo até onde ela chegaria com aquele discurso.

– Sinto decepcioná-la, Sofia. Não será você a assumir a direção dos negócios. Não era essa a vontade de seu pai. Nosso advogado irá convocá-la para a leitura do testamento, mas já que está aqui vou lhe antecipar: seu pai deixou para Camila esse encargo. Não me questione os motivos, pois creio que os conhece melhor do que eu. Tudo isso será esclarecido na leitura de amanhã. Como é de seu interesse, espero que esteja lá. Dr. Junqueira lhe avisará a hora. E, caso você não saiba, já tomei as providências com relação à continuidade das funções, que momentaneamente ficarão com pessoas da minha total confiança. Era só isso? – A mãe ostentava um olhar firme, porém triste.

Sofia estava perplexa com a notícia que a mãe lhe trazia. Não era possível que isso acabaria assim, depois de tanto trabalho que tivera! Não aceitaria a decisão da mãe. Não permitiria que a sonsa e desprezível irmã tomasse tudo o que era seu por direito. Jamais! Lutaria com todas as suas forças para impedir que isso acontecesse. Mas, ainda assim, tentou argumentar, antes de desferir seu golpe mortal:

– Se papai não estava na posse das suas faculdades mentais, deixando para Camila esse encargo, espero que a senhora pondere e reavalie essa situação antes de nos levar à falência.

Carmen olhava com tristeza para a filha, que pensava somente na parte material. Em momento algum, ela perguntou-lhe se estava bem. Apenas a herança importava!

– Sinto muito, Sofia. Seu pai sabia exatamente o que pretendia, afinal esse testamento foi feito meses atrás. Não foi num impulso, como pensa. E, se ele assim decidiu, não serei eu que descumprirei sua última vontade. Você não perderá nada, pois tudo ainda lhe pertence. Não vejo motivo para tanto alarde!

– Não aceito e pronto! Não permitirei que isso aconteça! – Ia saindo quando Camila desceu as escadas e as duas ficaram frente a frente. Uma corrente elétrica percorreu a sala naquele instante e fagulhas pareciam irradiar de cada uma delas.

– Papai a conhecia muito bem, jamais permitiria que você administrasse de acordo com suas próprias regras. Seria desonrar o nome dele! O mesmo que ele lutou para construir trabalhando arduamente! Ele conhecia bem a sua laia! – Camila a encarava com raiva.

– Que nome? Um nome enlameado e sujo? Ora, ora, minha irmãzinha, papai não era bem o modelo de santidade que julga! Conheço podres dele que farão arrepiar seus cabelos! E quando divulgar tudo o que sei, pois é o que farei caso eu não fique na presidência, todo esse império irá ruir! – A irmã caçula não compreendia o que ela tentava dizer, olhou para mãe como a questioná-la de forma silenciosa.

Carmen havia decidido não contar nada a Camila até que fosse o momento propício; no entanto, tudo se antecipara. Sofia iria divulgar tudo, caso não ficasse na direção. Ela estava fazendo chantagem, e jamais iria se submeter a isso.

– Cale-se, Sofia! Você não tem moral alguma para falar de seu pai. Caso queira mostrar ao mundo que seu pai não compactuava com o regime totalitário e cruel de muito tempo atrás, ao qual não se submeteu e colaborou com revolucionários, faça isso! Faça o que quiser, mas esteja preparada para arcar com as consequências de sua escolha. Podemos perder alguns contratos, podemos até fechar as portas de algumas lojas, porém seu pai sempre foi um exemplo de honradez nos negócios, e é isso que irá prevalecer. Se preza a memória dele, deveria deixar que suas convicções políticas sejam enterradas com ele. – A mãe estava alterada e profundamente abalada com a chantagem da filha.

Camila nada entendia, mas julgou conveniente permanecer calada.

Sofia estava vermelha e cheia de cólera, ouvindo a mãe, sempre tão pacata e servil, falar daquela forma com ela. Desconhecia esse lado dela, não sabia o tamanho do seu poder e pensou que o melhor a fazer era avaliar com objetividade a situação. A leitura do testamento seria no dia seguinte, e ela precisava se certificar de que a mãe estava falando a verdade. Esperaria até o dia seguinte, depois tomaria as decisões cabíveis.

– A senhora está alterada. Não quero que me responsabilizem caso tenha uma crise emocional. Nos vemos amanhã! Passar bem! – E saiu a passos largos.

Otávio assistira toda a cena sem intervir, afinal se tratava de um caso de família. Mas, assim que ela saiu, correu a auxiliar Carmen, que estava em prantos.

– Venha, sente-se aqui. Respire fundo e procure se acalmar. Nada resolverá se permanecer nesse estado. – Tomou-lhe o pulso que estava muito acelerado.

Dalva chegou em seguida, trazendo um copo de água para a mulher que tremia.

– Não fique assim, ela sempre foi impetuosa e diz coisas que não quer dizer.

– Como ela foi capaz de fazer o que fez? Ela é um monstro! – Dizia entre lágrimas.

Camila esperou a mãe se acalmar e questionou-a com o olhar.

– Minha filha, é uma longa história, mas você precisa tomar conhecimento. – E passou a relatar os fatos narrados, guardados no envelope que o pai pedira à secretária lhe entregar. Fatos que em nada depunham contra a figura que ele se tornara. Quando jovem, fizera parte de um grupo revolucionário que lutava contra o governo autoritário da época. Alguns de seus companheiros foram presos, e o grupo desfeito. Seguiu seu caminho, trabalhando arduamente, distante da política e procurando a neutralidade após o casamento, pois não queria comprometer ninguém em seus planos de liberdade para o povo. No entanto, o passado não morre. Permanece apenas submerso no tempo. Alguém achou que deveria trazê-lo à tona e ser utilizado como fator de barganha. Pobre Sofia! Tinha tanto a aprender!

Camila ouviu tudo silenciosamente e sorriu quando se lembrou de algo que o pai lhe falara:

– Certa vez, quando eu era ainda muito jovem, papai disse que na vida eu devia avaliar meus atos, sem jamais sepultar meus ideais. Quando lhe pedi explicações, ele apenas sorriu e disse que o mais importante na vida era a certeza de se ter realizado tudo ao seu alcance, sem arrependimentos. "Viva seus sonhos e se arrependa apenas daquilo que deixou de realizar", ele me disse. Esse era meu pai!

Depois de um tempo em silêncio, Camila se levantou num ímpeto:

– Mamãe, nada do que ela pretenda fazer irá enlamear a honra de papai. Não ceda a essa chantagem vil! Papai não iria querer que ela assumisse e assim será! E se algo vir à tona, sua própria história falará por si. Não tenha medo de retaliações, pois elas não ocorrerão. Nada, nem ninguém será capaz de comprometer sua memória! Deveria ter me contado antes. Tem algo mais de que eu precise saber?

– Não, minha filha! Eu iria lhe contar assim que tudo se acalmasse. Fiquei receosa de sua reação.

– Não tenho medo dela! Ela é o que eu sempre disse e todos me criticavam. Sinto muito lhe dizer isso, mas é a mais pura verdade!

– Amanhã teremos uma batalha árdua. Precisam estar preparadas para o confronto. – Otávio estava preocupado com o que poderia acontecer.

– O que sugere? – preguntou Camila.

– Que conversem com Dr. Junqueira antes da leitura do testamento.

– Otávio tem razão – concordou Carmen. – Falarei com ele logo mais. E gostaria agora que me acompanhassem a um lugar. Dalva irá conosco, aliás foi ela quem me apresentou esse local que me fez muito bem. É uma casa espírita, fui lá na semana passada e saí renovada.

Otávio ainda não sabia se estava preparado para tal visita. Camila estava aterrorizada.

– Não, mamãe, não quero ir. Tenho medo! A senhora não devia ir também. Não sei como esse lugar pode nos ajudar. Deve ser um local tenebroso!

– Você irá se surpreender com o que verá. Aliás, você irá sentir algo renovador e altamente confortador. Não tenha medo. Venha comigo, eu lhe peço.

Camila olhava para Otávio como a questioná-lo, esperando que ele falasse algo.

– Se quiserem, posso acompanhá-las, apesar de considerar que o momento não é o mais conveniente.

– Viu, mamãe? Concordo com ele. Vão vocês, Otávio ficará comigo.

– Minha filha, precisamos estar em muito equilíbrio, e lá é o local certo para isso. Não irá se arrepender. Tem o resto do dia para se decidir. Otávio irá conosco.

Dalva observava a cena percebendo que alguns companheiros de luz lá se encontravam, emitindo raios de intensa claridade sobre cada um. O ambiente ficou totalmente iluminado e essas energias transformavam as emoções dominantes.

– Talvez sua mãe tenha razão. Que mal pode acontecer? Do que tem medo? – Ele mesmo se lembrou daquele sonho estranho com um visitante sombrio.

– Camila tem tido pesadelos, Otávio, e se recusa a ficar sozinha. – A mãe olhou com ternura para a filha, que mais se assemelhava a uma criança assustada.

– Mamãe!

– Seu marido precisa saber tudo o que lhe acontece, minha querida. Ele pode ajudar mais do que eu! Foi por você que decidi aceitar o convite de Dalva, à qual serei eternamente grata por me propiciar um momento tão especial e único.

– Não sabia dessa sua visita, mamãe. Estou surpresa e confusa. Não ficou com receio de algo tenebroso a persegui-la?

– Não fale do que não conhece, minha filha... – E sorriu desanuviando o ambiente. – Não irá encontrar nada chocante, não se preocupe. Nada assustador tampouco. E, pelo que entendi naqueles breves momentos de paz que vivenciei, é um local que tenta mostrar às pessoas que elas próprias são responsáveis pelo que experimentam na vida. Sempre há uma explicação e nada é irremediável, afinal tudo está em nossas mãos resolver e transformar. Percebi que a vida é uma sucessão de eventos, que criamos consciente ou inconscientemente.

Camila ficou pensativa. Viu a paz estampada no semblante da mãe e sentiu a esperança brotar.

Otávio, por sua vez, passou a refletir sobre sua existência, seus dramas íntimos e ocultos que os presentes nem imaginavam existir. Abaixou o olhar e rememorou os últimos dias, percebendo que a explicação de Carmen definia com simplicidade e exatidão o que significava a palavra viver! Ser responsável por suas escolhas, sejam elas quais forem, sejam acertadas ou não, cabe a cada um. Nós decidimos qual caminho trilhar. Porém, tudo o que oferecermos à vida ela se encarregará de devolver. A cada ação, uma reação! No entanto, custá-nos compreender a simplicidade da vida, esquecendo que não estamos sós e nossos atos podem comprometer aqueles que ao nosso lado se encontram. Otávio viu Camila com outros olhos naquele momento e percebeu que qualquer ação de sua parte poderia causar imenso dano emocional à esposa. Sentiu que a vida parecia querer lhe dizer algo. Não podia simplesmente sair da vida dela, deixando-a com todo o ônus de suas escolhas. Teria de ser cauteloso em suas ações, sem deixar de considerar os sentimentos dela, tão importantes quanto os próprios. Mas e Helena? Onde ela ficaria? Eram perguntas cujas respostas não estavam maduras. Estava confuso. Precisava de algo que modificasse seu estado interior, em total desalinho.

– Iremos com você, Carmen. Você nos convenceu, concorda Camila? – A pergunta foi mais uma afirmativa, pois já decidira por ambos. – Creio que fará bem a todos nós. Dalva, nós a acompanharemos.

– Será um imenso prazer.

Camila olhava intensamente para o marido, ainda insegura.

– Tem certeza de que deseja ir? – questionou aflita.

– Vamos conhecer o lugar e, caso não gostemos, não voltamos mais para lá. Simples, não?

– Isso mesmo. O máximo que pode acontecer é não voltarem. Creio, no entanto, que sentirão o mesmo que eu. Precisamos de paz em meio a tantas tormentas. Camila, acalme seu coração e pense positivamente. Agradeço a ambos a iniciativa de me acompanharem – disse Carmen, abraçando a filha e o genro.

Capítulo 22

Visita necessária

No final do dia, Camila estava apreensiva. Achava que não havia sido uma boa escolha aceitar o convite. Carmen observava a filha silenciosa, com a tensão estampada no olhar.

— Minha querida, se isso a está perturbando em excesso, fique. Eu entendo sua relutância em conhecer o local, mas temos de abrir mão de conceitos ultrapassados e avaliar as coisas com nossos próprios olhos. No entanto, você é livre para escolher. Caso isso a constranja, não vá.

— Estou receosa, mamãe. E se algo acontecer?

— Quanto a isso, fique tranquila. Você sentirá apenas paz, eu lhe garanto. Há quanto tempo não dedica uma prece a Deus? Mesmo assim, Ele está a cuidar de você, como também de todas as ovelhas de seu rebanho. Ele está presente em todas as casas religiosas que tem por norma de conduta a prática do bem e do amor. Você o irá encontrar lá ou em outro lugar que se dedique a isso. — Enquanto ela falava, jatos de luz eram irradiados de seu coração.

— Preciso muito de ajuda, mamãe!

— Estou ao seu lado, minha filha. Conte comigo! — E a abraçou comovida.

A ida ao centro foi percorrido silenciosamente. Assim que chegaram, Dalva foi ao encontro de um senhor de meia-idade, com quem conversou durante alguns minutos. Em seguida, ela apresentou-o ao grupo. Tratava-se de Paulo, o responsável pelos trabalhos espirituais da casa. Apertou a mão de todos com um sorriso franco e os convidou para uma pequena sala, dando algumas explicações sobre o que lá iria ocorrer.

– Não tenham receio. Sinto que ostentam muitas dúvidas sobre essa doutrina e não tenho a intenção de esclarecê-los nesses poucos minutos. Caso se interessem, posso recomendar uma literatura acessível. Sei que vivem um momento delicado. Devo apenas ressaltar que Deus não confere a um filho bem-amado uma provação a qual não esteja em condições de suportar. Cada um com seu próprio fardo. Não posso fazer com que ele seja retirado, pois isso não é de nossa competência. Porém, posso mostrar-lhes que cada um é autor da própria felicidade ou do próprio infortúnio. Emoções em desalinho propiciam atitudes impulsivas e, nessas condições, provocamos ainda mais desarmonia. Primeiramente, vamos recuperar as energias dispendidas. É primordial que o equilíbrio seja recuperado. Assistam a uma palestra e, em seguida, os encaminharei a um passe. Será revigorante. Peço, apenas, que retornem nas próximas semanas para outro passe, recurso essencial nesse momento.

Carmen gostou da forma objetiva e delicada com que Paulo tratava o assunto.

– Eu já estive aqui na semana passada e foi uma experiência memorável. Se me permite, vou fazer o mesmo hoje – disse ela.

– Ficarei um pouco mais com o casal – respondeu Paulo.

Ela entendeu o recado e se despediu, deixando-os com Paulo, que ficou calado por alguns instantes esperando que um deles se pronunciasse. Camila foi a primeira a falar:

– Peço que me perdoe se for inconveniente, mas não sei se acredito em tudo o que falou.

– A sinceridade é uma virtude, porém não pode ser utilizada sem a apreciação do coração. Pense nisso em sua vida e perceberá que tudo se modifica ao seu redor. Não podemos esperar doçura quando apenas doamos fel, não concorda? Mas em que não acredita?

– Como vocês podem restaurar energias perdidas? O que um passe é capaz de oferecer?

Paulo sorriu e continuou sua explanação falando sobre a eficácia do passe. Em poucos minutos ele mostrou no que consistia esse recurso, deixando Otávio curioso e Camila um pouco menos descrente. Disse que se trata de uma transfusão de energias que nutre o organismo de fluidos salutares. Doa-se energia, e todos têm a doar, em maior ou menor quantidade. Mas, acima de tudo, é um ato de amor ao próximo!

– Não sei se os confundi ainda mais – disse Paulo, observando os semblantes contraídos.

– Creio que entendi o procedimento e penso que é um recurso interessante. Sou médico e bastante racional, porém esse assunto tem despertado meu interesse.

– Mamãe disse que se sentiu tão revigorada após o passe! É só isso que realizam aqui?

– Não, minha filha. O passe é uma das atividades. Temos grupos de estudo, reuniões mediúnicas e trabalhos assistenciais. A casa é pequena, apesar do número de pessoas que a buscam ter crescido nos últimos anos. Quando temos explicações coerentes acerca do problema da vida e da morte, sanando dúvidas, esclarecendo irmãos em sofrimento sobre os motivos de sua dor, esses companheiros têm a disposição de conhecer com mais profundidade o que significa a "Doutrina dos Espíritos", codificada por Allan Kardec. Não sofremos perseguições ostensivas, mas somos vítimas de muitos preconceitos ainda. Mas isso tenderá a diminuir quando as pessoas se despojarem das críticas e prejulgamentos que em nada condizem com a verdade dessa doutrina consoladora. Mas percebo que algo a preocupa insistentemente... – Ele a olhou com ternura.

Naquele momento ela sentiu confiança naquele senhor que a olhava com tanta doçura, como seu pai fazia. Isso a conquistou e decidiu lhe contar seus temores.

– Otávio, juro que não estou enlouquecendo. Posso ter feito coisas abomináveis, posso ter omitido muitos fatos de você, posso ser prepotente e egoísta, mas não sou louca. – Seu olhar era de profunda dor. – Não me julguem. Preciso contar o que me oprime há tanto tempo. Alguém pretende me levar à loucura ou me induzir a fazer algo que eu não quero. Isso está me torturando. Um fantasma está me perseguindo! – Otávio sentiu um calafrio a lhe percorrer a espinha.

– Conte-me o que a aflige, minha menina.

Camila contou o que sentia quando estava em casa, em especial na biblioteca. Isso fez Otávio se recordar dos pesadelos que lá tivera. Seria coincidência?

Contou sobre as sensações pesadas e a figura sombria que aparecia em seus sonhos lhe dizendo que ela lhe pertencia. Não conseguia mais ficar sozinha na casa e julgava que Deus a estava punindo por suas ações levianas. Conforme ela falava, sentia que seu coração ia ficando mais leve e que se libertava da prisão que a si mesma se colocara. Como não conseguia definir o que estava acontecendo com ela, relutava em procurar um psiquiatra, pois ele não a compreenderia de pronto. Não falaria isso com ninguém, assim decidira. Apenas sua mãe sabia desses pesadelos.

– Não fui uma boa filha, não sou uma boa esposa, não serei uma boa mãe. Em alguns momentos, tenho medo, noutros sinto uma fúria incontrolável. Sou egoísta e só penso em mim. Otávio tem razão, sempre tive tudo o que quis, do meu jeito, no meu tempo. É algo intrínseco à minha pessoa, e não consigo combater essas más tendências. Tenho muito medo de ficar sozinha. Meu relacionamento com Otávio está por um fio e não me perdoarei se o deixar partir novamente. – Sua voz era um lamento sofrido e torturante.

Otávio, num ímpeto, a abraçou com carinho. Não tinha ideia do drama que ela vivia nem da dor que ostentava. Sentiu-se um crápula insensível. O que mais chamou sua atenção foi a palavra "novamente". Por que ela repetia essa palavra todas as vezes em que se sentia fragilizada?

Paulo, depois de alguns instantes, disse:

– Camila, sinto que necessita de uma assistência mais específica para que tenhamos condições de avaliar melhor o que está acontecendo. Me aguarde um pouco. – E saiu.

Ela estava abraçada ao marido, chorando toda a dor contida.

– Poderia ter confiado em mim – disse ele!

– Você não entenderia. Sinto tanto nosso distanciamento! Já falhei demais com você, mas me dê a chance de provar o quanto o amo! – Ela continuava abraçada a ele.

Paulo chegou instantes depois com uma jovem senhora.

– Leve esta jovem até sua sala e lhe dê um passe. Otávio, gostaria que você a acompanhasse, mas peço que permaneça lá após sua esposa sair. Depois conversamos. Camila, você não está enlouquecendo, é o que posso afirmar. Acompanhe Celina e depois volte aqui. – E se despediu com um sorriso.

Os dois foram para uma sala no final do corredor, onde havia alguns grupos. Cada um se sentou no centro de um e tomou seu passe. Em seguida, Camila saiu, enquanto o esposo lá permanecia em total silêncio.

Celina dirigiu sentida prece a Deus e à espiritualidade presente, pedindo que auxiliassem a jovem em seu drama. Instantes depois, um senhor que estava sentado no grupo, começou a se mexer na cadeira, manifestando visível desconforto. Ela se aproximou e iniciou o diálogo com todo o amor:

– Boa noite, meu amigo. Por que está tão nervoso? Estamos aqui para ajudar, queremos apenas seu bem! O que o traz aqui a esta casa de amor e caridade?

– *Não sei quem você é nem o que pretende, mas devo lhe avisar que ela não será de mais ninguém, ouviu bem? Ela é minha e ninguém irá tirá-la de mim. Nem esse covarde que aqui se encontra. Ele pensa que não o vejo, mas sigo todos os seus passos e sei o que ele pretende. Que faça logo! Assim ela será minha definitivamente! Vocês tentam me afastar dela, mas eu a encontro sempre! Eu fui o único que a ajudou quando precisava, agora diz que não me conhece e que tenho de ir embora para longe. Não! Não irei embora! Não tentem me demover da ideia. Já disse, não sei o que pretendem, nem se estão do meu lado. Vamos, o que pretendem?* – Ele falava num tom gutural, com a raiva prevalecendo.

– Acalme-se, meu irmão. Já disse, queremos apenas ajudar. Sinto lhe dizer, mas não a terá ao seu lado, simplesmente porque ela ainda se encontra neste mundo material e você, não. Como podem ficar juntos? Já pensou nisso? – Celina proferia cada palavra com ternura e respeito.

– *Você ainda não entendeu? Eu não posso ir até aí, mas ela pode vir até mim! É simples!*

– Infelizmente, não será dessa forma, pois não está em suas mãos essa decisão. A vida é atributo de Deus e somente Ele pode decidir quando retornaremos à pátria espiritual. Mas podemos auxiliá-lo de outra forma, se assim nos permitir. Já pensou nisso? – Enquanto falava, jatos de luz atingiam o coração do espírito que lá se encontrava, sendo intermediado por um médium.

– *Não pretendo deixá-la. Vou usar todos os recursos para que ela volte para mim. Somente eu sou capaz de cuidar dela. O que faço é por amor!* – Ele estava exasperado com o diálogo.

– Isso não é amor, meu querido. Quem ama verdadeiramente é capaz de sacrificar-se em prol do seu amor. Você está cerceando a liberdade dela agindo assim, querendo forçá-la a agir conforme suas intenções. E se ela não o quiser mais?

Ele se calou por instantes, refletindo no que ela dissera, e logo retomou:

– *Não queira me confundir! Estou avisando uma vez mais! Não sei como isso está acontecendo, como é capaz de falar comigo. Talvez bruxaria! Estou ficando confuso e fraco, estão tentando tirar meu poder. O aviso está dado!* – E, no mesmo instante, o senhor que intermediava a comunicação abriu subitamente os olhos, percebendo que o espírito já se afastara.

Celina proferiu sentida prece, agradecendo a oportunidade do auxílio e olhou para Otávio, que se encontrava completamente confuso, sem entender o que lá acontecera. Ela o chamou e pediu que a acompanhasse, saindo da sala e voltando a Paulo, que já se encontrava à sua espera. Ela contou a ele o que tinha acabado de acontecer e com um sorriso os deixou.

Camila, que estava em outra sala à espera do marido, nada sabia sobre o inusitado diálogo. Otávio tinha dúvidas no olhar, que traduziam todo o desconhecimento dos fatos sucedidos.

– Não sei o quanto conhece acerca da doutrina espírita e seus fundamentos básicos. Vou resumir em algumas poucas explicações. Ao acreditarmos na eternidade do espírito, já podemos deduzir que essa encarnação não é a primeira, tampouco será a última. Entre idas e vindas, erros e acertos, vamos estabelecendo laços de afeto, ou não, com aqueles que trilharam seus caminhos ao nosso lado. Se os fizemos felizes, nada terão contra nós. No entanto, somos ainda muito imperfeitos e falhamos demasiadamente com nossos semelhantes. Essa ligação pode persistir após a morte do corpo físico. Ao nos reencontrar, podem nos cobrar pelos atos do passado, exigindo justiça quando os ferimos em seus sentimentos. Sei que está pensando "como isso é permitido?", e eu lhe respondo: todos os nossos atos terão de ser revistos e corrigidos, quando assim for necessário. Você ouviu um irmão desencarnado desejando resolver seus problemas do seu jeito, coisa que não será viabilizada, pois não é dessa forma que se resolvem as pendências que nós criamos. Tentei ser o mais objetivo e sucinto possível, espero que eu tenha sido compreendido. – E silenciou.

Otávio tentava absorver os ensinamentos breves, porém profundos. Tudo era muito complexo, jamais poderia imaginar que espíritos, dito fantasmas conforme a maioria definia, pudessem atuar sobre os vivos, ou encarnados conforme os dizeres de Paulo. Se cada um vivia numa dimensão, como poderiam se comunicar entre si?

– Estou muito confuso, devo admitir. Bem, resumindo o que acabou de relatar, existe um espírito que está a nos assombrar em nossa casa.

– Interessante sua colocação: "nos assombrar". Isso subentende que também tem essa mesma percepção que sua esposa, correto? – Paulo foi rápido na pergunta, esperando que ele contasse a sua própria versão. Otávio, no entanto, nada respondeu de imediato. Ficou reflexivo e não sabia se devia relatar suas percepções. – Desculpe-me, mas é importante que me conte sua história.

Otávio relatou então seus sonhos confusos e perturbadores.

– Um companheiro comum a ambos tenta conquistar algo que julga lhe pertencer. Infelizmente, ainda desconhecemos sua real intenção. Essa proximidade, no entanto, está perturbando excessivamente sua esposa, comprometendo seu equilíbrio. Ela está vulnerável e fragilizada, permitindo que a ligação se faça. A isso denominamos obsessão, uma influência espiritual que tenta dominar a própria vontade da sua vítima, que, indefesa, se submete. É um processo doloroso, devo admitir. Mas a vítima precisa se conscientizar de que deve fazer a parte que lhe compete para se livrar desse sofrimento.

– E o que ela deve fazer para se ver livre desse incômodo?

– Ela deve se perdoar e perdoar o outro para alcançar sua própria libertação.

O médico ouviu as palavras proferidas, sem entender exatamente o que aquilo significava. Perdoar? Perdoar-se? Mas se ela era a vítima, por que deveria partir dela o perdão?

Paulo viu a dúvida e a perplexidade estampada no olhar de Otávio. Era natural, afinal tudo aquilo era novidade. Mas a vida assim decidiu! Teriam de lidar com a situação antes que os danos fossem significativos.

– Meu filho, não espere respostas que ainda não se encontram à disposição. Tudo será esclarecido no devido tempo. Por ora, cuidemos do equilíbrio de Camila, que mais necessita no momento. Ela precisa se fortalecer espiritualmente para não ficar tão receptiva a essa influência negativa, que tenta dominar seu pensamento e sua vontade, atemorizando-a. O passe magnético é recurso infalível para a reconquista do equilíbrio. Pedirei a Dalva que a convença a vir nas próximas semanas. Quanto a você, parece que está atribulado e não poderá comparecer, estou certo?

– Sim. Estou no interior durante todo o mês substituindo meu pai na direção de seu hospital. Retornei pelos motivos que já conhece e por alguns dias apenas. Devo voltar amanhã mesmo.

Paulo o encarou fixamente, tentando desvendar o que se passava em sua mente. Havia muito mais que ele ocultava, era o que sua intuição lhe dizia. Respeitaria sua privacidade e não insistiria.

– É uma pena que não possa dar sequência, mas assim que for possível volte a nos procurar. – Com um aperto de mãos, despediu-se de Otávio.

Capítulo 23

Novas tarefas

Ao apertar a mão de Paulo, Otávio sentiu um desconforto, como se ele lesse seus pensamentos. Seria ele capaz disso? Não acreditava que fosse possível, mas... Foram tantos acontecimentos estranhos naquela noite, que já não duvidava de mais nada.

Agradeceu a atenção e prometeu retornar assim que possível. Encontrou Camila sentada, ouvindo a palestra que um senhor proferia. Sentou-se ao seu lado e pegou sua mão com carinho.

Ela abaixou o olhar e lágrimas foram derramadas. Por que ela estava tão sensível? Nunca agira assim em todo o tempo que estiveram juntos. Sempre fria e superficial, e agora se mostrava tão fragilizada! Talvez a perda repentina do pai tivesse tocado seu coração, transformando-a. Estava feliz por ela ter entendido a vida sob outro ângulo, que não exclusivamente o seu. Ela precisava crescer, e isso estava acontecendo!

Instantes depois, Carmen chegou sorridente, acompanhada de Dalva, que disse:

– Pedi permissão para encerrar meu trabalho antecipadamente. Vamos?

A volta para casa foi silenciosa, cada um com suas reflexões. Ao chegar, Dalva sugeriu que tomassem um chá e rapidamente se dispôs a preparar.

– Foi uma noite diferente da semana anterior, mas intensa em sensações. Tenho tantas dúvidas! – Carmen estava serena, apesar da curiosidade que a instigava.

– Realmente, foram muitas emoções. Terei de retornar para o interior, mas prometi àquele senhor que voltaria para conhecer melhor o que lá acontece – disse Otávio.

– Tenho de admitir que estou me sentindo melhor. E não percebi nada satânico ou fantasioso. Muito ao contrário. Foi como se alguém tirasse um imenso peso dos meus ombros. Não entendi, mas confesso que gostei – revelou Camila.

– Falei que seria assim, Camila. Voltamos na próxima semana? – perguntou a mãe.

– Eu me sentiria mais segura, se Otávio nos acompanhasse, porém como isso não será possível, iremos assim mesmo. – Camila direcionou seu olhar ao esposo.

– Você sabe que neste momento tenho outra prioridade.

– Minha filha, seja compreensiva. Trata-se de uma emergência familiar. – Carmen desconhecia o restante da história, que incluía a possibilidade de ele ficar mais ausente, caso a doença do pai se acelerasse.

– Falamos sobre isso em outro momento. Estou cansada, agradeça a Dalva pelo chá – falou Camila e subiu as escadas apressadamente.

Otávio respirou fundo e disse à sogra:

– Converse com sua filha e tente lhe incutir algumas ideias sobre a importância da família. Sei que estão vivendo um momento tenso, eu também estou. – E decidiu contar-lhe sobre a doença do pai e a ideia de administrar, futuramente, o hospital.

Carmen se comoveu, pois sabia dos problemas existentes entre eles.

– Não sabia desse grave problema, meu filho. Sinto muito! Parece que uma avalanche de problemas se abateu sobre nós. Por que não me contou? Seu lugar é lá, cuidando do hospital como seu pai espera que faça. Cuidarei de Camila, não se preocupe. Ela terá de assumir o controle de tudo, executar tarefas para as quais jamais se preparou, apesar da contestação de Sofia. Temos uma excelente equipe que trabalha há muitos anos conosco. Espero que continue leal a Camila como foi com Oscar. – Seu olhar se entristeceu.

– Tudo vai depender da forma como ela trabalhar. Peça para que deixe em casa sua arrogância e prepotência, recobrindo-se de humildade.

Afinal, vocês precisam deles neste momento. Se Oscar acreditava nela, um ponto a favor. Ele não faria isso se a julgasse incapaz de assumir os negócios.

— Penso como você. Não será fácil, teremos situações difíceis pela frente. A vida reserva surpresas a todo instante! E talvez a distância proporcione a vocês o tempo de reflexão que juntos seria impossível.

Otávio ia dizer algo quando Dalva os interrompeu, trazendo o chá. Serviu e já ia sair, quando Carmen a pegou pelo braço.

— Sente-se e tome um chá conosco, Dalva. Estamos merecendo um momento de paz. E não faça desfeita, minha amiga. Aliás, temos muitas perguntas a lhe fazer.

Ela sorriu e sentou-se. Ficaram quase uma hora questionando-a sobre a doutrina dos espíritos e sobre as atividades do centro. Otávio também contou sobre o episódio que tanto o perturbara.

— Camila e você tomaram um passe — explicou Dalva. — É permitido que em seguida um companheiro da espiritualidade que esteja importunando se comunique por um médium. Esse trabalhador encarnado possui a faculdade de intermediar os pensamentos e sentimentos do espírito. Foi isso que você presenciou. Eu participo desse trabalho, apenas hoje não permaneci porque cobri a ausência de uma companheira em outra sala.

— Parecia que estava furioso comigo. Ou será com algo que eu fiz? Não entendi bem o que ele dizia, apenas me lembro de ele falar que "ela lhe pertencia há muito tempo" e que eu iria fazer o mesmo novamente.

Otávio sentiu um arrepio ao mencionar a palavra. Afinal Camila já tinha dito a mesma coisa em outras ocasiões, como se ele tivesse feito algo a ela no passado que a fez sofrer demasiadamente, e isso poderia se repetir. O que poderia ser? Deixá-la novamente? Será que a abandonara em algum momento em outra vida? Lembrou-se de Helena e empalideceu.

As duas mulheres o ouviam e perceberam a mudança de atitude. Ele, no entanto, tentou disfarçar e retomou a conversa.

— O que isso pode significar?

Dalva percebeu o embaraço de Otávio e decidiu encerrar os questionamentos.

— Infelizmente, não sabemos e talvez nem venhamos a saber.

Não é costume de Paulo permitir que um visitante fique presente. Se o fez, foi por uma razão que desconhecemos. Quando for possível, e se necessário, o esclarecimento chegará até você. Enquanto isso, sigamos todos com nossos afazeres. Amanhã será um longo dia, e precisam descansar. Se me permitem, vou me recolher. Boa noite!

As duas mulheres se recolheram, deixando-o só. Ele pensou em ir até a biblioteca, mas algo o deteve. Ficou na sala de estar, refletindo em todos os fatos da noite. O que tudo aquilo representava em sua vida atual? Quem era aquele espírito? Que ligação ele tinha com a esposa? E ela, teria sido alguém importante em sua vida e a magoou?

Estava confuso. Queria sair daquela casa urgentemente! Precisava tomar decisões! Sentiu saudade de Helena, porém, no mesmo instante, Camila aparecia em sua mente como se a confrontá-lo.

Otávio fechou os olhos com toda a força, tentando afastar as imagens que surgiam. Uma angústia tomou conta, e ele desejou firmemente que algo acontecesse. No mesmo instante, sentiu como se uma mão afagasse suavemente seu rosto. O que o deixou atônito foi a voz que ouviu em sua cabeça: *"Acalme-se, meu querido. Nem todas as respostas já se encontram prontas. Vive um dilema que já tem uma solução, no entanto, ainda não consegue divisar, pois se encontra preso às emoções. Procure a luz que dissipa todas as trevas na qual vive momentaneamente. Tudo isso irá passar, se seguir a direção que essa luz lhe indicar. Confie, filho querido! Meu amor estará sempre com você!"*.

Ele abriu os olhos e procurou por quem lhe falava, mas o silêncio dominava o ambiente. Tinha certeza de que a voz era de sua mãe. Como queria abraçá-la! Somente ela era capaz de lhe trazer a paz, quando seu coração estava confuso. Derramou mais lágrimas, em seguida adormeceu no sofá da sala. Despertou só na manhã seguinte, quando Dalva o acordou delicadamente, pedindo que ele subisse ao seu quarto. Ainda era muito cedo, poderia dormir mais um pouco.

Dalva se condoeu ao vê-lo subir as escadas. Percebeu que não estava nada bem. Sentiu um arrepio como a lhe dizer que suas suspeitas tinham fundamento. Precisava fazer algo. Ele não sabia que rumo tomar. Quando reencontraria a paz? Não seria ao lado de Camila, isso ela tinha certeza. No entanto, conhecia Otávio e sabia que ele nada faria contra sua consciência. Ele precisava de ajuda! Não o deixaria sozinho! Passava das oito horas, quando todos desceram para o café. Otávio estava com o semblante abatido.

– Temos de nos apressar! A reunião está marcada para logo mais. Seria conveniente chegarmos mais cedo.

– Concordo, Otávio. Tome seu café e vamos – disse Carmen.

Camila estava silenciosa, apenas observando o marido. Tinha algo mais em seus pensamentos que ela ainda não conseguira detectar. O que ele poderia estar escondendo?

– Vamos, então. Mamãe, fale o menos possível com Sofia, por favor.

Carmen olhou-a nos olhos e nada respondeu.

Como todos esperavam, Sofia compareceu acompanhada de seus advogados, determinada a contestar o testamento do pai. Não tinha alegações definidas, mas não aceitaria passivamente o veredito.

A leitura, feita no escritório de Oscar, foi breve, porém as reações foram ostensivas. Sofia estava indignada.

– Não irei aceitar essa loucura! Ela não tem capacidade alguma! Não aceito!

– Você está no direito de reclamar. Se quiser contestar a vontade de seu pai, faça por meios legais. Se quiser manchar a memória dele, também está no seu direito, mas devo alertá-la que não cederei a chantagem alguma. Fui clara? – disse Carmen, firme.

Sofia olhou a mãe com a ira estampada e retrucou:

– Se ele ousou me relegar a essa condição, negando-me a administração, é porque ele não tinha cuidado algum comigo. Então por que eu faria diferente?

– Use de baixeza, minha filha, e saiba que eu também usarei. Conheço seus métodos muito bem e sei que é capaz de mentir, fingir, inventar e outras coisas abomináveis. Infelizmente, seu pai descobriu tarde demais quem você realmente é. Será uma boa batalha, Sofia. Estou curiosa para ver o desfecho, portanto, me aguarde! – Carmen a encarava com frieza, ocultando toda a dor que isso representava, afinal era sua filha.

– Vou usar de recursos jurídicos para invalidar esse testamento. E, se deseja guerra, saiba que estarei pronta para o combate. E você, sua idiota presunçosa e incompetente, seus dias de vitória estão contados. Veremos quem é mais forte! – E ia sair, quando Camila segurou seu braço e a obrigou a olhá-la nos olhos.

– Cuide para não morrer envenenada com tanto ódio que traz em seu coração. Saiba que ainda irei descobrir o que aqui se passou naquele dia fatídico quando veio visitá-lo. Posso até imaginar, mas não posso afirmar o que você lhe falou. Se ele morreu por sua culpa, há de pagar! A justiça é sábia e implacável! Já cometeu tantos abusos e nunca foi punida, mas Deus a conhece muito bem. Jamais se esqueça disso! Agora, se me permite, tenho muito trabalho a fazer e sua presença me causa asco! Saia daqui! – E soltou o braço da irmã, que a fuzilava com o olhar.

– Você não perde por esperar! Sua hora chegará! – retrucou Sofia, batendo a porta.

Carmen sentou-se, muito pálida, e Otávio se preocupou com seu estado.

Camila foi até a mãe e segurou suas mãos com carinho.

– Por que isso está acontecendo, filha? Tudo poderia ser mais fácil!

– Mas não é, mamãe. E acostume-se a isso. Aliás, não entendo como conseguiu conviver com ela tantos anos. Ela parece um demônio de saias!

– Não fale assim, ela é sua irmã.

– Um erro do destino. Ela nada tem a ver comigo. Sinto muito dizer isso, mas é assim que eu penso. Não tenho intenção alguma de aprofundar laços com ela. Se ela deseja brigar, estarei pronta. Não tenho medo! – Uma força parecia brotar. Otávio não imaginava que ela fosse capaz daquilo!

O advogado as instruiu por mais alguns instantes e, em seguida, se despediu.

Ângela, a secretária, que presenciou a leitura do testamento disse:

– Dona Carmen, a equipe financeira já está aguardando vocês na sala de reuniões. Vamos?

– Estão todos lá conforme solicitei?

– Sim. A senhora conhece todos, pois estão aqui há mais de quinze anos. Temos apenas um gerente novo, Celso, em quem seu marido depositava total confiança. Creio que a senhora já o conheça. É jovem e muito competente.

Todos se direcionaram para o local das reuniões, onde quatro homens as aguardavam. Carmen conhecia todos, inclusive Celso, pois visitava regularmente o escritório do esposo. Cumprimentou a todos carinhosamente.

– Espero que continuem ao nosso lado. Camila irá assumir as responsabilidades de Oscar, conforme seu último pedido. Façam por ela o que fariam por meu finado esposo.

Todos passavam dos cinquenta anos, com exceção de Celso, que ainda não chegara aos quarenta. Era jovial e bem apessoado, demonstrando seriedade e competência.

– Creio que já conheçam Camila. Ela já trabalhou aqui tempos atrás, porém seus interesses se diversificaram. Agora irá reassumir de onde parou e peço que a auxiliem em tudo que for necessário. Ela está um pouco fora de forma, mas, como Oscar dizia, tem coisas que são como andar de bicicleta, jamais se esquece. – Ela sorriu, lembrando-se do marido, sempre com uma frase de estímulo.

– Espero contar com vocês, como papai contava. Vou precisar de toda ajuda que puderem fornecer, afinal estou um pouco desatualizada – disse Camila, nervosa, porém disfarçando bem.

– Conte conosco, dona Camila. Estaremos a seu dispor. – Celso foi o primeiro a falar.

– Bem, primeiramente, gostaria de lhes pedir para me chamarem apenas de Camila. Vou me sentir mais à vontade assim. – E apertou a mão de cada um. Só não conhecia Celso; os demais eram do seu tempo.

– Como queira. Então, Camila, quando começamos?

– Agora mesmo! Vou me despedir de meu marido e irei até vocês. Obrigada. – Todos saíram da sala, e ficaram apenas Otávio e a mãe.

– Estou apavorada, mamãe. Será que vou conseguir? – Sua voz estava trêmula.

– Claro, minha filha. Seu pai confiou em seu potencial, confie também. Não será fácil, mas em poucos dias você recupera o tempo perdido. Otávio, creio que podemos ir, vou apenas falar com Ângela sobre alguns assuntos.

Os dois ficaram sozinhos e silenciosos.

– Acha que vou conseguir seguir os passos de meu pai? – perguntou Camila.

– Tenho certeza de que sim. Quando a conheci, lembro-me de que falava muito sobre o que seu pai fazia e o quanto era interessante. Em pouco tempo se tornará uma excelente administradora. Torço por você, Camila. – Seus olhares se cruzaram, mas o que Camila viu não lhe agradou.

– Queria muito que estivesse aqui ao meu lado neste momento difícil.

– Você sabe que isso não é possível. Tenho de estar lá, cuidando de uma tarefa que meu pai me confiou, assim como o seu.

– Sinto que isso irá nos distanciar ainda mais – disse a jovem.

– Não são as tarefas que nos distanciam, mas a forma como estávamos conduzindo nossa vida. Não sei como será daqui para a frente e creio que o mais correto seja viver um dia de cada vez, não acha?

– Você não gosta mais de mim? – A pergunta soou direta e cheia de dor.

Otávio permaneceu calado, refletindo, e disse:

– Meus sentimentos estão confusos, tenho de admitir. Jamais a enganei e vivi até este momento para você, minha família. Os últimos meses foram difíceis, e confesso que muitos valores estão balançados. Gostaria de ser o mais franco possível com você, pois merece isso de mim. Jamais imaginei que um dia fosse lhe pedir isso, mas preciso de um tempo para repensar minha vida. Estou mais tranquilo em deixar você com tantas atribuições, pois nem verá o tempo passar. Daqui a um mês estarei de volta e retomaremos nossa conversa. Se cuide, Camila. Não irá me encontrar quando chegar, pois já devo ter viajado. Fique bem! – Foi até ela e deu-lhe um beijo carinhoso no rosto. Ela não se contentou e o beijou na boca.

– Espero você, meu querido. Faça uma boa viagem! Estarei esperando! Amo você mais do que tudo, jamais se esqueça! – E saiu da sala, deixando Otávio mais confuso ainda. Tinha muito a refletir.

Capítulo 24

Emoções em conflito

Otávio levou Carmen de volta à sua casa, despediu-se de Dalva e retomou a viagem para o interior. O hospital precisava de sua presença. Estava ansioso por rever a irmã. Tinha muito a lhe falar.

Encontrou-a no hospital, na sala de seu pai, e deu-lhe um afetuoso abraço.

— Meu querido, como você faz falta! Tem tanta coisa a fazer por aqui! Não me deixe sozinha por tanto tempo!

— Estive fora apenas quatro dias, que exagero! Precisa arranjar um namorado com urgência. Como estão as coisas? E Helena, iniciou o procedimento? – perguntou, num incessante interrogatório, ao qual a irmã respondia solicitamente.

— E lá, como estão as coisas?

— Muito triste e complicado. – E contou tudo o que acontecera com a morte de Oscar.

— Bem, Camila mantendo-se ocupada vai lhe dar uma trégua. Em meio a tantos problemas, sempre se pode tirar algo positivo. Algo mais o preocupa?

Ele contou-lhe sobre a visita ao centro espírita que Dalva frequentava e de tudo o que presenciou. Sentia que precisava conhecer mais profundamente essa doutrina.

— Está preocupado com Camila? Acha que ela está em perigo?

— Não sei, Clara. Sinto apenas que existe algo ou alguém a

atormentá-la e, talvez, eu esteja envolvido. Complicado demais! Preciso de respostas e não sei quem seja capaz de fornecê-las.

— Não conhecemos o que fomos, o que fizemos e, certamente, podemos ter falhado com muitos. Arnaldo disse, certa vez, que os reencontros ocorrem para quitação de dívidas contraídas com companheiros do passado. Não sei se podemos ter acesso a essas informações; afinal, nada irá modificar o que foi. Por que companheiros difíceis estão ao nosso lado? Certamente, não é para nos atormentar, mas para que possamos resolver as pendências e assim nos libertarmos para seguirmos nossa evolução. Creio que tudo tem uma explicação, mesmo que aos nossos olhos ainda esteja oculta. Sua relação com Camila deve ter um significado. Sei que você a amava; no entanto, aos meus olhos havia tanta discordância entre vocês que eu não acreditava que isso daria certo. E hoje sei que minha intuição não falhou. Dois seres que precisam estar juntos para resolverem pendências, mas amor verdadeiro mesmo não sei se existe entre vocês! Desculpe minha franqueza, meu querido, seus sentimentos apenas dizem respeito a você e precisa entender o que está acontecendo. Só depois tome as decisões sobre seu destino. Acalme seu coração, Otávio, e a cada dia viva conforme pode e sabe.

Ao ouvir a irmã, lembrou-se da mensagem recebida na noite anterior, que ele atribuíra a mãe. Clara estava com a razão, porém tudo era muito confuso.

— Helena perguntou quando você retornava. Já a encontrou?

— Não sei se será uma boa ideia. Não estou me sentindo bem. Foram dias muito atribulados. Amanhã reassumo, mas hoje peço que continue em sua função.

A irmã o encarou fixamente e percebeu que ele estava mais pálido que o habitual. Foi até ele e tocou sua testa.

— Você está com febre! Vou examiná-lo!

— Esqueceu que é uma pediatra, nada pode fazer por mim. Não deve ser nada sério.

— Fique quieto, doutor. Sabia que os piores pacientes são os médicos? Ora, se eu não sei cuidar de uma febre! — E passou a examiná-lo cuidadosamente. Após alguns instantes, sob o olhar divertido do irmão, ela disse: — Será conveniente fazer um exame de sangue. Não consigo encontrar nada que possa causar essa febre.

– Não é nada, já disse. Vou para casa, preciso apenas dormir, Clara.
– Vou com você, não o deixarei sozinho hoje. – E já ia saindo, quando uma enfermeira pediu sua ajuda urgente. Ela olhou o irmão, que sorriu, dizendo:
– Prefiro que fique e faça o seu trabalho. Se for algo que não possa resolver sozinha, me chame. – E saiu.

Clara acompanhou a enfermeira que requisitava sua presença na emergência. Um grave acidente acontecera próximo à cidade, e muitos feridos haviam sido encaminhados para lá, entre eles uma criança em condições delicadas.

Otávio chegou a casa e a encontrou às escuras, sem a presença dos empregados, e deduziu ser o dia da folga deles. Agradeceu intimamente, pois a única coisa que queria era ficar sozinho. Achava estranho estar tão bem durante a manhã e no mesmo dia se encontrar tão debilitado. A febre pareceu se elevar ainda mais, e ele queria apenas sua cama. Jogou-se nela como estava e sentiu-se invadido por um torpor, que aos poucos foi se intensificando, até perder por completo o domínio de si mesmo. Adormeceu profundamente, um sono agitado e perturbador, entre delírios pela febre elevada. Pesadelos aterradores, locais sinistros e sombrios, onde andava sem rumo; outras vezes corria, como se estivesse sendo perseguido. Ouvia gritos, vociferando contra ele, acusando-o de delitos de que ele nem tinha conhecimento. Sentia-se sufocar e acordava banhado em suor. Olhava ao lado, mas apenas a escuridão estava presente. Dormia novamente, e o pesadelo persistia. Não soube quanto tempo durou esse martírio, mas parecia que a paz definitivamente o abandonara. Num dos momentos que despertou, sentiu a presença de alguém ao seu lado, que lhe falava palavras suaves, porém ininteligíveis. Sentiu-se tragado novamente para a inconsciência e assim permaneceu por quase toda a noite.

Num dos momentos em que acordou, sentiu algo molhado em sua testa e alguém lhe oferecendo um líquido amargo. Dessa vez o sono foi tranquilo e reparador. Sentiu-se conduzido por mãos amorosas, que lhe dizia:

– *Você ficará bem agora! Precisa apenas renovar suas energias e aqui está com esse intuito. Está numa colônia espiritual onde será tratado por companheiros de luz. Não faça perguntas, meu querido, apenas aproveite esses momentos.*

Otávio seguiu lentamente, sentindo-se ainda exaurido. Conforme caminhava naquela região iluminada, sentia recuperar as forças. Não soube quanto tempo lá permaneceu, até que despertou em seu quarto. Estava ainda escuro, mas pôde divisar a presença de uma pessoa caminhando em sua direção.

– Sente-se melhor? A febre cedeu, mas a muito custo. – Helena sorria para ele.

– O que aconteceu comigo? Estava bem pela manhã e, conforme o dia foi passando, um desconforto e uma apatia tomaram conta de mim. Não sei como cheguei até meu quarto. Como você veio até aqui? – Ele estava curioso.

– Passei para conversar com sua irmã, que estava preocupada, pois já ligara inúmeras vezes e você não atendia. Ela não pôde se ausentar do hospital, e me ofereci para vê-lo. Encontrei-o entre delírios e calafrios, sinal de que a febre estava muito elevada. Fiz umas compressas e um chá, que parecem tê-lo ajudado. Como se sente?

– Jamais tive uma noite tão tenebrosa, permeada com pesadelos de toda espécie. Sinto-me cansado. Parece que travei uma batalha com algum inimigo invisível.

Helena sentiu arrepios pelo corpo, pois foi exatamente essa impressão que teve desde que lá chegou. O quarto estava saturado de energias inferiores e sufocantes, de baixo teor, que comprometiam ainda mais o quadro. Sentiu-se invadindo um espaço que não lhe pertencia, mas por esse mesmo motivo decidiu permanecer e ajudar o médico. Não era momento de conversar sobre esse assunto, porém seria necessário e assim faria, logo que possível. Inimigos desencarnados são difíceis de ser confrontados, agindo de maneira indigna e desleal na maior parte das vezes. Otávio tinha um desafeto que tinha a intenção de causar perturbações físicas, o que era preocupante e precisava ser observado mais atentamente. Teria tempo para isso, assim esperava.

– O importante é que a febre cedeu e espero que não retorne mais. Você tem ideia do que possa ser? O que o aflige? Tobias sempre diz que, quando nossa mente está em desalinho, saturada de preocupações, comprometendo nossas emoções, costumamos baixar o teor de nossos pensamentos e sentimentos, o que nos traz instabilidade ao corpo físico. A febre é a luta interna, entre emoções desconexas que nos fragilizam. O que pensa disso? – A pergunta foi direta.

Otávio não tinha condição alguma de discutir esse tipo de assunto. Não no estado em que se encontrava! Não tinha opinião formada sobre isso, mas muitos amigos médicos confirmavam que em momentos de instabilidade emocional muitas enfermidades afloram, causando danos físicos inesperados. Sua cabeça agora doía intensamente, como se uma pressão quisesse esmagá-la, efeito da elevada febre, assim pensava.

– Desculpe-me, não sei o que dizer. Preciso apenas descansar um pouco mais. – Fechou os olhos e pediu: – Fique comigo, eu lhe peço. – Pegou a mão dela entre as suas e as manteve assim até adormecer novamente.

Helena ficou lá velando o sono de Otávio. Ele estava diferente, era nítido. Algo teria mudado? A visita a São Paulo e o encontro com a esposa num momento delicado e de muita tensão teriam feito com que ele repensasse tudo? Sentiu-se insegura e triste. O que durou apenas alguns instantes, pois não era momento de cobrar qualquer coisa dele. E ela, por sua vez, tinha de ter toda sua atenção voltada para o pai, cujos procedimentos haviam se iniciado naquela semana. Não sabia o que a esperava e precisava manter o foco em sua pesquisa. Acomodou-se numa poltrona confortável, sem antes ligar para Clara, que àquela hora já devia estar em desespero pela ausência de notícias. No hospital, a situação estava caótica, e a presença de Otávio era essencial por sua experiência. Mas ele precisava estar recuperado totalmente. Clara pediu a Helena que ficasse ao lado dele naquela noite.

A noite foi longa para Helena, que dormiu muito pouco, preocupada com o estado de Otávio. A febre estava estranha, e isso fez com que se lembrasse de seu pai, pois esse foi um dos primeiros sintomas que ele apresentou antes do fatídico diagnóstico. Pediria a Clara que o convencesse a fazer alguns exames. Queria certificar-se!

Assim que o Sol nasceu, Otávio despertou ainda sentindo-se estranho e cansado. Helena estava adormecida ao lado da cama, e ele se levantou lentamente, procurando não fazer barulho, mas uma tontura o levou de volta à cama.

– O que aconteceu? Está melhor? Acho que adormeci sem perceber.

Otávio respirava pausadamente, tentando ficar bem. O que estava acontecendo? Não era momento para isso, quando todos necessitavam dele. Apoiou-se na jovem e andou pelo quarto, procurando equilíbrio.

Quando se sentiu estável, pediu que ela buscasse um medicamento no armário.

– Fique tranquila, são vitaminas. Preciso apenas ficar bem! Tenho muito a fazer, não posso me dar ao luxo de ficar deitado convalescendo. Vá para casa e descanse, deve estar exausta. Obrigado por tudo! – E beijou a mão dela suavemente.

Os olhares se cruzaram e novamente aquela corrente elétrica se fez presente. Ambos sabiam o que aquilo significava! Ela soltou a mão e disse, já saindo:

– Cuide-se! Se a febre retornar me avise! Vou descansar um pouco e o encontro mais tarde no hospital. Papai ficará feliz em revê-lo. E eu estou feliz por ter você aqui!

Otávio queria retê-la ao seu lado todo o tempo. Ela lhe fazia tão bem! Ao lado dela, suas dúvidas desapareciam e apenas uma certeza imperava: queria estar com ela!

Antes que novas preocupações aparecessem, decidiu reagir e tomar um banho revigorante. Desceu e encontrou a mesa posta. Não tinha fome alguma, mas precisava se alimentar para recuperar suas energias. Saiu em seguida para o hospital.

Encontrou Clara assim que chegou, com o semblante cansado e as roupas tingidas de vermelho.

– A noite foi intensa para todos nós! – disse ele.

– O que faz aqui? Volte imediatamente para casa e trate de se cuidar! Não quero vê-lo aqui até amanhã. Sei como passou a noite.

– Claro que sabe, enviou alguém para me espionar.

– Como você não dava sinais de vida, foi o recurso que encontrei. Você está péssimo também, maninho. Já se olhou no espelho? – Ela ainda tinha humor àquela hora da manhã, após uma noite em claro em exaustivo trabalho.

– Já viu a sua? Estou me sentindo melhor e ficarei aqui. Não se esqueça de que sou cirurgião. Como foi a noite? Me dê todas as informações... – E ela lhe contou todos os eventos da noite anterior. Infelizmente, ocorreram alguns óbitos, pois o acidente havia sido de extrema gravidade. Um ônibus e um caminhão que transportava cana colidiram, causando muitas vítimas. Algumas crianças necessitavam de cirurgia, e o caos se instalara no hospital com tantas vítimas a serem socorridas.

— Temos muito trabalho pela frente, irmã. Qual o mais grave? — E enquanto caminhavam para a sala cirúrgica, Clara ia dando as diretrizes.

No final do dia, ambos estavam exaustos, porém conseguiram estabilizar alguns pacientes. Só o tempo se encarregaria de mostrar se iriam sobreviver ou não.

— Clara, você precisa descansar um pouco — Ela estava estatelada na poltrona, procurando relaxar após as angustiantes horas de cirurgia.

— Você também, querido. Vi que suas mãos tremeram em alguns momentos. Você não está bem, não tente me enganar. Espere aqui um momento! — saiu e trouxe uma enfermeira. — Faça um exame de sangue nesse doutor imediatamente.

Após finalizar o procedimento, a enfermeira os deixou sozinhos novamente.

— Estou começando a me preocupar com você. Há tempos não o vejo assim. A última vez foi quando mamãe morreu. Lembro-me exatamente de como ficou nos dias que se seguiram. O que está acontecendo, meu irmão?

— Não sei, tudo está tão confuso. Quando estou próximo de Camila, sinto-me responsável por ela, e a perspectiva de me separar me deixa apreensivo. Sinto uma culpa imensa, mesmo consciente de que já não a amo. Fico dividido! Quando vejo Helena, todos esses temores desaparecem e sinto-me forte e decidido. Isso está me perturbando em excesso. Todos os eventos ocorridos, a doença de papai, a morte de Oscar, os problemas que Camila irá enfrentar, o pai de Helena e este hospital! Não sei se dou conta de tudo!

— A pressão é grande, tenho de admitir. Mas você sempre foi tão centrado e seguro! Como posso ajudar? — A irmã estava receosa do que poderia acontecer.

— Já está me ajudando estando ao meu lado. Este hospital é a alma de nosso pai, não podemos decepcioná-lo. Tenho refletido sobre a possibilidade de permanecer por aqui. O que antes parecia inviável está se delineando em cores menos sombrias. Assumir o hospital significa contar com a ausência definitiva do papai em nossa vida. Isso é doloroso, mas temos de enfrentar algo que pode acontecer a qualquer momento. E você, o que decidiu?

Clara ficou pensativa, bem distante de lá. A figura de Augusto apareceu à sua frente. Pensava nele todos os dias, desde que chegara. Um misto de preocupação, saudades, ansiedade! O processo de adoção estava em andamento e a qualquer momento teria uma notícia. Ela o visitara antes de viajar, dizendo que se ausentaria por um período, porém seria provisório e logo estaria de volta. O rosto triste do garoto não saía de sua cabeça e as palavras que ele disse ainda estavam gravadas: "você também irá me abandonar, todos fazem isso". Saiu de lá, naquele dia, chorando. Não queria vê-lo naquele estado nunca mais! Ele nunca mais estaria só nesta vida. Ela assim decidiu!

– O que sei é que onde eu estiver, Augusto estará comigo. Seja aqui, seja em São Paulo, seja em outro planeta. Ele me acompanhará aonde eu for! – Seus olhos brilhavam intensamente.

– Papai sabe de seus planos?

– Sim, contei-lhe sobre minha ideia. Ele sorriu e disse que se isso me fizer feliz, que eu o faça. Papai me conhece e sabe que jamais brinco com coisa séria. Adotar Augusto é prioridade em minha vida. Ele precisa de mim e eu dele! Não consigo explicar a dimensão desse sentimento, apenas sinto isso em meu coração.

– Pelo menos você tem certeza de algo em sua vida. Fico feliz por você, Clara.

– Não fique assim, tudo irá se resolver. No tempo certo! – Ela ia dizer algo quando uma enfermeira entrou subitamente, convocando-os para uma emergência.

Clara saiu na frente. Otávio foi até um armário e pegou uma pílula de um frasco. Após ingeri-la, respirou fundo e saiu acompanhando-as para a sala de cirurgia. A tensão ainda não cessara, mas seu corpo físico já se encontrava novamente debilitado. Elevou seu pensamento a Deus, como jamais fizera, pedindo que lhe desse forças para auxiliar a quem dele necessitasse. Depois cuidaria de si! Em primeiro lugar, estavam os pacientes, assim fizera seu juramento.

Capítulo 25

O inevitável acontece

Em São Paulo, o clima também não era menos tenso. Camila assumira suas funções, assessorada pela equipe do pai. Mas eram tantas minúcias que ela não sabia se daria conta da responsabilidade. Os funcionários foram atenciosos e pacientes, oferecendo as orientações necessárias para que tudo fluísse de maneira natural. Quando voltou para casa, encontrou a mãe sentada esperando-a, no aguardo das notícias.

– Definitivamente, não é nada fácil, mamãe. Espero, um dia, dar conta de tudo.

– Seu pai confiou em você, confie em seu potencial também. Hoje foi o primeiro dia de uma nova vida, minha filha. Viva um dia de cada vez e verá como tudo fica mais fácil. Não se cobre excessivamente por algo que ainda não conquistou. Vá com calma! Eu também confio em você! – E ofereceu um sorriso confiante à filha, que retribuiu com um caloroso abraço, deixando a mãe comovida. Quando recebera um carinho espontâneo da filha nos últimos anos? A vida ensina com a dor, quando o filho despreza as lições que ela oferece. Camila era um bom exemplo disso. As perdas sofridas tocaram seu coração, sensibilizando-a. Em meio a tanta dor e incertezas, Carmen estava feliz! Experimentou algo que havia muito ansiava: o carinho genuíno da filha. Não esperaria isso de Sofia, ainda não nesta vida! Sabia que esse desajuste ainda não seria resolvido tão cedo! Mas por que não ter esperanças?

– Obrigada pela confiança, mamãe. Farei jus a ela. Eu prometo!

Vamos jantar? O trabalho abriu meu apetite. – E saíram abraçadas sob o olhar comovido de Dalva.

Sofia, por sua vez, estava completamente perturbada, praguejando impropérios a quem surgisse em seu caminho. No meio da tarde, após falar com seu advogado, a ira cresceu significativamente. Não havia meios legais para contestar o testamento. Destituir a irmã do cargo que era dela por direito também estava fora das expectativas. Seu advogado orientou-a a permanecer quieta, enquanto procurava uma brecha na lei. Se pelos meios legais nada seria possível, por que não utilizar métodos escusos? Essa sugestão pareceu agradar ao advogado, tão amoral quanto ela. Os iguais se buscam e se atraem! Assim é a lei!

Em casa, pensava numa estratégia infalível que atingisse a irmã e destruísse as chances de ela ser bem-sucedida. Se ela desistisse do cargo, poderia acionar a justiça para assumir provisoriamente a direção. E com o passar do tempo, tudo seria dela! A mãe nunca estivera de seu lado, então não teria uma só migalha. Deixaria ambas na miséria extrema. Esses pensamentos indignos e pecaminosos apenas atraíam companheiros espirituais que se compraziam com a prática do mal e da injúria. Esses irmãos a rodearam instigando pensamentos cada vez mais indignos. Teve uma ideia e pegou o telefone. Seu olhar era pérfido, denunciando ações sinistras e maléficas pela frente. Já sabia como atingir a irmã e afastá-la de vez de seu caminho! Iria focar naquele que era seu maior bem nesta vida: Otávio. Se fosse necessário fazer um pacto com as trevas, assim faria! E tiraria Camila de uma vez de seu caminho! Ao imaginar a cena, deu uma gargalhada estridente.

No final do dia, a campainha tocou. Era um homem de aspecto sombrio, com um sorriso frio e lúgubre. Ela já o conhecia, assim como sua fama.

– Preciso de um pequeno favor. – E Sofia contou seu plano.

– Vai custar caro, mas garanto os resultados.

– Quero o serviço concluído o mais rápido possível. Que ela sofra muito! Só não quero nenhuma morte, fui clara? Se ele morrer, meus planos podem não se concretizar. Peça o que quiser, mas que isso seja resolvido rapidamente!

– Já entendi. Como falei, custará caro.

– Pago o que precisar. Da próxima vez vou até você. Tenho

saudades!

O homem se aproximou de Sofia e a envolveu num magnético beijo. Ela não se afastou e aceitou a carícia dele. Após alguns instantes, disse:

– Agora não é hora de prazer. O trabalho o espera. Quando tiver novidades, me ligue.

Ele sorriu satisfeito e saiu com a mesma imponência com que entrou.

Sofia sentiu-se vitoriosa. Acabaria com ela e, dessa vez, de forma definitiva.

As equipes de luz observavam com tristeza a cena. O inesperado poderia acontecer se os envolvidos não se protegessem. Os padrões mentais de cada um seriam o diferencial para que a sintonia se estabelecesse. Quando os pensamentos se encontram em patamares inferiores, atraem as ligações que se compatibilizam com eles. A vigilância é primordial para afastar essas ligações comprometedoras. Porém, isso depende das disposições de cada um em reter em seu mundo interior pensamentos elevados ou não. Assim acontece!

Os companheiros da luz não podem interferir nas decisões dos seres humanos. Eles sabem que todos irão responder por suas ações, sejam acertadas ou não!

Sofia decidiu se ligar às trevas, tentando manipular a dinâmica da vida, e deverá arcar com as consequências de seus atos. Ninguém pode modificar os desígnios divinos, senão aquele que tudo sabe: Deus! Outorgar-se um direito que não possui gera danos inevitáveis. E Sofia não poderá fugir à sua responsabilidade por interferir negativamente nos ditames da vida!

E os envolvidos nessas teias ardilosas, como ficam? Sofrerão o assédio das forças do mal que tentam a todo custo manter seu reinado? Tudo tem uma razão de ser e nenhum ato fica sem resposta. Se assimilarem essas energias negativas, comprometendo seu equilíbrio físico e espiritual, é porque precisam aprender algo com a dor. A lição sempre estará à disposição do aluno que busca o aprendizado. Nem castigo, nem punição, mas correção! Assim Deus age por nós!

Naquela mesma noite, Aníbal, o visitante sinistro de Sofia, iniciou suas diligências contra Otávio, envolvendo-o em energias deletérias e sufocantes, com o intuito de minar suas energias vitais, predispondo-o a uma enfermidade, geralmente de caráter desconhecido, dificultando a ação de medicamentos. Companheiros das trevas aproximaram-se do médico, sugando-lhe a vitalidade, como verdadeiros vampiros espirituais com o propósito de perturbar seu equilíbrio orgânico. Imerso em conflitos íntimos, que lhe comprometiam o equilíbrio emocional, Otávio acabou dando guarida a essas vibrações de caráter inferior, que entraram em seu sistema circulatório e se distribuíram no corpo somático. O resultado disso foi a perda significativa de energias, que somente cessariam quando ele se colocasse vigilante novamente, afastando pensamentos e sentimentos de baixo teor e, principalmente, quando se dispusesse a pedir ajuda.

    A noite perturbadora que ele vivera já era a resposta ao assédio implantado pelas trevas, à solicitação de Sofia, uma criatura sem caráter e sem moral, que desprezava quem dela discordasse ou a afrontasse. Pobre mulher! Ainda teria um longo caminho na reconciliação consigo e com a vida!

    No hospital, a tensão persistia. E a comoção também! Todos os funcionários foram requisitados para auxiliar no que fosse necessário. Foram mais de trinta feridos, alguns em estado grave, que requeriam atenção imediata e constante. Médicos e enfermeiras não tiveram descanso por todo o dia, o que incluía os dois irmãos. Clara era incansável, já passara mais de quarenta horas em atendimentos e cirurgias e continuava atenciosa e diligente nas funções. Otávio foi chamado para mais uma cirurgia de emergência e já demonstrava fadiga extrema. Percebeu que a febre voltara e comprometera significativamente sua habilidade motora. Ao término da cirurgia, ele disse à irmã o que ela já tinha percebido.

    – Se eu ficar mais um minuto aqui, não responderei por meus atos. Não sei o que está acontecendo, jamais me senti assim. Não tenho condição alguma de continuar – e saiu do centro cirúrgico lentamente, acompanhado de Clara.

    Porém, não chegou ao seu destino. Desabou bruscamente no chão. Clara, aflita, examinou o irmão, cujos batimentos cardíacos estavam em total descompasso. Colocaram-no numa maca, e um dos médicos pediu que Clara se afastasse para efetuar o atendimento. Passados longos minutos, ele começou a abrir os olhos, completamente alheio ao que acontecia.

A irmã se aproximou e pegou suas mãos carinhosamente:

– Por que não me disse que não estava bem? Por que essa insensatez?

Ele nada disse, era impossível proferir alguma palavra. Um cansaço imenso o invadiu.

O médico chamou-a de lado e conversaram por alguns instantes. Ela ouviu atentamente e não quis acreditar no que ele lhe dizia. Foi até o irmão:

– Otávio, está melhor? O que mais está sentindo? Precisamos de todas as informações possíveis. Mas antes preciso que me conte a verdade.

– Que verdade? – Ele estava sonolento e confuso.

– O que está tomando? Vi você pegar algo. É o que estou pensando? Não sabia que fazia uso disso, afinal sabe os danos que causam. Ou não? – A repriminda o atingiu diretamente, constrangendo-o.

Otávio ficou silencioso. Não se sentia bem e precisava de um estimulante, caso contrário não conseguiria realizar a incansável jornada cirúrgica. Raramente fazia uso disso, apenas quando necessitava de energia extra. Sabia que não era adequado, mas aquela era uma ocasião especial; precisava estar munido de todas as energias possíveis.

– Eu não me sentia bem, apenas isso. Não me julgue com tanto rigor. Sei exatamente o que fiz. – E ao tentar levantar foi contido pela irmã.

– Fique quieto e me ouça! Vai daqui para um quarto, pois faremos alguns exames. E não tente me dissuadir. Algo está acontecendo e precisamos descobrir. Precisarei colocar alguém para vigiar seus passos? – A energia de Clara o conteve.

– É necessário tudo isso? Já disse que não deve ser nada sério. Uma virose, apenas. Estou há algum tempo trabalhando em excesso e, assim como papai, pensava em descansar um pouco. Mas o destino mudou meus planos; aliás, tem interferido significativamente em minha vida. – Estava irritado, sentindo-se impotente, pois seu corpo físico não respondia como desejava.

– Deixe de ser rabugento e me ouça. Fará os exames e, se os resultados forem satisfatórios, eu o libero para reassumir seu cargo. Fica bem para você? – Ela suavizara a voz e mexia em seus cabelos como sempre fazia quando queria acalmá-lo.

– Por que você consegue tudo o que quer de mim?

– Porque sou convincente e estou sempre com a razão! E porque o amo, querido!

– Faça o que for preciso, então!

A sonolência pareceu tomar seu corpo novamente e fechou os olhos. Sentia-se exaurido! Clara tomou seu pulso, os batimentos estavam estranhos. Ele jamais tivera problemas cardíacos; teriam os estimulantes causado algum problema? Estaria ele consumindo excessivamente essa droga? Chamou um enfermeiro e lhe entregou uma lista de exames urgentes. Pediu que a avisassem quando tudo estivesse concluído. Respirou profundamente, procurando se acalmar. Precisava de apenas algumas horas de sono e avisou onde estaria caso necessitassem dela.

Dormiu apenas três horas e foi despertada com uma notícia sobre os exames: eles não eram indicativos de nenhuma enfermidade, mas demonstravam uma situação inusitada para um paciente saudável como Otávio. Clara chamou Helena e contou-lhe sobre o estado de saúde do irmão. Seu conhecimento sobre plantas medicinais poderia ser útil. Um diagnóstico era essencial, mas os médicos do hospital chegaram apenas a um veredito: exames inconclusivos. Clara refletiu se deveria contar a Camila a situação de Otávio.

Helena estava no quarto do enfermo, que dormia um sono agitado. A febre persistia, o que indicava uma infecção. Por que não ministravam os remédios apropriados? Ela não era médica, porém sua sensibilidade lhe dizia que o quadro era grave. Na noite anterior, percebera algo além do que a realidade material oferecia. Forças do mal estavam presentes, e ela pressentiu que algo sombrio o envolvia. Colocou as mãos sobre a cabeça de Otávio, fechou os olhos por instantes e entrou no campo mental dele. Por um momento, sentiu-se envolta numa energia densa. Ele parecia estar dentro de uma caixa hermeticamente fechada, como um verdadeiro prisioneiro do próprio corpo. No mesmo momento, ouviu uma voz tenebrosa em sua mente: *"não adianta lutar comigo, pois sou mais forte"*. Em seguida, ouviu uma gargalhada estridente, tão real que a fez abrir os olhos assustada. Precisava falar com Tobias, somente ele poderia explicar o que estava acontecendo com Otávio. Não queria acreditar no que sua intuição dizia, mas era uma possibilidade a ser considerada. Ofereceu seus fluidos, envoltos em imenso amor, tentando que chegassem nele novas energias que pudessem alterar o padrão que ora se encontrava. No entanto, parecia que uma barreira se interpunha entre eles. Em pensamento, se ligou a Deus e a todos os companheiros da luz para que interviessem naquele momento delicado.

O poder da oração sincera é infalível, e no mesmo instante o local ficou repleto de luz. Mas ele ainda se encontrava refém das forças do mal, o que demandaria uma ação mais significativa de companheiros desencarnados.

Entre os companheiros que lá se apresentavam, um se destacava pela doação intensa de revigorantes energias: Luiza, a mãe de Otávio. Ela se aproximou de Helena e disse:

– *O caso se agravou e peço sua ajuda. Urge que isso seja desfeito para que danos maiores não recaiam sobre ele. Forças sombrias insistem ainda em mostrar ao mundo seu poder, porém o poder do Pai sempre irá prevalecer, jamais duvide! Cuide dele por mim! Agradeço, minha amiga querida! Confie e siga!*

Helena ouviu nitidamente o que ela lhe dizia e lágrimas rolaram. Era sempre muito emocionante esse intercâmbio com a espiritualidade, que se mostrava sempre atuante e presente em todos os momentos de nossa existência.

A febre se reduzira, mas ainda era preocupante. Clara entrou no quarto com a fisionomia contraída, mas também ela se sentiu mais confiante com as boas energias.

– Como ele está?

– Num sono agitado, mas a febre diminuiu, o que deve ser um bom sinal.

Clara contou sobre a dificuldade em um diagnóstico certeiro. Helena entendeu o que estava impossibilitando esse diagnóstico e relatou suas sensações à médica, que, como ela, também tinha percebido algo perturbador envolvendo o irmão.

– Tenho de sair e procurar uma pessoa. Cuide dele! Trarei notícias em breve! – E Helena deu um beijo na testa de Otávio, saindo em seguida.

Clara ficou pensando sobre os últimos acontecimentos. Desde que chegaram ao interior, quantos aborrecimentos não ocorreram! E agora seu único irmão se encontrava enfermo num leito do mesmo hospital que veio administrar. Seus pensamentos não eram animadores. O mal contamina, essa é uma verdade a ser encarada para que todos entendam a importância de preservar a paz íntima e a confiança nos desígnios de Deus, único escudo contra as forças negativas. O gemido de Otávio a tirou de suas divagações:

– Está sentindo alguma dor?

– Minha cabeça está doendo muito! – E apertava fortemente as têmporas.

– Acalme-se, querido, isso vai passar! Confie! – Clara chamou uma enfermeira e pediu que ministrasse uma medicação no irmão. Aos poucos ele foi se acalmando, adormecendo novamente, sob o olhar preocupado da irmã.

Depois de alguns instantes, Clara decidiu que precisava avisar Camila. Não se perdoaria se algo acontecesse com o irmão. Já era tarde da noite, mas o assunto era urgente. Ligou no mesmo instante e relatou à cunhada tudo o que se passava.

Capítulo 26

As tarefas se aproximam

Camila ficou em choque com a notícia. Aquilo era um pesadelo, não podia estar acontecendo! Cada dia uma notícia tenebrosa que colocava seu mundo em descompasso!

Ela estava em prantos, arrumando uma pequena maleta. A mãe foi até ela e a abraçou.

– Acalme-se, não deve ser nada sério. Ele estava ótimo quando saiu daqui. Não pense o pior, minha filha.

– E se algo mais sério acontecer? O que será de mim?

– Tenha confiança que tudo irá ficar bem. Não entre em desespero, ore! Isso fará bem!

Camila preparou apenas algumas roupas e objetos íntimos, despediu-se e entrou no táxi que iria levá-la até Otávio. Chegaram à cidade quando o dia estava amanhecendo.

Enquanto isso, outros eventos aconteciam.

Helena procurou Tobias, contou tudo o que estava ocorrendo e pediu seu auxílio. Ele decidiu visitar pessoalmente o médico. Quando chegaram ao quarto, Otávio estava mais sereno, dormindo placidamente, surpreendendo a todos.

Clara disse que era resultado de forte medicação. Ela não sabia mais o que fazer!

Tobias se aproximou do jovem médico e ficou em silêncio por alguns instantes, elevando seu pensamento por meio de uma prece sincera. Fechara os olhos e tocou a mão de Otávio, conectando-se aos companheiros espirituais que o assessoravam. Assim permaneceu, avaliando o quadro que ele apresentava e recebendo, telepaticamente, as informações permitidas. Suas feições se contraíram e sentiu, no mesmo momento, um frio intenso, como se o lugar fosse uma câmara frigorífica. Não proferiu palavra alguma por longo tempo.

Clara interrogava Helena com o olhar, querendo entender o que se passava. A jovem pediu que fizesse uma oração em intenção do irmão.

Otávio parecia respirar pesadamente, num sono profundo. Tobias abriu os olhos e encarou as duas com preocupação no olhar.

– Eu não sou médico, mas posso afirmar que o caso dele é grave. Já está sendo tratado?

– Não temos um diagnóstico claro. Os sintomas se referem a enfermidades diversas, mas nenhuma específica. A nossa preocupação maior é a febre.

– Não se preocupe com ela, pois é necessária. Seu espírito está lutando bravamente! Isso é um bom sinal. E seu coração, tem alguma deficiência? – Tobias parecia um médico avaliando um caso.

– Não que eu saiba. Ele tomava algum estimulante, porém não sei se fazia uso regular. Sabemos que em elevadas doses pode comprometer o sistema circulatório e até o coração. Mas ele não é tão tolo de usar isso contra si mesmo.

– Bem, não sou médico do corpo, mas da alma. É esta que adoeceu, minha filha. É esta que necessita ser tratada. Precisará de toda ajuda possível para recuperar o equilíbrio perdido antes que males maiores o acometam. Mas tem algo mais...

– O que mais o preocupa? Sinto que algo maléfico o acompanha. Isso tem fundamento?

– Vejo que a menina é mais sensível que supunha. Eles assim me disseram! Não sei se irá compreender ou mesmo aceitar o que vou dizer. Existe outra origem de fatos que interferem e podem comprometer o equilíbrio energético de um ser. Normalmente, recebemos energias positivas daqueles companheiros que se encontram em patamares superiores. Em contrapartida, somos vítimas de outros, em condições inferiores que, de forma consciente ou inconsciente, causam perturbações no corpo físico pela absorção de nossos fluidos, ou, se preferir, roubando fluidos necessários à manutenção de nossa saúde orgânica. Fui claro?

Clara estremeceu. O que ele estava dizendo? Otávio estava sendo vítima de algum companheiro das trevas?

– Estão roubando energias dele? Quem assim agiria?

– Companheiros descrentes da lei do amor. São espíritos ainda intolerantes, rebeldes ao Pai Maior, agindo assim para ferir o outro, acreditando que sua lei é a que prevalece. Seu irmão está envolvido numa teia poderosa, de uma ação consciente, de quem sabe o que deseja atingir. Bem, é o que posso lhe revelar. Sei que não é muito, mas é o suficiente para que tome as providências necessárias, minha filha.

– Não sei o que fazer! – Seus olhos estavam marejados.

– Em primeiro lugar, acalme seu coração. O Pai Maior está atento a tudo que aqui acontece e não permitirá que eventos que não estejam programados possam se suceder. Confiar é a primeira ação a realizar em prol de seu irmão. Continue com os medicamentos que já iniciou, fortalecendo seu organismo. É essencial que o quadro não se altere negativamente, prejudicando-o ainda mais. Ele tem um potencial magnético intenso, capaz de efetuar verdadeiros "milagres", mas ainda não se deu conta disso. Foi o que meus amigos me confidenciaram, minha filha. Vai depender apenas de você colocar essa ferramenta em ação. É sua escolha! – E tocou a mão de Clara, que, no mesmo instante, sentiu como se uma corrente elétrica percorresse todos os nervos de seu braço.

A quem tinha olhos de ver, uma linda imagem foi palco naquele quarto. Helena, com sua percepção aguçada, pôde delinear alguns vultos luminosos envolvendo a médica, oferecendo a ela energias sutis, provenientes da espiritualidade maior. Ela tornou-se radiante e ainda mais bela. Suas feições se modificaram, e Helena viu outro rosto sobreposto ao dela, como se fosse outra jovem. Foram breves momentos, porém intensos e significativos a todos os presentes.

Clara permitiu que a emoção se apoderasse dela, vertendo lágrimas de alegria e paz. Jamais se sentira como naquele momento! Ela irradiava luz!

Tobias e Helena agradeceram a presença de companheiros da luz, responsáveis pelo espetáculo que lá ocorreu. Clara tinha muito a oferecer! E muito a realizar!

– Minha filha, use de forma apropriada essa ferramenta que o Pai lhe concedeu. É a sua tarefa a realizar nesta vida em prol daqueles que ainda se encontram na ignorância. Não deverá utilizar de forma indevida ou com indisciplina, portanto recomendo que aprenda a dominar essa sua potencialidade, estudando os fundamentos da Doutrina Espírita, que muito irá auxiliar nesse processo. Essa ferramenta é conquista sua, pelos méritos adquiridos na prática incessante do bem e na propagação do amor incondicional. Acredita que apenas sua profissão seja responsável por amenizar tantos sofrimentos? Existe algo mais! É hora de colocar em ação esse dom em prol de um irmão necessitado. Neste momento, ajude seu irmão a recuperar o equilíbrio perdido. Um bom início, não acha? – E sorriu com carinho.

Clara não tinha palavras a dizer. Aquilo era novo e, ao mesmo tempo, parecia que já sabia de tudo o que ele acabara de pronunciar. Naquele momento uma calma se apoderou dela, assim como a confiança e a lucidez. Sentiu suas mãos quentes, como que carregadas de energias. Foi até o irmão, que continuava adormecido, e colocou suas mãos sobre a testa dele. Otávio sentiu a energia e começou a respirar mais pausadamente.

Abriu os olhos subitamente e disse:

– Obrigado por me tirar daquele lugar! – Em seguida fechou os olhos novamente e adormeceu.

Clara suspirou profundamente e disse:

– Preciso muito da sua ajuda. Posso contar com o senhor? – E pegou as mãos de Tobias.

– Tem um amigo para toda a eternidade, minha menina. Acredita em reencontros?

Ela olhou fixamente para ele e sorriu:

– Acredito! Algumas pessoas nos acompanham em nossa jornada, entre idas e vindas. Sei que você é uma delas! Obrigada por estar aqui! Tudo farei para que minha programação seja realizada favoravelmente. Vai me ajudar?

– Sempre que precisar! Assim que a situação se acalmar, me procure. Helena a levará até o lugar onde trabalho. Ficarei muito feliz em poder auxiliar, minha doce amiga! A primeira lição, vou começar desde já: não tente resolver todos os problemas sozinha. O Pai concede a cada filho a oportunidade de seguir com companheiros valorosos em sua trajetória evolutiva. Seu irmão ficará bem, mas dependerá apenas dele reconquistar a paz interior perdida. Cada um é responsável pelas suas escolhas. Cuide para que ele mantenha seu propósito de seguir em frente, realizando tudo o que programou. Somente assim ele libertará seu coração!

Helena abaixou o olhar entendendo a mensagem a ela enviada.

– Obrigada, é o que posso lhe dizer por ora! Me aguarde, Tobias. – Clara deu-lhe um afetuoso abraço, e ele se despediu, saindo do quarto acompanhado de Helena.

Do lado de fora, a jovem lhe perguntou:

– Tem algo mais que você não revelou.

– Não podemos deixar Clara perder a confiança em Deus. A coisa é séria e devemos trabalhar ativamente para que seja desfeita. Foi-me solicitado que investiguemos mais profundamente as relações dele com a família da esposa. Algo escuso está se delineando, tomando forma. Faremos uma reunião especial amanhã e conto com sua presença. Você será a ligação com ele pelos laços já criados.

– Foi um trabalho deliberado? Quem poderá ser o mandante? Com que intuito? – Eram muitas as perguntas sem resposta. – A esposa pode estar envolvida nisso, desejando que ele retorne ao seu convívio. Mas quem ama seria capaz disso? – Helena perguntou.

– Alguém promoveu esse ajuste de contas. As intenções ainda não estão claras, mas o alvo era Otávio. Não vejo que a finalidade fosse a morte dele, mas sim deixá-lo inoperante. Foi um ato equivocado, que gerará as inevitáveis consequências para quem o praticou. Não há motivo que justifique interferir no livre-arbítrio de alguém.

– Sinto-me responsável! – Helena estava inconsolável.

– Minha querida, não se lastime. Siga em frente, mas caminhe conforme a luz a orientá-la. O reencontro entre vocês estava traçado, porém as pendências necessitam ser resolvidas para que todos se libertem das amarras. Um triângulo complexo, que iniciou sua história tempos atrás. Já lhe disse que isso estava fadado a acontecer e tudo se resolverá no tempo certo, quando todos tiverem aprendido a lição a que vieram.

Helena o abraçou com todo o carinho e disse:

– Obrigada por tudo! Vou voltar ao quarto. Boa noite!

E a jovem saiu a caminhar pelos corredores vazios àquela hora da noite. Tobias a observava se distanciar, pensando que a situação era mais complexa do que ele supunha. Forças sombrias estavam presentes com o firme propósito de espalhar o mal. Quem agira de forma tão leviana e imprudente? Infelizmente, traria para si as consequências de suas ações indébitas.

Helena voltou ao quarto onde Otávio ainda dormia. Clara estava sentada ao seu lado, com seu olhar voltado para o vazio.

– Em que está pensando? – perguntou Helena.

– Em tudo o que Tobias falou. Há tanto que preciso conhecer!

– Todos temos muito a aprender, minha amiga. Aqui estamos com essa finalidade!

– E seu pai, como está se sentindo com os medicamentos? – Clara só se lembrara àquela hora dos experimentos de Helena.

– É cedo para termos alguma notícia, mas estou confiante. Mamãe passa a maior parte do tempo ao lado dele, e qualquer sintoma ela irá me notificar.

– Você parece exausta! Já viu seu rosto no espelho? – brincou Clara.

– E você viu o seu? Está pior do que o meu. – As duas sorriram uma para outra.

– Helena, não precisa ficar aqui, vá descansar um pouco. – E tocou no delicado assunto que estava evitando falar. – Eu avisei Camila sobre o estado de saúde de Otávio. Pressinto que ela deva chegar a qualquer momento.

– Fique tranquila, Clara. Não farei nada que possa constrangê-la. Otávio é marido dela, e ela tem todo o direito de estar ao seu lado. Prefere que eu vá embora?

– Pare com isso, amiga! Estou apenas lhe contando para não ser pega de surpresa. Talvez você não saiba, mas não morro de amores por Camila e preferiria não ter telefonado. Mas minha consciência não me perdoaria, caso algo acontecesse. Fique aqui, eu lhe peço!

Ela olhou Otávio dormindo, e o mesmo desejo de abraçá-lo voltou com toda a força. Pediu a Deus que o protegesse, pois ele era seu amor!

E sempre seria!

As duas mulheres permaneceram ao lado do médico por toda a madrugada. Ao raiar do dia, a porta se abriu impetuosamente. Camila sequer cumprimentou a cunhada e a desconhecida. Foi até Otávio e o abraçou, beijando-o seguidas vezes.

— Meu querido, o que aconteceu com você? — E ele continuava dormindo.

— Ele está sedado, Camila, não irá despertar tão cedo.

— O que aconteceu? Saiu de São Paulo muito bem, como pode estar nessa cama desse jeito? Seu estado é grave? — Ela estava aflita com as notícias.

— Infelizmente, não temos um diagnóstico claro. Seu estado inspira cuidados. Ele estava com muitas dores de cabeça, a febre estava elevada e achamos conveniente mantê-lo assim. Temos de esperar! Fizemos novos exames e a qualquer hora teremos os resultados.

Camila desviou o olhar para Helena e no mesmo instante sentiu aversão por ela. Nem a conhecia, como isso era possível? E quem ela era? A pergunta foi direta:

— Você também é médica?

— Não, sou uma pesquisadora, trabalho neste hospital e sou muito amiga da família. Estou aqui fazendo companhia a Clara. A propósito, você deve ser Camila. Muito prazer, sou Helena.

Ela estendeu-lhe a mão, num gesto amigável.

— Muito prazer! – disse secamente, voltando sua atenção a Otávio. – Quando ele irá acordar?

— Não sei! Temos de aguardar. – Clara também era seca e direta com a cunhada.

— Clara, vamos tomar um café e deixar Camila cuidar de Otávio – disse Helena.

— Qualquer coisa, chame a enfermeira. Não demoramos! – completou Clara. Em seguida, as duas saíram.

Camila se aproximou do marido, e lágrimas escorreram por seu rosto.

— Meu querido, não me abandone! Fique comigo! Preciso de você! Não suportaria ficar sem você! – E beijava suavemente sua mão.

O movimento fez com que ele abrisse os olhos e a fitasse.

– O que faz aqui? – Tentou se levantar, mas não conseguiu. Por que se sentia tão fraco? Lembrava-se apenas dos pesadelos e das perseguições. Conforme as lembranças apareciam, a dor de cabeça retornava com toda a força. E agora Camila estava lá para piorar ainda mais a situação. Quem a chamara? Queria que a dor cessasse de uma vez!

– O que está sentindo? – Ela via o semblante que ele ostentava e ficou em desespero.

– Clara? Onde ela está? – Precisava da irmã ao seu lado.

– Estou aqui, meu querido, que quer que eu faça? – perguntou Camila solícita.

– Quero que vá embora! Me deixe em paz, por favor. Chame minha irmã para mim! – Sua voz mais parecia um lamento desesperado.

Camila saiu do quarto e pediu à enfermeira que localizasse Clara com urgência.

Alguns minutos depois, ela entrou e foi até o irmão. Helena a acompanhou, e a visão das duas, lado a lado, o acalmou.

– Faça essa dor parar ou eu enlouqueço!

– Acalme-se querido, estou aqui! – E colocou sua mão sobre a cabeça do irmão, que aos poucos foi serenando, adormecendo novamente.

Camila não entendeu aquilo. Clara sempre estava em vantagem sobre ela! O ciúme tomou conta dela novamente.

– Você agora é uma benzedeira? Pensei que fosse médica! – O tom sempre jocoso.

– Estamos tentando tudo para amenizar seu sofrimento. Esperava que desejasse o mesmo para ele! Ou não?

A arrogante Camila havia retornado e não finalizaria uma conversa sem ser a última a falar.

– Essa prática não é recomendável num hospital tão conceituado como o seu. O que podem pensar sobre isso? – O olhar era sarcástico. Clara preferiu se calar, pensando em tudo o que Tobias lhe dissera. Seu irmão era mais importante e não permitiria que Camila perturbasse.

– Otávio dormirá por mais algumas horas, não quer descansar um pouco em nossa casa?

– Agradeço, mas ficarei aqui cuidando do meu marido. – E olhou de viés para Helena.

– Bem, voltarei mais tarde para saber notícias. Bom dia! Vamos, Helena?

Helena percebeu a recepção fria de Camila. Ela saberia algo sobre o envolvimento deles? Essa pergunta somente Otávio poderia responder...

Capítulo 27

Outros caminhos

O dia prometia ser longo e exaustivo como o anterior. Clara repousou apenas por algumas horas e retornou às suas funções. O afastamento temporário de Otávio comprometera o ritmo do hospital. Naquela mesma tarde, recebeu um telegrama de Marina. A viagem estava sendo a esperada. Suspirou aliviada, pois não desejava novos problemas.

O estado de saúde de Otávio persistia. Os exames realizados nada revelaram, mas os sintomas se intensificavam. Ele passava a maior parte do tempo sedado. No final do dia, Clara foi visitar o irmão, e vê-lo ali deitado, totalmente abatido, deixou seu coração apertado. Camila insistia em permanecer ao lado dele.

– Como ele está? – perguntou a médica.

– Na mesma. Não seria melhor removê-lo para São Paulo? Vocês não descobriram nada até agora. Lá ele terá mais recursos.

Era isso que Clara temia acontecer e tentou não demonstrar perturbação.

– Temos excelentes médicos aqui, não vejo necessidade disso. Ele está reagindo, e isso já é um sinal favorável.

– Eu sou sua esposa e decido o melhor para ele. Vou dar alguns telefonemas. – E saiu.

Clara foi até Otávio e pegou suas mãos, pedindo a Deus que o envolvesse em seu amor. No mesmo instante, sentiu-se envolta numa luz intensa, direcionando-a para o corpo inerte do irmão. Assim permaneceu por alguns instantes, o que a deixou muito cansada. Logo em seguida, ele acordou.

– Você sempre me resgata dos meus pesadelos. O que está acontecendo comigo? Sinto-me um prisioneiro dentro de mim mesmo, sei que parece absurdo, mas é assim que tem sido nessas últimas horas. Preciso sair disso, porém não tenho forças. O que Camila faz aqui? Você a chamou? – Sua voz era um sussurro.

– Fiz o que tinha de fazer. Sabe que não me perdoaria se algo pior acontecesse com você. Ela quer transferi-lo para São Paulo. Fique aqui, eu lhe peço! Podemos fazer mais por você do que imagina.

– Não sairei daqui, se é isso que teme. Pedirei a ela que volte para São Paulo. A presença dela em nada ajuda em minha recuperação.

– Pensei que estivesse feliz por eu estar aqui. Larguei tudo só para ficar com você! É assim que retribui? – disse Camila, após ter ouvido o comentário do marido. – Vamos para São Paulo, já falei com seus amigos médicos.

– Não vou a lugar algum, Camila. Vou permanecer aqui. – Sua voz agora era firme.

– Não permitirei! Não está em condições de decidir o que é melhor. Já está resolvido.

Otávio sentou-se na cama e disse com toda a energia que lhe restara.

– Eu já decidi. Vou ficar aqui. Em algumas horas já estarei totalmente recuperado. Volte para São Paulo, sua mãe precisa de você. Descanse esta noite, e amanhã espero que faça o caminho de volta. Eu lhe peço!

Camila olhava fixamente para o marido, sentindo a enorme distância afetiva que se estabelecera entre eles. Como chegara a tanto? Teria outra mulher preenchido esse espaço? Enquanto divagava em seus pensamentos, bateram à porta. Helena entrou, iluminando os olhos de Otávio. No mesmo instante, Camila percebeu o que estava acontecendo. Seria aquela que tomara conta do coração do marido? Uma raiva incontida estava prestes a emergir, quando Clara habilmente falou:

– Camila, Otávio está se recuperando e não há necessidade de ele ser levado até São Paulo. Prometo cuidar dele com todo o meu empenho. Helena, foi bom ter chegado, sinal que recebeu meu recado. Vamos?

Quando saíram, Clara explicou:

– Desculpe-me, mas tinha de ser assim. Minha intuição disse que esse embate não está pronto para acontecer. Eu conto no caminho, vamos tomar um café. Preciso respirar um pouco!

No quarto, Camila tentava administrar o ciúme que já a acometia. E se suas suposições fossem infundadas? Pioraria ainda mais o relacionamento tenso que havia entre eles. Mas não se conteve:

– Por que quer ficar aqui? Existe algum interesse que eu desconheça?

– O que está tentando insinuar? Seja mais objetiva.

– Você está diferente comigo e sei que algo aconteceu. Existe alguém entre nós?

Otávio se enrijeceu, tentando oferecer a resposta adequada.

– Camila, nós estamos caminhando há algum tempo por estradas diferentes que nos conduzirão a destinos próprios. Nossos caminhos divergiram nesses últimos meses. Não estou em condições de discutir minha vida neste momento. A impulsividade de Clara a trouxe até aqui, mas minha lucidez solicita que volte para São Paulo. Preciso de paz, preciso de tempo! Já discutimos isso anteriormente, nada mudou. Meu estado de saúde não modificou minhas ideias. Discutiremos em tempo apropriado, que não é agora. Se deseja minha recuperação, faça isso!

– Esperava uma recepção mais calorosa. Se minha presença não lhe confere paz, não vou insistir. – Foi até ele e o beijou. – Só peço que me mantenha informada.

– Assim será. Faça uma boa viagem – disse friamente.

Camila, resignada, pegou suas coisas e saiu, deixando-o com a sensação de que não seria nada fácil afastar-se dela. O esforço realizado o deixou exausto e fechou os olhos, adormecendo em seguida.

Enquanto isso, Clara e Helena conversavam.

– Gostaria que me acompanhasse a uma reunião com Tobias. Acho que sua presença vai ser providencial. Sei que tudo é ainda novo e repleto de dúvidas, mas você fará toda a diferença. Pode se ausentar por algumas horas do hospital? – E Helena explicou-lhe como seria a tal reunião, deixando Clara curiosa.

– A que horas? Certamente irei!

***

Chegaram na hora marcada. Depois de cumprimentá-las, Tobias as conduziu a uma pequena sala totalmente na penumbra. O grupo que lá estava, em caráter de urgência, era composto de vários médiuns. Todos estavam sentados ao redor de uma mesa. Tobias solicitou que as duas mulheres sentassem também e deu início ao trabalho espiritual.

Iniciou com uma prece carregada de emoção, enaltecendo o Pai amoroso, que jamais desampara qualquer um dos filhos, esteja ele caminhando na luz ou na sombra. Os demais acompanhavam de forma silenciosa e respeitosa. Uma música suave estava presente, elevando o padrão interior de todos os presentes, capacitando-os para a tarefa que iriam desempenhar.

Clara estava curiosa, pois jamais estivera num trabalho como aquele. Em dado momento, sentiu algo inusitado, como se uma gaze a envolvesse docemente. Não sentiu medo algum e retribuiu com a doação de seu amor. Que ele pudesse ser revertido na cura do seu irmão. Aos poucos foi percebendo que o local parecia diferente, como se tivesse acesso a outra realidade, mais sutil. De olhos fechados, via muita movimentação, muitos companheiros de luz. Em seguida, um espírito envolto numa nuvem sombria foi colocado ao lado de um trabalhador que estava à mesa. Este começou a demonstrar certo desconforto, mexendo-se, respirando pesadamente. Tobias se aproximou do médium e iniciou o diálogo:

— Boa noite, meu irmão! Que a paz e a luz estejam contigo! Sabe por que está aqui?

O médium se revirava na cadeira, mas nenhum som era ouvido.

— Não tenha medo! Ninguém lhe fará mal, acredite. O que o aflige? – insistiu Tobias.

— *Você é que deveria me temer! Não tenho medo de nada nem de ninguém! Por que me trouxe até aqui? Deseja experimentar o meu poder? Posso acabar com todos num piscar de olhos. Mas sou justo e nada tenho contra vocês, a menos que interfiram em meus propósitos. Cobrei muito pelo trabalho e ainda não recebi todo o pagamento. Não tentem me impedir! Espero ter sido claro!* – O médium se empertigara, assumindo a postura arrogante do espírito comunicante.

— Sabe que tudo tem um preço, não é mesmo? Tem trilhado

caminhos iluminados ou sombrios? Como tem sido suas escolhas? – A pergunta foi direta.

– *Ora, o que importa é que fiz meu trabalho e receberei o combinado.*

– Tem certeza, meu amigo? – Tobias tentava criar a dúvida.

– *Claro! Por que está dizendo isso? Conheço seu plano, está tentando me dissuadir, mas sinto lhe dizer que agora é tarde. O que foi colocado sobre ele ninguém conseguirá retirar.* – E deu uma gargalhada.

– Talvez, porém tudo terá um preço. E você, ao infringir a liberdade de alguém, receberá conforme o que ofereceu. Sinto lhe dizer, mas essa é a lei da vida à qual todos se submetem. Cada um receberá conforme aquilo que der!

– *Não fale sobre o que não sabe! Fiz apenas o combinado! Nada tenho contra ele, por que iria receber de volta?* – Tobias percebeu que ele já estava a refletir sobre seus feitos.

– Pois assim é a lei. Esse irmão que lhe encomendou esse serviço o esclareceu sobre isso?

A entidade se calou, avaliando a situação. Em seguida, respondeu:

– *Você não há de querer enfrentá-lo. Nem eu tampouco. Não faço perguntas, apenas executo meu trabalho.*

– Não procurou saber os motivos, meu irmão? Não podemos agir cegamente, realizando tarefas que possam nos comprometer. Sua vida é importante e merece ser cuidada!

– *Não tenho mais vida, estou morto, não percebeu?* – Sua voz já amansara.

– A morte não existe! O que morre é o invólucro desse espírito eterno, que buscará outro envoltório carnal para renascer e seguir sua evolução. Você deixou seus despojos materiais, que já não tinham mais serventia. Seu espírito, no entanto, jamais perecerá!

O espírito se calou e, nesse diálogo esclarecedor, ele apenas afirmou:

– *Já vendi minha alma, agora é tarde! Ninguém pode me ajudar!*

– Tente, meu companheiro. Peça ajuda! Deus é Pai de amor e ama a cada filho, mesmo que este ainda não tenha conseguido seguir por caminhos iluminados. Ele sabe que é uma questão de oportunidade. E é isso que estamos a lhe oferecer. Realizar uma nova escolha, aquela que o levará de volta à luz. Confie que tudo poderá se reverter, se você assim se dispuser. Sempre haverá uma esperança!

– *Não posso! Estou atrelado a ele! Vai me perseguir até o inferno, local de onde eu não deveria ter saído! Você não o conhece, por isso está me pedindo isso!*

Tobias ficou silencioso por alguns momentos e em seguida disse com convicção:

– Sei de alguém que pode ajudá-lo. Pensou que aqueles que um dia o amaram o esqueceram apenas porque decidiu seguir caminhos tortuosos? Não, meu irmão, nenhum deles o abandonou! Eles acompanham seus passos na esperança de que um dia você possa retomar de onde parou. Tem a eternidade, mas se pode usufruir desde já o amor desses espíritos amigos, por que não começar? – O ambiente se preencheu de luz, tocando e sensibilizando aquele espírito até então renitente ao mal.

O médium sentiu a emoção dominá-lo e caiu em pungente pranto. O silêncio dominou o ambiente já modificado pela presença de companheiros da luz. A comoção atingiu a todos, em especial Clara, que tudo pôde perceber com os olhos do espírito.

Tobias endereçou aos companheiros um agradecimento e, antes de eles partirem, disse:

– Meu irmão, peço apenas que liberte nosso irmão encarnado. Essa é a sua parcela a realizar para merecer o auxílio. Sabemos que grande parte do trabalho foi feito por você, que pode desfazer quando desejar.

– *Eu apenas executei um serviço, não o idealizei. Muito há que ser feito para que ele fique totalmente livre desse assédio. A minha parte vou retirar em respeito à consideração que tiveram por mim. Sei que não mereço tal gesto e prometo aproveitar a oportunidade.*

– Agradecemos, irmão querido, e jamais se esqueça: "Deus é Pai de amor". Vá em paz e que a luz do Mestre Jesus conduza seu caminhar daqui em diante.

Clara observou os irmãos de luz acolherem com carinho a ovelha desgarrada, responsável por parte dos problemas que Otávio ora enfrentava. O médium abriu os olhos, e Tobias proferiu sentida prece de agradecimento. Porém, o trabalho continuava, e outro companheiro espiritual se fez presente, dessa vez pela psicofonia de outro intermediário. A primeira coisa que ouviram foi uma estridente gargalhada.

– *Vocês são tolos! Acreditaram que isso pode resolver o problema deste crápula?*

– Poderia ser mais claro, meu irmão? Antes de mais nada, seja bem-vindo!

– *Se soubessem quem eu sou, não me tratariam com tanta mesura.*

– Todos são tratados com respeito, pois assim merecem. – Tobias falava frases curtas e incisivas, procurando conhecer a índole do comunicante.

– *Ora, ora, quanta besteira! Não vou tomar seu tempo, apenas dizer que infelizmente isso vai ter continuidade. Não gosto de me envolver em trabalho alheio, porém devo admitir que estou gostando do que está acontecendo com esse ser desprezível, capaz de fazer tudo novamente. Diga-lhe apenas isto: ela me pertence! Ela me procurou desde que aqui chegou, jurando vingança. Eu a ajudei mediante a condição de que seria minha por toda a eternidade. E assim será! Ninguém me afastará dela, ouviram bem? Quanto a ele, que morra! Não vou fazer nada para impedir que isso aconteça! Aliás, será um trunfo em minhas mãos. Mas e você? Não sei quem é nem o que pretende.*

– Creio que tem muito a nos contar, meu irmão. E muito a aprender também. Todos nós, sem exceção! Erramos muito e ainda cometeremos muitos equívocos, pois isso faz parte do aprendizado por que todos iremos passar. Esta irmã, seu marido e todos os envolvidos estão a caminho da evolução, e é natural que ainda falhem uns com os outros. Você se acredita isento de cometer erros? – Tentava compreender as intenções que aquele espírito ocultava. Ele não tinha participado diretamente do trabalho de desestabilização de Otávio, no entanto, não tinha por ele nenhum apreço. Sua ligação era com Camila, proveniente do passado, que Tobias ainda não conseguia decifrar. Tudo era confuso e complexo.

– *Vim aqui não para conversar, mas para dar um aviso. Não se interponham em meu caminho, ouviram bem? São todos hipócritas travestidos de santidade. Ninguém escapa! Nem mesmo essa daí!* – No mesmo instante Helena sentiu algo gelado em suas costas, como se alguém a tocasse. – *Nem você escapa, aliás, você foi a responsável por todo o sofrimento que minha amada experimentou. Um dia acertarei contas com você também. Fique com ele novamente! Faça isso, e estará me ajudando a que ela aceite, de uma vez por todas, que ele jamais a amará como eu! Ela será eternamente minha!* – E gargalhou novamente de forma estridente, comprazendo-se com a ideia da eternidade.

– Sinto muito que ainda não esteja disposto ao aprendizado que o libertaria de tantos enganos. É decisão sua! Esperamos, apenas, que não tarde seu despertar!

– *Tenho de ir antes que decidam me enviar novamente para aquele lugar.* – Tobias ia argumentar, quando o médium abriu os olhos e disse que ele se retirara de lá.

Novamente, Tobias agradeceu o amparo espiritual através de comovida prece. Esperaram alguns minutos, e o mentor espiritual do grupo se fez presente:

– *Amigos queridos, é sempre tempo de repensar as ações que oferecemos a nós, ao nosso próximo e ao universo de Deus. Nossos atos passado, se não foram conduzidos dentro do amor do Pai, reverterá em forma de novas provas retificadoras. Urge que sigamos os preceitos que o Mestre Divino exemplificou. Tudo que nos acontece tem uma razão de ser, mesmo que ainda não consigamos visualizar pelas lentes opacas que nos conduzem a existência. Porém, chegará o momento de nossa redenção, quando nossos valores serão revestidos da bondade, generosidade e amor. Quando esse dia chegar, estaremos confiantes que o esforço empreendido, o trabalho incansável e o esquecimento de si mesmo em prol do semelhante foram fatores atuantes e decisivos na conquista da paz em nosso atormentado coração! E essa é a real felicidade que todos buscam incansavelmente! Que jamais se esqueçam de fazer a parte que lhes compete na seara do Mestre, agregando valores morais, afetos verdadeiros, oportunidades benditas de ressarcir os equívocos perante a existência. Que a luz permaneça presente neste templo de paz e amor! Deus os abençoe!*

Tobias agradeceu a singela e profunda mensagem, pedindo que esse amor estivesse sempre presente e atuante no coração de todos. Em seguida, encerrou a reunião.

Todos saíram, apenas Helena e Clara ficaram, cada uma sentindo emoções jamais vividas.

– Muitas dúvidas, minhas filhas do coração! Porém, não é momento de pensar no passado, mas agir no presente, nesta oportunidade que o Pai concedeu a cada uma de participar da obra da implantação do bem. É isso que devem reter em seu coração, após tudo que aqui presenciamos. Seu irmão ficará melhor, porém a cura definitiva dependerá exclusivamente dele.

Clara deu um largo sorriso e apenas disse:

– Agradeço a bendita oportunidade. E saiba que voltarei! Tenho muito a aprender.

– Será uma grande alegria tê-las por perto. Helena é uma velha companheira que a vida se encarregou de colocar em meu caminho.

– Acho que já fomos irmãs, sabia? – Clara abraçou carinhosamente a amiga.

– Tenho certeza! Vamos ver como Otávio está. Obrigada, Tobias. Voltarei assim que possível! – Despediram-se e retornaram ao hospital sob o olhar amoroso do dirigente.

Capítulo 28

Planos frustrados

Clara e Helena retornaram ao hospital logo que a reunião se encerrou, ansiosas para saber em que condições Otávio se encontrava. Camila tinha dito que voltaria para São Paulo naquela mesma noite, já que sua presença era desnecessária.

A enfermeira que permanecera ao lado do médico disse que o quadro não se alterara, que apenas a febre tinha abaixado bem. As duas se entreolharam frustradas.

— Esperava encontrar Otávio em melhores condições — disse Clara.

— Não é assim tão simples, minha amiga. Pelo que pudemos observar, a situação era crítica. Agora temos um ponto favorável. Anime-se e passe essa confiança a seu irmão, para que ele se sinta fortalecido e confiante. Lembre-se de que a cura dependerá apenas dele. — Ela foi até ele e o beijou no rosto. No mesmo instante, ele acordou e a viu tão próxima, que o inevitável aconteceu! Seus lábios se tocaram suavemente e uma doce emoção os envolveu. Foi um instante mágico, um reencontro que estava fadado a acontecer! Espíritos afins que se buscam no tempo e no espaço para, juntos, prosseguirem sua jornada evolutiva. Não seria mais possível conter aquela chama que despertara no momento em que se reencontraram!

— Não posso e não quero rejeitar esse sentimento! Fique comigo! — A voz de Otávio era firme, mostrando convicção. — Não vou mais fugir do que sinto. Preciso apenas saber se estaremos juntos para enfrentar tudo o que vier dessa decisão. Vai ficar comigo em qualquer situação?

Helena tinha os olhos úmidos, e lágrimas escorriam molhando o sorriso radiante. Ela o beijou novamente e disse:

– Esta é minha resposta! – E virou-se, encarando Clara, que também estava emocionada por tudo o que acabara de presenciar. Sua visão espiritual pareceu se abrir de forma ampla depois da conversa com Tobias e da visita ao centro naquela noite. As duas realidades estavam tão próximas e sutilmente interligadas, que podia ver ao lado dos dois enamorados a mãe que tanto amava, a lhe sorrir, impondo a mão sobre o casal, como a garantir que estavam sendo abençoados em sua atitude.

– Juntos irão superar qualquer adversidade do caminho. Estou muito feliz por vocês! – E os abraçou com todo o amor.

Otávio segurou a mão da irmã e a beijou, dizendo:

– Não sei o que faria sem você em minha vida! Obrigada por me acompanhar nesta jornada. Ao seu lado, todos os problemas encontram solução. Foi sempre assim!

– Não agradeça, querido, apenas faça sua vida valer a pena. Vocês serão felizes juntos, assim minha intuição está a me dizer. No entanto, não se esqueçam de que tudo tem um preço! Cuidem para que o caminho de vocês seja sempre iluminado pelas ações positivas e generosas que oferecerem à vida! Nem sempre será fácil seguir pela luz, ou pela porta estreita, como diz Jesus. Bem, sente-se melhor?

Ele respirou pausadamente tentando responder à pergunta que ela lhe fazia.

– Não sei! Alterno momentos bons e outros nem tanto. Algum diagnóstico? – Era o médico que agora se manifestava.

– Não, o que se tornou um grande mistério para todos no hospital. Importante é que saiba que aqueles estimulantes estão rigorosamente proibidos. Fui clara? Essa sua leviandade poderia ter lhe custado caro, meu irmão. Seu coração é nossa maior preocupação neste momento. Fará novos exames, mas até lá estará sob avaliação intensa e repouso absoluto. Se amanhã se sentir melhor, ficará em casa, ouviu? – Clara falava com firmeza caso ele tentasse argumentar.

– Se estiver melhor, reassumo minhas funções, afinal para isso estou aqui!

– Sua irmã tem razão, Otávio. Precisa se recuperar plenamente, passou por momentos delicados. Já viu sua aparência?

Ele encarou firmemente as duas à sua frente e disse:

– Discutir com uma já era tarefa inglória, mas com duas se torna impossível! Como está tudo por aqui? – Ele parecia mais focado e lúcido, o que apenas confirmou que seu quadro já estava se alterando significativamente.

Clara relatou a situação, ainda crítica, em razão das vítimas do acidente. Porém, tudo estava sob controle.

– Vá descansar, prometo ficar bem! – E beijou novamente a mão da irmã.

– Ficarei com ele esta noite, pode ir tranquila – disse Helena.

A irmã assentiu e saiu, deixando os dois sozinhos.

– O que faremos com Camila? Ela o ama tanto! – disse Helena, sensibilizada.

– Não sei, meu amor, o tempo nos dará uma resposta.

– Você me chamou de "meu amor", é isso que eu sou para você?

Ele a puxou para perto e a manteve aninhada em seu peito, deitada ao seu lado na cama. Essa era a resposta! E assim permaneceram, até que ambos adormeceram e só despertaram quando o sol iluminou todo o quarto. Uma enfermeira entrou no quarto várias vezes durante a noite. Dr. Otávio parecia bem, sem febre, não iria despertá-lo. Sorriu perante a cena, mas era discreta e manteria em segredo o que presenciara. Os dois abraçados pareciam um casal apaixonado. Antes de passar o plantão, entrou silenciosamente no quarto e tocou a jovem, que acordou assustada.

– Desculpe-me, mas preciso ministrar o medicamento ao dr. Otávio. Ele passou bem a noite, pelo que pude observar. – Viu que Helena corou e retificou o que dissera. – A febre cessou, esperemos que não volte tão cedo. – Ele despertou e sorriu assim que a enfermeira tomou seu braço para medir a pressão.

– Bom dia! Caso seja possível, gostaria de comer algo, estou faminto!

– Excelente! Vou providenciar, mas antes temos alguns exames a fazer. Dra. Clara deixou todas as orientações prescritas. Está pronto?

– Vou para casa, mas volto mais tarde. – Helena deu um beijo no rosto de Otávio e saiu.

Otávio sentia-se melhor, mas ainda persistia a sensação de ser observado a todo momento. Lembrou-se da comunicação que aquele espírito dera no centro espírita em São Paulo. Seria alguma vingança contra ele? Seria sua doença causada por ele? No mesmo instante, sentiu uma fisgada na cabeça e uma dor no peito. A enfermeira observou a mudança em seu semblante e perguntou:

– Tudo bem? Está sentindo algo?

– Já passou. Ficar muito tempo sem fazer nada não é recomendável a ninguém. Já estou imaginando coisas. Bobagem! – Tentava não pensar em besteiras.

– Vou providenciar seu café. Quer andar um pouco? Eu ajudo.

Otávio se levantou lentamente e caminhou vagarosamente pelo quarto. Sentia-se sem energias, mas não iria mais ficar entregue ao desânimo, precisava reagir.

– Já está ótimo! Vou buscar seu café. – E saiu, deixando-o pensativo sobre o futuro.

Já passava das dez horas quando Clara entrou no quarto. Dessa vez deparou com o irmão já em franca recuperação.

– Vá para casa e complete sua recuperação por lá. É uma ordem, querido! – Já estava para sair quando uma enfermeira entrou no quarto.

– Tem um telefonema urgente para a doutora! – Clara empalideceu pensando no pai e correu para fora do quarto.

Alguns minutos depois, ela retornou aflita.

– Augusto fugiu do orfanato! Por que ele fez isso? – E desatou a chorar.

Otávio a abraçou com carinho e esperou a irmã se acalmar.

– Conte-me tudo! O que aconteceu?

– Arnaldo me ligou contando que Augusto fugiu no meio da noite. A polícia foi acionada, mas não se tem notícia alguma. Ninguém sabe onde ele está. Eu disse que ficaria fora por algumas semanas e que logo tudo se resolveria. – Ela estava inconsolável.

– Ele é apenas uma criança, não pode ter ido longe. Não se preocupe!

– Talvez ele acredite que eu não vá voltar. Deve estar sofrendo! Arnaldo está vindo para cá. Disse que tem notícias sobre a adoção. De que adianta agora?

– Onde está sua confiança nos desígnios de Deus? Não diz que

Ele cuida de tudo mesmo à nossa revelia? Procure serenar seu coração! Eles vão encontrá-lo. Ele não pode ter ido longe. Pensei que fosse se alegrar por eu estar melhor. – E fez uma cara triste.

– Claro que fiquei feliz por você. Fez os exames?

– Como a doutora orientou! Quer mesmo que eu vá para casa ou fique aqui com você?

Clara abraçou-o e pediu:

– Sua presença é sempre um alento para mim, mas não posso exigir nada nas condições em que se encontra.

– Preciso de minhas roupas, pois não posso andar pelo hospital nesses trajes. Caso eu prometa não me exceder, permite que eu fique?

– Claro, meu querido! Mas nada de trabalhar, fui clara?

– Sim, minha irmã. Quando tiver tempo e lucidez, preciso conversar com você sobre esses dois dias tenebrosos. Creio que possa me ajudar a entender o que se passou.

– Tenho algo a contar também. Vou providenciar umas roupas e depois você me acompanha até a sala de papai. Fique por lá e descanse! – disse isso e saiu.

No final da tarde, a presença de Clara foi solicitada na administração, e Otávio a acompanhou. Ao chegarem, uma grata surpresa os aguardava. Arnaldo lá estava em companhia de um garoto todo sujo, que se escondia atrás do médico.

– Adivinhe onde o encontrei? Não vai acreditar!

Ao ver Clara, o menino correu a abraçá-la. Os dois ficaram por longo tempo abraçados, o garoto chorava, assim como Clara.

– Por que fez isso, querido? Onde estava com a cabeça? Fugir sem saber para onde ir!

– Conte a ela onde eu te encontrei! – Arnaldo sorria para eles.

– Eu estava vindo ver você! Não quero mais ficar longe, ninguém gosta de mim, dizem que nunca terei uma família, pois sou um menino mau. – E lágrimas ainda escorriam.

– Quem foi que disse que você é mau? Você é meu garoto! – E beijou-o repetidas vezes.

– Conte a ela sua odisseia, Augusto! Garanto que ela não irá acreditar no que fez.

O menino ficou sério e contou todas as façanhas que realizou. Ao final do relato, disse:

– Sua luz me trouxe até aqui! Não me deixe nunca mais! – E abraçou-a com toda a força.

– Bem, meu querido, terei de informar irmã Felícia. Ela deve estar preocupada com sua ausência. Sabe quanto carinho ela lhe dedica!

– Se contar que estou aqui, vão me levar embora. Deixe-me ficar com você!

A súplica do garoto comoveu-a ainda mais, no entanto teria de proceder conforme sua consciência orientava. Tinha de avisar sobre o paradeiro dele.

Arnaldo, até então calado, manifestou-se:

– Creio que podemos fazer diferente. Clara, talvez este papel altere alguma coisa. Veja!

Era um documento concedendo a ela a guarda provisória, enquanto a adoção não se concretizasse. A fuga dele poderia comprometer o processo ou, quem sabe, acelerá-lo. A médica sorriu e abraçou Augusto.

– Obrigada pela grata notícia. Como devo proceder? Ele pode ficar aqui comigo?

– Não sou advogado, mas sei quem poderá resolver isso. – E saiu em direção à central telefônica. Passados alguns minutos, ele retornou confiante. – O caso não é tão simples, porém está em excelentes mãos. Vamos aguardar uma notícia favorável. – Só então foi até Otávio: – Você parece péssimo! O que aconteceu? Camila não soube explicar.

– Já estive pior! Um grande mistério que talvez você possa desvendar. – E contou-lhe tudo desde sua chegada até o momento presente.

Arnaldo, o amigo médico e espírita, ouviu atentamente o relato. Clara interveio:

– Ontem fui a uma reunião mediúnica e outros fatos aconteceram. Depois conversamos, porque a história é longa. Fique alguns dias e conheça o hospital. Pode nos auxiliar, se tiver tempo disponível. Tudo por uma longa amizade! – E ofereceu seu radiante sorriso.

Ele fixou seu olhar no dela, que não desviou um instante sequer, e finalizou:

– Tudo por uma grande amizade! Tenho alguns dias disponíveis. Já que o doutor Otávio não se encontra em condições de ajudar, conte comigo.

Augusto parecia alheio a tudo, observando atentamente cada um dos médicos, o local, tentando entender o que iria acontecer com ele. Clara percebeu o olhar ansioso dele:

– Você ficará conosco, mas terá de se comportar. Aqui é meu trabalho e estamos numa situação crítica. Vou buscar uma pessoa pra ficar com você. Posso contar com a sua colaboração?

– Pode. – E o garoto ofereceu um largo sorriso, coisa rara de fazer.

Clara saiu e retornou com Manoela, a enfermeira em quem mais confiava, designando Augusto aos seus cuidados.

– Augusto, esta é Manoela. Ela vai cuidar de você! Faça tudo como ela orientar!

A enfermeira pegou a mão do garoto e saíram pelos corredores do hospital.

– Meu amigo querido, temos muito a conversar. E você, Otávio, comporte-se também!

– Agora estou mais tranquilo. A presença de Arnaldo é providencial.

– Quando tiver um tempo, conversaremos sobre o que aconteceu ontem à noite. Fique bem! – E saiu com Arnaldo, após dar um beijo no irmão.

Enquanto caminhavam, ela contou a Arnaldo sobre o que acontecera, em todos os detalhes, inclusive sobre o que presenciou na reunião.

– Esperemos que a recuperação dele se processe mais rápido agora, após o afastamento de uma presença espiritual com intenções indignas. Seu estado parece estável e é nisso que temos de acreditar. Conte-me sobre o hospital – disse o amigo.

Clara mostrou-lhe todas as dependências, contou sobre o acidente que demandou trabalho intenso e exaustivo. Falou do pai e das suas intenções quando solicitou a presença dos dois filhos.

– Na verdade, não tivemos tempo ainda para administrar essa notícia. A doença de papai é terminal. Nem ao menos tive oportunidade de trabalhar essa dor, em meio a tantos acontecimentos dolorosos...

– Não é fácil lidar com perdas, por mais que se acredite em vida após a morte. São entes queridos que fazem muita falta quando nos deixam. Talvez o grande alento seja o fato de sabermos que não existem separações eternas, o reencontro poderá acontecer quando as partes estiverem com suas emoções em equilíbrio. O importante é a forma como lidamos com a perspectiva de deixar o corpo material e seguir um novo caminho, o espiritual.

– Meu pai parece em paz e isso se deve ao fato de ele conseguir reatar laços que julgava desfeitos definitivamente com Otávio. Quando chegamos, você precisava ver a felicidade dele. Tenho certeza de que ele está em paz, e isso é o que importa!

– Certamente! E você? Pretende aceitar a incumbência de seu pai?

– Eu e Otávio conversamos sobre isso e, diante das circunstâncias, acho que teremos de aceitar. Não estava em meus planos, no entanto o que podemos fazer? Este hospital é a vida de papai, não podemos simplesmente desistir de tudo o que ele construiu com tanto empenho todos esses anos.

– Mas jamais foi seu sonho, Clara. E os planos para a sua vida? Deixará de lado?

Ela ficou pensativa e encarou-o com brandura.

– Por que não tornar meu sonho, também? É um desafio a encarar e uma oportunidade de mudar significativamente minha vida.

– Tem lugar para alguém que deseja seguir com você esse novo caminho?

– Por que não? Vamos, tenho muito a lhe mostrar. – E Clara sorriu.

Era uma esperança. Nisso que ele iria focar. Arnaldo pegou sua mão e a beijou com carinho.

***

Em São Paulo, Camila retornara frustrada de sua viagem. A mãe percebeu que a situação se complicara pelo retorno tão rápido da filha, mas preferiu não questioná-la. Camila não estava disposta a dar explicações sobre a recepção fria que o marido lhe ofereceu. Ficou decepcionada com aquela atitude, mas decidiu seguir com sua vida. Ele disse que quando retornasse teriam a conversa definitiva.

Saiu logo cedo para o trabalho na expectativa de afastar do pensamento ideias infelizes.

Tinha muito a aprender caso quisesse manter a empresa em condições satisfatórias. Iria fazer todo o possível para se superar e corresponder ao desejo final do pai. Para isso, seria necessário que não desviasse seu foco do trabalho, deixando de lado sua vida afetiva.

No mesmo dia, Sofia já se inteirava, por meio de um informante, que a irmã retornara às suas atividades, apesar do estado de saúde delicado que o marido apresentava. Que esposa mais insensível! O que ela fazia aqui? Seus planos falharam? O trabalho não foi realizado de forma satisfatória, assim pensou e se enfureceu! Aníbal não correspondera ao planejado! Estava perdendo seus poderes? Iria ter com ele e colocaria tudo em xeque. Ele não poderia decepcioná-la! Não no momento em que mais precisava!

Saiu de forma intempestiva, com os nervos à flor da pele. Resolveria a questão naquele mesmo dia e, se preciso fosse, não pouparia esforços para acabar definitivamente com a irmã! O que acontecera? Por que seus planos falharam?

O lugar em que Aníbal morava era tão sombrio quanto ele próprio. Uma casa modesta e assustadora, com a pintura velha e descascada, acentuando seu ar lúgubre. Sofia bateu à porta e ele mesmo atendeu.

– Que surpresa! – Seu sorriso era sinistro.

– Surpresa foi saber que você falhou! Deu tudo errado! Incompetente!

Aníbal pegou o braço de Sofia e a puxou para perto de si com energia.

– Não diga o que não conhece! Sou poderoso e já dei mostras disso!

– Não importa o que fez, quero que desta vez faça bem feito! Pago o que quiser! Acabe com esse miserável, quero que ela sofra terrivelmente! Faça o que for preciso, e desta vez espero que tenha êxito! Já estou sentindo o gostinho da minha vitória! – E agarrou-o, beijando-o com fúria. Espíritos infelizes se compraziam com a situação!

Capítulo 29

Novas questões

Os dias se passaram rapidamente. A situação no hospital já estava sob controle e os feridos apresentavam melhoras significativas. Arnaldo colaborou na equipe médica, com empenho e dedicação. Otávio sentia-se mais forte, no entanto ainda persistia a sensação de estar sob vigilância constante e invisível. Helena aguardava ansiosa algum indício de que o medicamento estava sendo eficiente no tratamento do pai. Clara não se continha de tanto contentamento com a presença de Augusto. Sabia que isso poderia ser provisório e aproveitava cada momento para que ele pudesse sentir-se seguro e amado.

Em São Paulo, a situação não se alterara. Camila continuou com sua rotina, indo todos os dias ao escritório e, a cada dia sentia-se mais confiante e segura em suas ações – uma experiência nova que estava lhe rendendo frutos saborosos. Carmen estava orgulhosa do empenho da filha, porém a ausência de notícias de Sofia não era nada alentadora. Ela estava silenciosa, o que era preocupante. Dalva sentia o prenúncio de momentos difíceis. Redobrara suas orações, pedindo a intercessão dos amigos espirituais para que zelassem pela segurança da família. O momento requeria especial atenção!

Otávio e Helena estavam sendo discretos, evitando serem vistos juntos. Não era momento de uma exposição, e a cautela era a atitude mais adequada. Os encontros eram apenas casuais, visto que ambos praticamente estavam morando no hospital, cada um por seus motivos. Com tanto trabalho, ela não conseguiu comparecer ao centro espírita. Tobias prometera realizar novas reuniões mediúnicas tentando desvendar as causas da influenciação sobre Otávio.

No sábado pela manhã, Helena recebeu um telefonema de Tobias, solicitando a presença da jovem no centro. Precisavam conversar o mais rápido possível. Se possível, que Clara a acompanhasse.

Quando lá chegaram, foram recebidas carinhosamente por Tobias.

– Fico feliz que tenham entendido a gravidade do momento. Vamos para um lugar mais discreto. – E as convidou para uma pequena sala, dando início à conversa. – Ontem, realizamos uma reunião e fatos novos surgiram. Não entrarei em detalhes, pois isso é o que menos importa no momento e nada mudaria o quadro em questão. Clara, a situação de Otávio é crítica. Ele está sendo alvo de constante assédio, com o intuito de minar definitivamente suas energias.

– Mas isso já sabíamos. Qual o fato novo? – perguntou Clara, torcendo as mãos.

– Espíritos levianos querem desestabilizá-lo com o intuito de afastá-lo de suas funções.

– Desculpe-me, mas aonde o senhor pretende chegar? Está me assustando! O que mais está por vir?

Helena, com os olhos marejados, pensava se não seria ela a responsável pelo que estava acontecendo.

– Eu as chamei aqui por outro motivo. Existe algo sendo planejado contra Otávio. Mas não nos cabe aqui julgar os atos indignos de alguém contra um irmão de jornada para prejudicá-lo física, moral ou espiritualmente. Cada um responderá no tribunal divino por suas ações indébitas. Porém, se o Pai nos permite conhecer esses planos, certamente é para que auxiliemos a vítima, mostrando-lhe os caminhos de luz e amenizando os efeitos de atos contra a bondade e a misericórdia de Deus. Não importa saber quem é o responsável, mas atenuar os efeitos dessa perseguição desleal e sorrateira. – Ele fez uma pausa.

– O responsável irá arcar com as consequências desse ato indigno, quero crer – disse Helena, em lágrimas.

– Tudo a seu tempo, minha amiga. Os desígnios do Pai são infalíveis e tudo que possa desvirtuar suas leis encontrará resposta. Porém, como eu já disse, não podemos julgar esses invigilantes companheiros. Creio que nossa preocupação não deva ser com as consequências desses atos abomináveis, mas sim resolvê-las conforme nossas possibilidades. Não permita que a mágoa ou qualquer outro sentimento indigno faça morada nesse coração que comporta tanto amor! Exercite a compreensão, pois você já sabe que cada ser se encontra em patamar evolutivo próprio. E, portanto, cada um irá oferecer aquilo que possui – disse Tobias.

– O que nos sugere fazer? – Clara estava apreensiva com o relato. Pensava se Camila seria capaz de fazer aquele tipo de ação, porém o discurso veemente de Tobias a fez afastar qualquer pensamento de crítica. Em nada ajudaria o irmão.

– Continuaremos com a assistência, tentando impedir que essa obsessão se aprofunde e cause os danos que estamos tentando evitar. O processo pode ser longo e vai depender muito mais da condição que ele estabelecer com esses companheiros ignorantes da lei do amor. Tragam-no aqui, isso será importante para o fortalecimento de suas defesas espirituais. Peço que estejam atentas a qualquer sinal. Unidos no mesmo propósito, podemos obter resultados favoráveis. Otávio precisa reencontrar a paz, pois é por meio dessa fragilidade que eles estão encontrando as brechas para se aproximar dele, causando-lhe tanta perturbação. – Olhou Helena com carinho e finalizou:

– Ele precisa de você! Se o reencontro ocorreu é porque estava assim escrito. Saberão como proceder mediante os acontecimentos que estão por vir. Peço, apenas, que a culpa não a acompanhe, minha querida, pois bem sabe o que ela pode atrair.

Helena entendeu o recado subliminar que ele endereçava. Sabia que seu amor era verdadeiro e puro, porém estaria maduro para florescer? Tinha muito que avaliar. No momento, Otávio era sua maior preocupação. E de Clara também!

– Conte comigo! Ele virá na próxima reunião, prometo! – E olhou para a médica.

– Certamente! Não podemos descuidar um só instante. Ele é nossa prioridade!

– Eu sabia que poderia contar com vocês. Na segunda-feira as espero. Agora, preciso voltar ao meu trabalho. – E sorriu, acompanhando as duas mulheres.

Na volta foram direto ao hospital. No caminho, ambas estavam silenciosas, cada uma com seus pensamentos.

Encontraram Otávio e Arnaldo juntos, conversando anima-damente. Augusto os acompanhava e parecia outra criança, com apenas alguns dias recebendo carinho e atenção. Havia um brilho no olhar jamais visto.

Arnaldo as convidou para almoçar, visto que tudo estava tranquilo naquele dia. Helena foi a primeira a falar:

– Agradeço o convite, mas tenho trabalho a fazer. E estou ansiosa para um resultado que deve chegar a qualquer hora. Vou ficar com meu papai. Ele está se sentindo enjaulado. Nem mamãe está suportando seus achaques.

Júlio estava internado havia dez dias e isso estava sendo uma tortura para ele.

– Ficarei por aqui, com Helena, caso surja alguma emergência. – Otávio queria ficar com ela.

– Prefiro que os acompanhe. Qualquer coisa, todos serão avisados. Com licença! – disse Helena, despedindo-se.

– Aconteceu algo que eu não saiba? – perguntou Otávio à irmã.

– Nada, meu querido. Ela deve estar preocupada com o pai, apenas. Vamos! Precisamos de alguns momentos de paz. Augusto, você escolhe o cardápio. – E saiu dando a mão ao garoto que nunca tinha se sentido tão amado por alguém.

Arnaldo pegou o braço de Otávio e seguiram em direção à cidade para o almoço. O dia passou sem novidades. O resultado do exame tão aguardado foi adiado para o dia seguinte, deixando Júlio ainda mais irritado com a ausência de notícias. Mas Helena tinha tanta esperança... Ele também teria de ter! Por ela, por Elisa, por Miguel, por todos a quem tanto amava. Ao saber da notícia no final da tarde, apesar da frustração, ainda teve energias para sorrir e dizer aos familiares:

– É terrível a espera, mas é providencial. Aquele lá em cima sabe o que faz! Não é assim que se diz, Elisa? – Todos estavam impacientes pela espera.

– Papai, a confiança é a única arma que temos quando todas as outras já falharam. Medicamento algum é mais eficiente do que a confiança em sua própria cura. O caso é delicado, bem o sabemos, mas jamais será impossível quando se tem coragem de enfrentar os próprios medos e inseguranças, assumindo uma postura ativa e enérgica.

Elisa estava com os olhos marejados e abraçou-os com a força do seu amor.

– Nós venceremos, querido! Eu confio! Seus filhos confiam! Aquele lá em cima confia! E você, meu amor?

A emoção contagiou a todos no quarto, que naquele instante estava todo iluminado, numa profusão de cores, todas em tons claros.

– Com uma família como essa, que posso eu dizer? – Júlio estava com lágrimas nos olhos.

– Que vai se curar! – Helena olhou o irmão, Miguel, que sorria para ela.

– Eu vou me curar! – Essa afirmativa emocionou a todos os presentes.

– Papai, assim que tiver notícias nos falamos. Mas esteja certo que seu tempo de cativeiro está se encerrando. Conforme os resultados, voltará para casa amanhã mesmo. Mamãe, vá para casa e descanse, ficarei com papai esta noite.

– Nada disso! Quero vocês duas fora daqui nos próximos minutos. Miguel e eu temos muito a conversar e já havíamos resolvido que ele ficaria aqui esta noite. Vamos, quero as duas longe daqui imediatamente, ou terei de usar a força – disse sorrindo.

– É verdade, tenho de fazer o relatório de tudo o que aconteceu em casa no período em que ele esteve ausente. Podem ir! Cuidarei dele! Não tão bem como vocês, mas prometo fazer o meu melhor. Depois, ele está me devendo uma revanche no xadrez. – E mostrou a caixa contendo o jogo. – Desta vez vou aproveitar sua fragilidade e me garantir.

– Então assim está bom! Eu e Helena colocaremos a conversa em dia. E vocês, se comportem! Vamos, minha filha? – Elisa beijou os dois e saíram.

Encontraram Otávio, que vinha em direção ao quarto.

– Estava ansioso por notícias. E aí? – perguntou.

– Infelizmente, o resultado ainda não ficou pronto. Talvez amanhã!

– Será favorável, tenho certeza. – O clima estava estranho entre eles.

– Estamos indo jantar. Faz tempo que não fazemos um programa desses. Não o convido, pois é um jantar de meninas. – Elisa era uma mulher espirituosa.

– O convite fica para uma próxima oportunidade. Divirtam-se! – E Otávio saiu.

Elisa viu o olhar da filha sobre Otávio e sentiu certo constrangimento entre eles.

– Tudo bem, querida? – perguntou a mãe.

– Tudo, mamãe. Vamos?

Elisa sentiu algo estranho, porém era discreta. A filha falaria quando desejasse.

***

Em São Paulo, as tarefas pareciam infindáveis. Camila trabalhou quase todo o sábado com a equipe. No final do dia, já exaustos, Celso sugeriu:

– Que tal uma pausa para almoçar? – E todos riram do comentário, pois já passava das seis horas da tarde.

– Talvez jantar fosse a palavra adequada – disse Camila. – Estou faminta.

Todos, entretanto, recusaram o convite, cada um com seus compromissos já assumidos, restando apenas Celso e Camila. Os dois se entreolharam e sorriram.

– Não sei se será uma boa ideia. Estou exausta! – disse ela.

– Mas faminta também! Vamos, é só um jantar. Podemos finalizar aquelas pendências.

Camila estava insegura quanto a sair com um funcionário; talvez aquela não fosse uma boa ideia.

– Será só um jantar, prometo! – insistiu Celso.

– Com uma condição: deixemos as pendências para segunda-feira. Preciso relaxar!

– Promessa feita! Sem falar de trabalho, então. Vamos? – E saíram.

O restaurante era um local frequentado por ela fazia muitos anos, o preferido de seu pai.

– Papai adorava vir aqui! – disse ela com uma sombra no olhar.

– Eu sei, vim aqui várias vezes com ele. Por isso fiz essa escolha, eu sabia que não iria errar.

— Sinto tanta falta dele! Cada objeto, cada papel, cada documento, até a cadeira, tudo me faz lembrar dele. Não está sendo nada fácil assumir suas funções.

— E está se saindo muito bem, tenho de admitir. Eu tinha sérias dúvidas se você daria conta de todas as informações que precisou aprender. Mas seu desempenho é notório. Todos estão falando sobre sua eficiência em tão pouco tempo.

— Ora, está tentando me adular. Mas não precisa, tem um cargo invejado por muitos.

— Não faço elogios para barganhar alguma coisa. É a mais pura verdade! Seu pai ficaria orgulhoso de ver você atuando com tanta segurança em tão pouco tempo. Creio que isso seja hereditário! Traz isso no sangue! Façamos um brinde!

— Agradeço as palavras de incentivo. Fico muito feliz de saber que todo o meu esforço não está sendo em vão. Caso não saiba, já trabalhei com meu pai anos atrás. Estava meio enferrujada, mas nada que uma boa orientação não resolva. Agradeço a dedicação de todos vocês em me ajudar. Foram leais a papai e estão sendo a mim.

— Tudo o que os demais temiam, e eu me incluo, era que sua irmã pudesse assumir as responsabilidades da empresa. Talvez poucos tivessem ficado – após falar, ele se arrependeu. – Me desculpe, é sua irmã.

— Concordo plenamente com vocês. Apesar de ser minha irmã, é uma pessoa desprezível, e pouco contato tive com ela ao longo de minha vida. E agradeço! Não tem do que se desculpar. Essa preocupação ainda é a de minha mãe, que afirma que Sofia está tramando algo na surdina. É bem a índole dela fazer tudo pelas costas. Agora quem pede desculpas sou eu. Não vamos estragar nosso jantar. Façamos o brinde!

— À paz e ao seu sucesso!

— À paz e ao nosso sucesso!

O jantar se estendeu até quase o restaurante fechar. Camila não se divertia tanto fazia tempo. Celso era uma companhia agradável e divertida. Quando viu as horas, se assustou, lembrando-se de que avisara a mãe de que não voltaria tarde.

— O tempo passou rápido. Mamãe deve estar preocupada pela minha demora. Vamos?

– Foi uma noite muito agradável e, conforme prometi, não falamos de trabalho.

– Confiarei ainda mais em você. – Camila estava leve e feliz.

Celso a deixou em casa e, ao se despedirem, ela disse:

– Obrigada, Celso. Precisava de uma noite como essa! Em paz!

– A companhia estava agradável e bastante espirituosa, faceta nova que eu não conhecia sobre a minha chefe. – E beijou a mão de Camila educadamente. – Boa noite!

– Boa noite! – E entrou em sua casa.

Carmen a esperava na sala. Estava aflita com a demora.

– Mamãe, me perdoe. Não imaginava que fosse demorar.

– Fiquei preocupada, Camila. Está tudo bem?

– Tudo muito bem. Precisava relaxar um pouco e saímos para jantar. Eu e Celso. Uma companhia muito interessante. Agora entendo o carinho que papai tinha por ele. Uma pessoa educada, divertida, inteligente em suas colocações e muito respeitoso.

– Seu pai tinha muita estima por ele, sim. Foram vocês dois apenas?

– Sim, algum problema? – questionou a filha.

– Não, querida. Só não se esqueça de que é uma mulher casada. Seja discreta!

– Não sei por quanto tempo! Bem, vamos dormir, o dia foi longo para todos – decidiu não entrar na questão que tanto a atormentava. Otávio estava distante em todos os sentidos, e Camila não sabia se ainda teria um casamento. Subitamente ficou triste, lembrando-se do tempo em que eram tão felizes juntos! Esse tempo passara! O passado não voltaria, mas o presente estava para ser vivido em toda a sua intensidade!

Naquela noite teve novamente os pesadelos e acordou angustiada. Sentiu como se alguém a tivesse tocado. Um calafrio percorreu seu corpo e começou a rezar.

– *Não tenha medo de mim! Eu a protegi e assim farei por toda a eternidade! Cuidarei de você como ninguém jamais fez! Agora durma! Velarei seu sono!* – Eliseu ficou ao lado da cama admirando aquela que sempre seria sua. Mas isso durou pouco!

Camila demorou a pegar no sono novamente e, quando o fez, sentiu-se conduzida por mãos amorosas a um lugar que ela desconhecia.

– *Não tenha medo! Agora está sob a proteção de companheiros da luz, que tudo farão para ajudá-la. Fez acordos no passado, e essa é a causa desse assédio infeliz, que compromete sua encarnação atual. Depende apenas de você a solução desse grave problema, libertando--se de Eliseu e também libertando-o, para que ambos possam dar continuidade à própria evolução.* – A voz que ela jamais ouvira era de uma mulher.

– Não entendo o que está dizendo! Não me lembro do que fiz! Por que está me assustando?

– *Estamos aqui para ajudá-la, minha menina. Como bem sabe, o passado não pode retornar, apenas nos assombrar. Ações indignas acarretam reações do mesmo teor. Como imperfeitos que somos, causamos sofrimentos indizíveis a companheiros, apenas para satisfação de nossos desejos impróprios e egoístas. Você estaria no caminho da própria reeducação se não tivesse se associado a companheiro tão invigilante. Esse pobre companheiro ainda se encontra preso ao passado, sem se conformar que você aqui se encontra, numa nova oportunidade de seguir pelo caminho da luz, ao contrário da sombra que sempre a acompanhou. Nesta nova encarnação, tem em suas mãos a liberdade para realizar as obras que programou. Depende apenas de você o sucesso ou o fracasso de sua empreitada. Um aprendizado se faz necessário e é imprescindível que saiba afastar o egoísmo, chama que ainda impede a ascensão da criatura humana a patamares superiores. Lembre-se de que já falhou nesse delito e esta é a chance de se redimir perante seu passado. Quando compreender que o único caminho da redenção é o amor puro e incondicional, sua tarefa estará sendo concluída com louvor. Tem amigos a ampará-la, busque-os! Fique na paz! Deus a abençoe!*

Camila despertou com uma intensa sensação de paz. Ouvia ao longe as palavras, porém não se lembrava de quase nenhuma. Uma, no entanto, não saía de sua cabeça: egoísmo. O que isso queria dizer? Por que a perturbava tanto?

Capítulo 30

Revelações

O domingo foi tranquilo e o tão aguardado resultado só aconteceu na manhã de segunda-feira. Clara estava com Otávio, quando Helena apareceu com os exames na mão.

– Não tive coragem para abri-los. Façam isso por mim, eu lhes peço.

Otávio abriu o envelope e analisou cuidadosamente as informações. Após alguns instantes, abriu um sorriso e felicitou a jovem:

– Ainda é cedo para avaliar com precisão, mas é um resultado satisfatório. Você tem um longo caminho a percorrer, porém já sabe que a rota é essa. Parabéns! Já posso imaginar a primeira providência.

– É tirar papai daqui, pois se ele não enlouquecer, enlouquecerá a todos nós como castigo. Daqui a uma semana ele precisará tomar o medicamento novamente, e terá de ser aqui, onde me sinto mais segura. Não sei como agradecer tudo o que fizeram por nós. – Seus olhos estavam marejados. – O pai de vocês foi meu grande incentivador e devo a ele todo o sucesso.

– E a sua parte, Helena? E os anos de pesquisa? Papai nos contou tudo desde o início. Mérito seu. Parabéns! – Clara também estava emocionada com os resultados. – Não esqueça nosso compromisso de hoje à noite.

– Já falou com Otávio?

– Sobre o quê? – perguntou ele, curioso.

– Bem, vamos a um centro espírita. Tobias, o dirigente, foi quem esteve conosco quando seu estado de saúde se agravou. Helena, nos acompanhe num café e me ajude a explicar a Otávio tudo o que ele nos contou. Você tem mais experiência nessa área que eu. – E sorriu para a amiga. – Seu pai pode esperar uns minutos mais. Otávio precisa saber tudo o que está acontecendo com ele. Vamos?

As duas mulheres contaram o que sabiam sobre os temores de Tobias e sobre a influência hostil da qual Otávio era vítima. Ele procurava assimilar cada informação, surpreso. Jamais imaginara que isso fosse possível, menos ainda que pudesse gerar desequilíbrios orgânicos, como o que ele sofreu. Seria possível essa intromissão? Um habitante do mundo espiritual, seja por qual motivo, poderia prejudicar voluntariamente um ser do mundo material? Estava confuso. Mas sua percepção o orientava que algo, além do seu conhecimento, estava interferindo significativamente em sua vida, provocando grande perturbação. No fim das explicações, disse:

– Vou com vocês. Quero compreender o que está acontecendo em minha vida. Acho que existe algo, misterioso e sobrenatural, tentando comprometer meu equilíbrio. Admito, no entanto, que tudo é um grande enigma.

– Há muitos fatos incompreensíveis que a nossa razão não admite, mas se observarmos com as lentes do espírito, achamos significado para tudo. Esses dois mundos interagem, e o influenciamos tanto quanto somos por ele influenciados, numa troca incessante de experiências. É uma questão de sintonizar a frequência. Algumas pessoas possuem a habilidade de conviver nas duas realidades. Com suas percepções mais apuradas, sentem aquilo que outras não percebem. Tobias possui essa ferramenta em alto grau e pode auxiliá-lo a compreender o que se passa. Sua irmã, pelo que já percebi, consegue entrar nessa realidade espiritual com facilidade, tanto que ela o ajudou muito, doando-lhe fluidos e restabelecendo seu equilíbrio. Eu tenho ampliado essa percepção, estudando e praticando, o que não é novidade para você. Talvez isso seja um chamado, uma forma de despertar em você outros interesses que não os puramente racionais. Talvez esteja sendo vítima de uma obsessão, reflexo de condutas inadequadas do passado. O que sabemos é que precisa passar por isso para que um aprendizado aconteça. Somos ainda muito imperfeitos e carregamos a dualidade em nós: sombra e luz! O fato é que nos custa a admitir que aqui estamos para efetuar um aprendizado, que pode ser pela dor ou pelo amor, enfrentando nosso maior inimigo, a nossa imperfeição! – Helena estava envolvida num halo de luz, e suas palavras saíam com naturalidade. Sentiu-se envolvida por um companheiro do mundo espiritual, um ser de luz, e a paz a invadi-la. Clara observou a cena que se desenrolava em outra realidade, a extrafísica, e viu uma entidade luminosa bem próxima da amiga.

– Bem, é isso! Falei demais! Existe uma explicação para cada fato vivido por nós, que chegará quando assim for possível. – Ela olhava com carinho para Otávio, envolvendo-o em todo o seu amor. Ele sempre seria especial em sua vida!

– Vou com vocês. Preciso entender o que está acontecendo. A explicação me convenceu! – E devolveu o mesmo olhar profundo, numa linguagem apenas dos sentidos. A conexão se estabeleceu, unindo-os pela força magnética que os envolvia.

Clara sabia dos dramas que ambos carregavam, mas nada poderia fazer por eles. A decisão lhes pertencia!

– O dia será longo, queridos! Helena, libere seu pai desse cativeiro. Mandarei um telegrama a papai, ele ficará feliz com as notícias. – E abraçou a amiga com carinho.

– Vou com você! – Otávio a acompanhou até o quarto de Júlio. A notícia foi recebida com alegria e muita emoção.

– Papai, essa etapa foi vencida. Porém, lembre-se de que a jornada está apenas no início.

– Mas já é motivo para comemorar. Posso ir embora? – perguntou eufórico.

– Sim, mas com regresso já estabelecido, combinado?

Elisa, com os olhos marejados, disse:

– Queridos, vamos fazer uma prece de agradecimento a Deus por essa notícia! – Deram-se as mãos, e ela proferiu sentida prece, comovendo a todos ainda mais. – Sei de seu esforço, minha filha, mas é a Ele, este Pai de amor, a minha eterna gratidão.

– Concordo, minha mãe. – E a abraçou.

Otávio viu a união existente naquela família, sentindo que já os conhecia fazia tempos.

– Meu pai ficará radiante com a notícia. Enquanto se aprontam para sair, preciso falar com Helena um instante. – Pegou seu braço com carinho e a conduziu para fora do quarto.

– Aconteceu algo? Sinto-a distante de mim. Fiz alguma coisa?

– Nada mudou, se é isso que o aflige. É um momento muito tenso e preocupante. Confesso que estou temerosa pelo que possa acontecer com você. Quero ajudar e não comprometer ainda mais a situação. Nosso reencontro não foi casual, mas sim fruto de uma programação, que não sabemos qual é nem o que precisamos aprender. Meu coração está em conflito. Preciso ficar tranquila para que eu possa observar, com olhos serenos, os caminhos que devo trilhar. Tudo tem seu tempo de florescer, meu querido. Quero você ao meu lado para toda a eternidade, mas isso só irá acontecer quando for o momento! E ele ainda não chegou! – Seus olhos marejados denunciavam a angústia que a acometia.

Otávio queria abraçá-la e dizer que tudo ficaria bem, mas ela estava certa. Teriam de controlar suas emoções por ora. Cada coisa a seu tempo!

– Preciso ir agora, Otávio. Nos vemos à noite. – E beijou o rosto dele com carinho.

Ele ficou estático, pensando nas infinitas possibilidades que a vida lhe oferecera. Pensou em seu pai, em Camila, em Clara, em todos os que compartilhavam sua existência. Sentiu uma dor pungente no peito que quase o fez perder o ar. Novamente a sensação! Percebeu que todas as vezes que estava angustiado, essa dor o visitava, como se alguém fincasse uma faca em seu peito. Respirou fundo e assumiu o controle do seu corpo, caminhando lentamente pelos corredores do hospital. Ele parecia sua casa e sentia-se confortável com isso. Aos poucos, tudo foi serenando, e ele percebeu que precisava realmente ir à reunião no centro espírita. Não sabia o que iria encontrar, mas certamente obteria respostas.

E assim aconteceu... Tobias iniciou a reunião convocando todos os trabalhadores da luz para auxiliá-lo. Que tudo pudesse ser resolvido de forma precisa e companheiros ainda invigilantes pudessem reformular suas condutas, refazendo caminhos tortuosos que apenas os conduziriam a maiores sofrimentos.

Helena, dessa vez, foi orientada por Tobias a sentar-se junto aos demais médiuns. Isso acontecera algumas vezes apenas, e sentiu-se insegura. Porém, ele lhe enviou um sorriso franco e confiante, que a fez se tranquilizar. Se ele acreditava que ela estava pronta para desempenhar a tarefa, assim seria! Otávio e Clara estavam sentados próximos ao grupo. Uma música suave e quase inaudível deixava o ambiente mais sereno e acolhedor. A eterna batalha entre a sombra e a luz!

Após a preparação, os médiuns se colocaram à disposição do intercâmbio que lá seria palco. Toda a equipe espiritual estava preparada para a tarefa da noite, assim como toda a equipe encarnada, cada um na sua função.

Em poucos instantes, um médium sentiu a presença de um habitante do mundo espiritual encolerizado e agressivo. O homem, um experiente médium, começou a se debater, pedindo que o soltassem imediatamente. Tobias aguardou um pouco e disse:

— Acalme-se, meu irmão. Não há motivos para tanta fúria; afinal, ninguém o está prendendo. Vamos conversar um pouco, creio que esteja precisando.

— *Não quero conversar, quero sair daqui! Estão me prendendo, sim! Se assim não fosse, eu não estaria aqui conversando com você!* — A voz era grave e um tanto sinistra.

— Volto a dizer que ninguém está prendendo você. Nós o trouxemos aqui apenas porque gostaríamos de saber o que anda fazendo. Uma resposta será suficiente!

Ele ficou calado por um momento e se acalmou:

— *O que deseja saber? Pergunte logo, pois estou trabalhando. Ele não pode saber que estive aqui. Aliás, como fizeram isso? Pensei que apenas ele tivesse esse poder!*

— Não sei de quem está falando, meu amigo. Devo esclarecer que não temos poder algum, a não ser Aquele que nos criou para a luz! Sabe a quem me refiro!

Ouviu-se uma gargalhada estridente e em seguida, a entidade se pronunciou firme:

— *Esse a que você se refere não cuida dos que se perderam! Cuida apenas dos que fazem sua vontade sem contrariá-lo. Ele virou as costas para mim! Agora tenho outro senhor e é a ele que sirvo com minha*

lealdade! E terminarei meu trabalho, queiram vocês ou não! Em breve, sentirão a força que emana dele! Era só isso?

– Poderia ser mais claro, meu amigo? Que está fazendo? Que armadilhas usa? Conhecemos seus planos e devo adverti-lo de que está fadado ao insucesso. Seu senhor não tem mais poder que Deus! – Tobias tentava desarticular seu discurso.

– Pare de falar de Deus! Eu não o aceito como tal, já lhe disse! E não tente incutir a dúvida em mim. Sei muito bem como atingi-lo e será breve. Existem muitas formas de atingir um objetivo, posso dar voltas e voltas e, quando ele achar que está tudo bem, dou o bote. Mais fácil do que supunha! Posso usar tantos artifícios para conseguir o que desejo, que você se surpreenderia! Agora quero ir embora! – ordenou, colérico.

– Conte-nos por que está agindo contra esse irmão que nada lhe fez nesta vida. Por que deseja que ele retorne para seu mundo? Não teme represália? Sabe que ele tem uma equipe de luz auxiliando-o e tudo farão para que seu plano não se concretize. Ele tem uma programação a realizar e nem você, nem seu senhor, poderão impedi-lo de continuar sua existência. Ou será que desconhecem isso?

– Pare de me enganar, já disse! Não tente me desafiar, pois sou capaz de acabar com todos com um simples gesto! – E se calou.

– Estamos esperando seu golpe fatal, mas devo dizer que nos preparamos para esse embate. Irmãos da luz já estão a postos! Entretanto, não queremos a guerra, apenas a paz. É ela que permite que o amor habite em cada coração! O amor já habitou o seu, tempos atrás, e pode retornar a conduzir suas ações. É escolha sua!

A entidade começava a dar sinais de dúvidas, ficando calada.

– Eu tenho um trabalho a fazer! Ele me confiou essa tarefa, não posso decepcioná-lo. Caso não lhe obedeça, ele me prenderá naquela cela imunda e fria. Não quero que isso aconteça! Ele é poderoso e tem um exército ao seu lado! Não posso ficar contra ele!

Tobias já estava com pena, mas tinha de prosseguir.

– Podemos ajudá-lo, se nos permitir. Já lhe disse que ele não é mais poderoso que o Pai Maior. Sei que acredita piamente que Deus o abandonou, porém não foi assim que aconteceu. Ele apenas usa da correção com aqueles que infringem suas leis. Ele nos enviou seu filho

para nos ensinar seu maior mandamento: o amor! É por amor que Ele permite que um filho que comete erros seja corrigido. Não é punição, mas correção! Foi assim que Ele agiu contigo, meu irmão querido. Deus jamais esquece ou abandona um filho amado! Sei que carrega a mágoa no coração e isso o está envenenando a cada dia! Há quanto tempo não tem um instante de paz? Um pensamento que não seja de vingar-se a todo custo? Não é isso que o Pai deseja para você, pois Ele não quer o sofrimento do filho, mas a sua redenção! Ele quer que o filho não peque mais, como disse Jesus aos que o buscavam solicitando a cura de suas dores. Reflita em minhas palavras e faça novas escolhas para sua vida futura. Busque a luz! – As palavras de Tobias atingiram o coração da entidade, que começou a demonstrar relutância. Em seguida, começou a chorar, sentindo energias sutis o envolvendo.

Clara estava extasiada, observando com atenção o que lhe foi permitido. Ela viu companheiros de luz se aproximando, e um, em especial, se destacou, colocando-se ao lado da entidade, que chorou em decorrência da proximidade de alguém muito querido que lá estava em tarefa socorrista. Entretanto, como Tobias orientara, a decisão de permanecer ou não nas trevas era dela.

Quando a entidade se acalmou, já se preparando para o resgate, disse:

– *Não sei como fizeram isso! Fazia tempos eu não sentia tanta paz! Não mereço!*

– Se o arrependimento for verdadeiro, você se torna merecedor do socorro. Tem algo a dizer que possa auxiliar nosso irmão encarnado? – A pergunta foi direta.

– *Sinto lhe dizer que sou o menor dos problemas. Estou me retirando, mas ele enviará outros para continuar a tarefa. Não vou dizer o que não sei, pois apenas cumpro ordens. Ele corre perigo, mas não é ele o alvo! Só isso posso dizer! Não sei mais nada!*

– Agradeço, meu querido irmão. Nossos amigos o conduzirão em segurança para um local onde terá oportunidade de reavaliar seus feitos. O Pai espera que cada filho retorne para seu reino de luz. Que Deus o abençoe! Agradecemos sua ajuda. Vá com eles agora!

– *Obrigado!* – E saiu conduzido pelos irmãos de luz.

Tobias fez uma prece de agradecimento ao Plano Superior pelo auxílio realizado. Otávio ouviu a frase que ele dissera, sem compreender: "ele corre perigo, mas não é o alvo". O que aquilo queria dizer? Parecia uma charada e, portanto, teria uma explicação.

Em seguida, os médiuns continuaram seu trabalho, como intermediários das duas realidades tão próximas. Helena sentiu uma brisa suave envolvendo-a e percebeu que havia alguém ao seu lado, esperando a oportunidade de se manifestar. Entregou-se confiante e aos poucos sentiu aquele envolvimento. E começou a falar:

– *Filhos queridos do meu coração, que a paz de Jesus os envolva. Estou feliz por me permitirem aqui estar, tão perto de meus amores. Sabemos que as separações são provisórias; no entanto, a saudade acaba se tornando dolorosa ao extremo. Cada um tem seu próprio caminho, previamente programado, com encontros que criam novos afetos; reencontros que fortalecem os laços já existentes; e desencontros que nos ensinam a difícil arte da aceitação, compreensão e perdão. Clara, filha querida de tantas vidas, representa um feliz reencontro que o Pai permitiu acontecer. Já caminhou tanto, conquistou tantos valores, realizou tantas boas obras para o mundo. E para si? O que tem feito para sua felicidade? Tem evitado uma forma de amor puro e genuíno. Pense nisso e faça novo aprendizado! Otávio, meu filho, que vivencia um reencontro de almas que se buscam no tempo e no espaço há séculos. Tem um compromisso com aqueles que você desviou da senda da luz. Seus débitos se perdem na poeira do tempo, quando ainda desconhecia a lei do amor. Mas você não se esqueceu deles, e a cada encarnação solicita ao Pai Maior uma forma de quitá-los. Tem ainda um caminho a percorrer, que você mesmo solicitou, na compreensão definitiva da lei do amor! Cada oportunidade de aqui estar é bendita! Faça bom proveito, iluminando seu espírito imortal e auxiliando o outro a atingir a própria evolução. Cuide-se, vigie seus pensamentos e permita que sua consciência dite os rumos do seu caminhar! Que Deus abençoe a todos e, em especial, a vocês, filhos amados!*

A entidade se despediu e partiu, deixando a plateia tomada pela emoção.

Capítulo 31

Notícias dolorosas

Tobias encerrou a reunião, proferindo uma sentida prece de agradecimento a tudo que foi possível compartilhar naquela noite. Clara e Otávio estavam profundamente emocionados. Sua mãe lá estivera e lhes deixara uma mensagem de esperança e conscientização de seus papéis enquanto encarnados. Cada um com suas respectivas tarefas!

Após o intercâmbio, Helena sentiu uma suave brisa envolvendo seu ser. Agradeceu intimamente a oportunidade de ser a intermediária de tão iluminada entidade. Abriu seus olhos materiais e constatou a emoção que dominava os dois irmãos. Lembrava-se da mensagem destinada a ambos e tentava compreender o que aquilo significava.

Após todos saírem, permaneceram na sala apenas Tobias, Helena e os dois irmãos, que estavam de mãos dadas e com a cabeça baixa.

– Espero que tenham compreendido a mensagem, meus filhos. Nem sempre somos merecedores de intercâmbio tão esclarecedor. Agradeçam a Deus por essa bendita oportunidade! Esse espírito luminoso, que nesta última encarnação esteve no papel de sua mãe, tem zelado por vocês, oferecendo orientações seguras a ambos pela telepatia, pela linguagem do pensamento. Hoje, excepcionalmente, foi permitido que estivesse aqui, e espero que tenha tocado o coração de vocês. Tudo tem uma explicação, meus amigos, mesmo que à primeira vista possa não parecer. Nossas ações no presente refletem nosso empenho em seguir caminhos mais iluminados, resolvendo pendências do passado que nos afligem e perturbam nossa evolução. E, também, ajudando aqueles que estiveram sob nossa tutela ou sob nosso jugo. A bênção do esquecimento é bendita, pois talvez não conseguíssemos levar a termo tudo o que programamos, seja para nosso benefício, seja para aqueles a quem dedicamos nossos esforços para se afastarem das sombras. Para quem conquistemos a felicidade plena, façamos o bem, auxiliemos quem necessita, busquemos a luz, pois só assim a paz estará presente em nosso mundo interior. E o que significa viver em paz?

A pergunta foi direcionada a todos, cada um sabia a própria resposta. E continuou:

— Otávio, o que pensa fazer após tudo o que ouviu?

Ele ainda refletia sobre o que acabara de ouvir e não tinha uma resposta pronta. Clara rememorava as palavras da mãe. Helena olhava os dois irmãos e sentiu vontade de abraçá-los, de dizer que estaria junto em qualquer situação, pois era ao lado deles que iria construir sua história. No entanto, sentia que o momento ainda não chegara. Saberia esperar.

— Meus irmãos, muito há de se fazer para que a harmonia volte a conduzir sua vida. Por ora, a vigilância é essencial para que companheiros infelizes e carentes não consigam obter seus intentos. Nossa maior defesa é a oração, que limpa nosso coração de todo e qualquer sentimento inferior e permite que nossos pensamentos se conectem com o Pai Maior. Ele assiste a todos, envolvendo-nos em amor e luz. Coloquem em ação suas potencialidades, visando ao bem comum e ao perdão incondicional a quem ainda não reconhece a paternidade divina. Conte com nosso humilde grupo para dar continuidade ao tratamento. Otávio, se possível, esteja presente em nossas reuniões. O convite é estendido a você, Clara.

Otávio levantou-se e abraçou com carinho Tobias, que retribuiu o afeto.

— Só posso dizer uma coisa: obrigado! Entendi o recado, mas uma coisa ainda me intriga. O que significa a frase "ele corre perigo, mas não é o alvo"?

O homem ficou a refletir se deveria, ou se poderia, contar sobre aquilo.

— Será tão importante assim entender as minúcias, quando o mais importante está claro? Você corre perigo e é nisso que devemos nos ater. Esqueça o restante. Pelo menos por ora. Vamos nos preocupar com seu franco restabelecimento e proteção. Vigie cada passo e cada ação que oferecer ao universo. Essa é a sua maior proteção! Cuide-se, em outras palavras.

Clara o abraçou e disse algo baixinho no ouvido de Tobias, que o fez sorrir.

– Meus queridos, senti uma imensa alegria de poder intermediar sua mãe. Jamais vivenciei experiência mais gratificante. Obrigada! Nos vemos amanhã! Boa noite! – disse Helena, com alegria.

Os dois irmãos a abraçaram e todos seguiram para casa.

– Jamais pude imaginar isso ser possível. Estou confuso! – afirmou Otávio. – Clara, o que você disse a ele antes de se despedir?

– Segredo nosso! Deixe de ser curioso!

– Não gosto nada disso! – disse, olhando de soslaio para a irmã, que sorria.

Ao chegarem a casa, encontraram Arnaldo e Augusto ainda acordados. O médico se instalara lá desde que chegara à cidade com o garoto.

– Posso saber o que significa isso? – resmungou Clara, tentando fazer cara de brava. – Não é hora de estar acordado! Grande babá você se tornou, Arnaldo!

Os dois deram uma gostosa gargalhada, e Augusto correu para abraçá-la. Depois de muitos beijos, Clara encarou fixamente Arnaldo e disse, sem imaginar o efeito que causaria:

– Grande pai você vai ser! Vou repensar minha escolha! Bem, fique com Otávio, ele precisa de você. Vou colocar esse garoto para dormir! Vamos? – E ofereceu um suave, porém significativo sorriso para Arnaldo, que retribuiu com um abraço.

– Boa noite, Clara! Este menino tem energia suficiente para acabar conosco!

Os dois subiram as escadas correndo, entre risos e brincadeiras.

– Pode me explicar o que aconteceu esta noite? – Ele estava curioso.

– Você não pode imaginar! Venha, preciso desabafar com alguém. – E contou tudo o que acontecera. Ao falar sobre a mãe, a emoção brotou novamente e foi difícil rememorar todas as palavras. Porém, entendera o sentido do que ouviu e isso bastava.

– Realmente, uma noite excepcional. Ela é um espírito de luz, certamente. A mensagem foi providencial e espero que tenha compreendido qual o seu papel a realizar, meu amigo. A própria profissão que escolheu já deu início à sua programação: salvar vidas. Porém, colocando seu coração nessa escolha, para não se tornar apenas um gesto mecânico e desprovido de emoção. Você nunca agiu com frieza, e posso constatar nesses anos ao seu lado. Talvez seja o momento de iniciar outra tarefa: resgatar almas!

Otávio olhou surpreso para o amigo.

– Não entendi! O que preciso fazer?

– Salvar vidas foi a escolha da sua profissão. Resgatar almas será a escolha do seu espírito eterno. O mundo é um campo infinito para ser semeado, meu amigo. Você possui sementes que precisam ser plantadas no solo do seu coração, para que muitos possam colher um dia! Sei que algo tocou seu coração nesta noite. Talvez tenha sido um despertar para dar início à sua tarefa. E ficar parado ou fugir dos problemas não fará você conquistar a paz! Só pela ação, pelo trabalho em prol do seu semelhante que isso irá acontecer. Essa foi a maneira de sua mãe lembrá-lo de tudo que deve realizar nesta encarnação. Não pense apenas em Camila ou Helena, mas nas mulheres e nos homens do mundo que necessitam de seu auxílio! – Enquanto ele falava, uma luz suave o envolvia. Companheiros do Plano Maior, em tarefa de esclarecimento, utilizavam Arnaldo como intermediário.

As palavras do amigo tocaram fundo a alma de Otávio. Seria essa a forma de vigilância a que Tobias se referia? Vigiar seria o significado de cuidar do outro e conquistar a própria proteção, aumentando suas defesas? Jamais pensara nesses termos; aliás, nos últimos meses pensara apenas em si mesmo, como se fosse o centro do universo! Sua vida não era mais importante do que a de tantos outros! Era urgente sair de seu mundo restrito e olhar à sua volta, percebendo que não era apenas um espectador da vida, mas um participante ativo que tinha tarefas a desempenhar; sair do seu egoísmo e entrar no campo da solidariedade atuante. A vida era muito mais do que até então podia observar!

Camila representava apenas parte do seu problema, que teria de resolver para poder seguir adiante. A maior parte deles se encontrava em como administrava sua vida! Naqueles breves instantes tudo se transformara significativamente. Sorriu para o amigo e disse:

– Hoje está sendo o dia das grandes revelações e só tenho a agradecer aos amigos. Acho que a vida se incumbirá de me mostrar os diversos caminhos à frente. Caberá a mim efetuar as melhores escolhas. Você é um grande amigo, Arnaldo! E talvez nossos laços se estreitem! – Suas palavras encheram os olhos do amigo de esperança.

– Creio que essa reunião foi mais que providencial. Porém, sua irmã é sempre uma caixa de surpresas. Aguardemos! – E devolveu o sorriso confiante.

– Bem, vamos dormir, amanhã temos trabalho a realizar. Sua presença está sendo de grande valia. Espero que possa ficar mais alguns dias conosco.

– Pelo menos mais uma semana. Foi isso que consegui. Uma experiência gratificante!

E os dois subiram as escadas conversando sobre o hospital.

***

Enquanto isso, em São Paulo, a situação estava tensa pelo olhar perturbado de Sofia.

Ela planejara minar a resistência da irmã, porém nada surtira o efeito desejado. Seu advogado, para complementar sua irritação, estava reticente quanto a obter uma solução menos ética. No final da conversa, após as reprimendas e impropérios, ela exigiu uma ação contra a irmã e a mãe. O homem, apesar de utilizar meios ilícitos na maioria das vezes, não estava mais disposto a tal atitude. Tivera lampejos de um futuro pouco animador e não estava mais convicto de que aquele fosse o caminho ideal. Não queria se prejudicar pela mulher que nos últimos dias demonstrava total ausência de escrúpulos. Mas, por medo, afirmou que daria continuidade aos desejos de Sofia. Não queria que a ira dela recaísse sobre ele.

Sofia, em seu deturpado mundo interior, não admitia que a irmã pudesse ter mais sucesso que ela. Jamais a aceitara em sua vida. Camila era um empecilho e assim tinha sido desde que nascera. Lembrava-se de quantas vezes imaginava a morte da irmã em sua mente perturbada. Não sabia os motivos que a levavam a ter tais sentimentos, apenas queria a irmã fora do seu caminho de uma vez por todas. Desejar sua morte era uma ideia que começava a se delinear. Mas, se ela morresse, finalizaria o ódio, e não era isso o que Sofia desejava ardentemente. Queria o sofrimento de Camila! E sabia como fazê-lo! Mais alguns dias, tudo se confirmaria!

Os amigos espirituais a tudo assistiam e estavam temerosos com as possíveis implicações de sua loucura. No entanto, eram escolhas comprometedoras, a que ela teria de responder no futuro. A cada um as suas obras!

Camila, por sua vez, a cada dia mostrava mais empenho em suas tarefas, sentindo que descobrira uma razão para viver que não fosse Otávio. Era algo novo em sua vida e estava apreciando. Estava cercada de funcionários leais e dispostos a auxiliá-la, o que era confortador. Celso, em especial, se tornara um grande amigo, oferecendo preciosas orientações sobre a condução de seu trabalho. Estava, a cada dia, se aproximando mais dele e, consequentemente, seu desempenho nas tarefas se aprimorava. Os dias se passavam, e a proximidade entre eles se estreitava. Havia muito tempo Camila não se sentia assim! Tinha colocado objetivos em sua existência, tornando-a mais produtiva. A vida superficial, de ostentação, ficara para trás. Lembrava-se do marido quando se deitava e via o leito vazio. Sentia uma pontada no peito, uma angústia inexplicável e dolorosa. Otávio se tornara distante. Sabia que o estava perdendo um pouco a cada dia. A saúde dele se estabilizara, e isso a confortava. Jamais desejaria o mal dele, pois seria sempre seu grande e inesquecível amor! Desejava que tudo fosse diferente, mas parecia impossível. O que faria com todo amor retido no peito? Por que tinha de ser assim? Ele seria sempre especial, não importava o que acontecesse dali para a frente!

Quem não gostava nada disso era Eliseu, que parecia ter perdido o controle que exercia sobre ela. O que estava acontecendo? Por que não conseguia mais se aproximar dela? Quem teria feito tal magia? Ela era sua e assim seria! Quando ela dormia, tentava tocá-la, no entanto algo o impedia. Tentava entrar em seus sonhos, mas isso se tornou tarefa impossível. O assédio sobre ela arrefecera, e ele não entendia como isso tinha acontecido! Talvez aquele desgraçado e traidor tivesse participação! Mas se ele não mais a queria como esposa, por que perturbar seus intentos? Alice era sua! Ou como quer que se chamasse agora! Ele andava de um lado a outro, tentando encontrar uma resposta. Parecia uma fera enjaulada, decidida a atacar quem se colocasse à frente!

No hospital, a situação se acalmara. A saúde de Otávio se equilibrava, e Clara conseguiu ficar com Augusto pelo período de férias escolares, com anuência da justiça. Helena continuava com o tratamento experimental em seu pai, que parecia estar respondendo favoravelmente ao medicamento. Decidira ficar distante de Otávio, até que tudo fosse resolvido. Arnaldo prometeu ficar por lá mais uns dias, para alegria de Clara, que, após aquela comunicação da mãe, decidira reavaliar seus planos futuros. Quem sabe daria uma oportunidade ao amor?

Os dias se passavam. Tudo caminhava de forma ordenada e serena. Cada um respeitando seus limites e sua programação previamente traçados.

Otávio acabou participando de outras reuniões mediúnicas. O assunto o atraía cada vez mais. Era uma maneira de estar próximo de Helena, que não fosse o hospital. Seus olhares se cruzavam, e sentimentos puros fluíam. Ambos sabiam qual seria seu destino, apesar de o tempo ainda sussurrar-lhes: tenham paciência! Clara e Arnaldo também compareciam às reuniões, estreitando laços e planejando projetos semelhantes de vida.

Vinte dias após o início da viagem de Rodolfo e Marina tudo parecia caminhar bem. Os irmãos achavam que o casal devia estar aproveitando bastante os derradeiros momentos de lazer e cumplicidade. Mas no vigésimo segundo dia, receberam um telefonema angustiado de Marina. Eles estavam na Itália, quando o pai teve um desmaio e precisou ser levado a um hospital. Lá os médicos que o examinaram constataram seu grave e irreversível problema. Eles o medicaram e solicitaram que retornasse imediatamente ao seu país de origem.

Foi Clara quem atendeu ao telefonema de Marina. Rodolfo havia pedido à esposa para avisar que estavam retornando na manhã seguinte. Marina estava transtornada, e Clara fez de tudo para acalmá-la. Era necessário que ela estivesse serena diante da situação que enfrentava. Entre lágrimas, disse:

– Seu pai está morrendo e não há nada a fazer. Por que ele me escondeu isso?

– Ele quis preservá-la, Marina. Sabia o quanto você sofreria com isso. Fique calma, minha querida. Em breve estarão aqui. Faremos tudo ao nosso alcance. Não brigue com ele, apenas peço. Ele fez tudo isso por amor! – Clara continha a emoção e, assim que desligou, chorou, revelando sua dor.

Otávio a abraçou. Agora era fato, e isso os atemorizava. Como seria quando o pai não mais estivesse com eles? Ele era a alma daquele hospital, e sem sua presença dinâmica e calorosa todos iriam se ressentir.

Porém, não há nada que não possa se transformar. Eles encontrariam uma maneira de dar continuidade à sua obra. A vida prossegue em seu ritmo constante e soberano!

Arnaldo chegou no mesmo instante que Helena. A verdade estava clara! Não havia nada a dizer, apenas queriam sentir-se confortados naquele momento.

Clara foi a primeira a quebrar o silêncio:

– Sabíamos que isso aconteceria cedo ou tarde. Precisamos administrar da melhor forma possível o inevitável. Papai é forte e precisa apenas de nossa presença ao seu lado.

Helena foi até Otávio e segurou seu braço docemente. Queria tanto consolá-lo com a força do seu amor, e era isso que ele esperava dela naqueles instantes dolorosos.

– Tudo ficará bem, eu prometo. Tudo se encaminha sob o olhar atento do Pai Maior. Seus desígnios são infalíveis e temos de aceitar, pois tudo é justo e certo! O tempo dele está se encerrando aqui entre nós, mas ele prosseguirá sua jornada evolutiva alçando voos maiores. A vida continua! E é nisso que temos de acreditar! – E o abraçou mais uma vez.

Capítulo 32

Rumos e escolhas

No meio da manhã seguinte, Rodolfo chegou de ambulância e foi levado ao quarto do hospital, onde enfermeiras já o aguardavam.

– Não esperava uma recepção mais calorosa. Estou bem e poderia vir andando. – Sua expressão já denotava cansaço extremo, sinal de que a enfermidade avançara de forma rápida. Marina não largou sua mão um só instante, tentando dar esperanças ao marido.

– Bem, papai. Vamos fazer novos exames. – Otávio ia dar orientações à enfermeira quando o pai o interrompeu.

– Otávio, não será necessário. Não há mais nada que se possa fazer. Sinto decepcioná-los, não queria causar tamanho dissabor. Já me conformei com minha sina. Nada de lágrimas ou lamentos. Vivi uma vida inteira com dignidade e é assim que decidi partir desta vida. Não tenho certeza do que me espera, mas vou confidenciar um sonho que tive esta semana com a mãe de vocês. Ela estava sorrindo e estendeu seus braços em minha direção, dizendo apenas que eu nada deveria temer. – Enquanto ele contava o sonho, o quarto se preencheu de luz e paz. Clara viu entidades luminosas se aproximando do pai. Sentiu-se confortada por aquela visão. Helena, ao seu lado, tinha os olhos marejados, demonstrando que também percebera tudo o que lá ocorria. Ele continuou seu relato: – Ela ainda me mostrou um lugar muito bonito, que me pareceu familiar, e pediu-me para estar pronto. Quando lhe perguntei o que significava estar pronto ela sorriu novamente e disse:

"você saberá". Ao acordar senti uma paz infinita em meu coração. No dia seguinte, tudo aconteceu. O resto vocês já sabem. Marina, minha querida, não quero que fique assim! Aliás, todos vocês, eu ainda não morri, então me respeitem. – Todos estavam visivelmente tocados.

– Eu entendo sua posição, papai. Porém, precisamos apenas saber como podemos ajudá-lo. Permita esses exames, eu lhe peço. – E Clara segurou gentilmente a mão do pai.

– Você é tão insistente quanto sua mãe. Faça o que achar conveniente. Mas não me venha com discursos e falácias sobre tentar tudo ao nosso alcance. Conheço médicos melhor do que vocês. Marina, vá descansar um pouco, prometo não me ausentar daqui. Vá, minha querida, você não fechou os olhos um instante sequer.

– Marina, papai está certo. Vá para casa e descanse um pouco, depois você volta. Se quiser ajudar, faça aquilo que é certo. Vamos, eu a acompanho.

Ela foi até o marido, beijou-o e saiu.

Otávio e Helena permaneceram ao lado de Rodolfo até que ele adormeceu, exausto da viagem.

***

Em São Paulo, Camila continuava em sua rotina estressante. Ao chegar tarde naquela noite, foi surpreendida com a notícia sobre o sogro. Ela ficou chocada e triste, sabia o que aquilo significava, pois vivera emoção semelhante semanas antes.

– Você vai até lá, minha filha? – A pergunta de Carmen a deixou silenciosa.

–– Não sei se Otávio gostará de me ver. A última experiência não foi nada agradável e não sei se eu gostaria de repeti-la – respondeu.

– Você é quem sabe! Faça o que sua consciência mandar. Rodolfo estará em minhas preces. Que tenha uma passagem tranquila, é o que eu peço.

Camila estava atordoada com a notícia e preocupada com o marido, que devia estar sofrendo muito. Os exames realizados em Rodolfo apenas confirmaram o que todos já sabiam. A situação era crítica e nada havia a fazer, a não ser medicá-lo com anestésicos. Todos no hospital estavam consternados, procurando fazer tudo para deixá-lo confortável.

Otávio e Clara se revezavam para ficar ao lado do pai, acompanhados de Marina, que permaneceu com ele todo o tempo possível. Os dois irmãos sabiam que esses seriam seus últimos momentos, porém procuravam não deixar transparecer a dor que sentiam.

Foram dois dias de intensas conversações, permeadas de muitas risadas e lembranças do passado, selando definitivamente a paz entre todos. Nenhuma censura ou crítica teve lugar entre eles, foram momentos inesquecíveis para ficar permanentemente na lembrança de todos. Até Augusto esteve presente, sentindo o que significava a palavra família. Foi acolhido com todo o carinho por Rodolfo, que apenas lamentou intimamente não ter mais tempo para estreitar laços com o garoto sensível. Pediu a Marina confidencialmente que se comprometesse com Clara na educação de Augusto. Ele precisava sentir-se amado por todos. Ela sorriu e disse que tinha gostado muito dele e assim faria. Clara, comovida, percebeu pela sua sensibilidade apurada que a hora do pai havia chegado.

E assim aconteceu! Numa manhã ensolarada e fria, Rodolfo se despediu de seu envoltório material. Foi tudo tão sutil... Seu coração parou suavemente e ele cerrou os olhos na presença dos entes queridos. Partiu feliz! E em paz!

Camila, ao saber da notícia, viajou para acompanhar o sepultamento do sogro. Otávio, assim que a viu, foi abraçá-la comovido:

– Obrigado por estar aqui! – E segurou sua mão delicadamente.

Tudo foi carregado de intensa emoção. Rodolfo era muito querido por todos naquela cidade. Os filhos permaneceram lado a lado todo o tempo. Marina estava serena, porém abatida. Ainda não tivera tempo de mensurar tudo o que acabara de vivenciar.

Após o enterro, parentes e amigos dirigiram-se à casa da família. Marina agradeceu a presença de todos, pois a última coisa que desejava era ficar só. Júlio estava muito sensibilizado com a perda do amigo, e a filha, percebendo sua emoção, decidiu que deviam ir embora. Ao se despedir, os olhares de Helena e Camila se cruzaram e cada uma sentiu uma emoção diversa.

Otávio se despediu discretamente de Helena, que sentiu o calor que ele irradiava e teve a comprovação de que ambos tinham ainda muito a viver. Ela saberia esperar. Disse em seu ouvido:

– Estou te esperando, meu amor! No tempo certo estaremos juntos! Confie! – Ele lhe devolveu um sorriso enigmático contendo todas as respostas que ela esperava.

Assim que saíram, Camila foi até o marido e perguntou:

– Posso ficar aqui esta noite?

– Certamente! – Marina se antecipou a responder.

– Otávio, quando você volta para São Paulo? – Camila o encarava fixamente.

– Ainda não sei! Talvez semana que vem. Devo me apresentar no hospital e na faculdade. Tudo ainda está confuso, mas algumas decisões são inadiáveis.

– Temos muito que conversar, não acha? Sei que não é o momento disso e respeito sua dor. Porém, estou viva e preciso de respostas que só você pode me dar. Amanhã cedo devo partir. Espero você em São Paulo tão logo esteja pronto – foi até ele e deu-lhe um beijo no rosto, dizendo: – Não importa o que aconteça, saiba que o amo e sempre o amarei.

E subiu lentamente as escadas, sem olhar para trás. Otávio sentiu uma tristeza imensa em seu peito, dilacerando-o. Por que tinha de ser assim? Por que a vida preparou-lhe essa peça? O que mais o perturbou foi a ausência de gritos, lamentos, lágrimas e súplicas da esposa.

Camila estava diferente, mais senhora de si, coisa que ele nunca esperava acontecer. Mesmo assim, ela representava seu passado, não seu futuro! E isso já era uma certeza!

Os dias que se seguiram foram intensos e com muitas decisões. A procuração que o pai outorgara aos filhos estava sendo utilizada para que ambos decidissem o futuro do hospital. O conselho era favorável a que um dos filhos assumisse a administração. As coisas caminhavam rapidamente.

Otávio decidiu que precisava de tempo e pediu a Clara que permanecesse por lá até que ele se desvinculasse de seus projetos em São Paulo. A irmã, por sua vez, teria de retornar também para decidir o futuro de Augusto.

– Estamos num impasse, meu irmão. Como faremos? – perguntou ansiosa.

– Tenho compromissos com a faculdade, além do hospital. Me dê uma semana, Clara. É o que eu peço. Além do que tenho de resolver minha vida pessoal.

– Onde Helena se encaixa nisso tudo?

– Ela não se encaixa, Clara. Ela é a resposta. Não existe uma vida sem a presença dela! – Seu olhar estava confiante.

– E ela já sabe do papel que representa?

– Minha irmã querida, por que tantos questionamentos? O que pensa que eu sou?

– Tenho visto Helena nesses últimos dias e não gostei do que vi, ou melhor, senti. Ela me parece muito introspectiva, reflexiva. Converse com ela antes de ir! E, sim, fico por aqui até você resolver suas pendências. Porém, não se demore por lá.

Ele assentiu e partiu para novas e exaustivas reuniões. Naquela tarde recebeu um telefonema do hospital em São Paulo, solicitando sua presença urgente. Decidiu viajar na manhã seguinte, sem se despedir de Helena.

Assim que ela chegou ao hospital no dia seguinte, recebeu a notícia de que Otávio tinha partido para São Paulo. Seu coração acelerou e sentiu uma angústia inexplicável. Por que ele não falara com ela? Nem ao menos se despediu! Será que algo acontecera? Antes que seus pensamentos se perdessem em dúvidas, lembrou-se de que tinha uma tarefa inadiável a cumprir. Os exames do pai constataram que o tratamento surtia o efeito desejado e teria de dar continuidade à nova fase. Estava otimista com os resultados obtidos e era nisso que focaria agora.

Clara não sabia que o irmão tinha partido sem falar com Helena, então nem pensou nisso. Na ausência dele, a parte burocrática árida e sufocante era sua responsabilidade. E o trabalho nunca acabava! Augusto permanecia em sua casa na companhia de Marina, que encontrara um novo objetivo na vida. E Clara agradecia a disposição da madrasta em cuidar do garoto. Arnaldo retornara para São Paulo, retomando sua rotina exaustiva de cirurgião. Os dois haviam conversado sobre o futuro, que acenava novas possibilidades. A palavra de ordem era esperança! Ele acreditava que iriam se entender! Bons augúrios!

Assim que Otávio chegou a São Paulo, foi direto para sua casa e encontrou Dalva a recepcioná-lo afetuosamente.

– Como você está? Sinto suas emoções ainda em desalinho, meu filho.

– Você me conhece tão bem, minha amiga! Sim, estou confuso com tudo que terei de enfrentar. Parte de meus sonhos se encontra aqui, na faculdade e no hospital. Jamais cogitei a hipótese de me afastar de tudo isso. Entretanto, não posso deixar de lado o que papai construiu nesses anos todos. Tenho de admitir que estou vivendo uma experiência interessante, mas, ao mesmo tempo, sinto que irei me distanciar de muitos projetos importantes em minha jornada profissional. Sinto como se estivesse numa encruzilhada e apenas um caminho me acena, convidando-me a seguir nele.

– Já tomou sua decisão, querido. É isso que importa. Seu ideal se modificou, novos rumos surgiram. Sabe, no entanto, o que isso implicará, não é mesmo?

– Sim, e isso não me deixa confortável. Não sei como dizer a Camila.

– Diga a verdade, aquilo que sente. Nada é mais objetivo e certo que a verdade em qualquer situação. Ela terá de entender e respeitar sua decisão, por mais dolorosa que seja. Ela está diferente daquela Camila que você deixou há um mês. O sofrimento a tocou profundamente e o trabalho tem sido um sustentáculo à sua vida. No íntimo, ela já sabe o quão distante vocês dois estão. – Dalva lhe deu um afetuoso abraço e finalizou: – Não adie mais, eu lhe peço. Decida sua vida!

– Assim farei! Hoje mesmo teremos essa conversa! Agora tenho uma reunião no hospital.

Despediu-se e saiu para seus compromissos. Camila havia sido avisada de sua chegada e estava ansiosa para encontrá-lo. Tinha tantas perguntas a fazer! Já imaginava qual seria seu discurso e refletira todas as noites sobre a resposta a lhe oferecer! Não queria mais adiar o encontro entre eles, pois precisava decidir questões essenciais de sua vida!

Trabalhou incansavelmente o dia inteiro. No meio da tarde, recebeu um telefonema do seu advogado. A irmã entrara com uma ação para invalidar o testamento, o juiz não a atendeu, e ela estava furiosa. Pediu que tivesse muita cautela no trato com Sofia, que estava descontrolada. Juridicamente, tudo estava resolvido, e isso tranquilizou Camila. No entanto, ao desligar o telefone, sentiu um calafrio e teve medo. O que ela poderia fazer contra ela? Ou contra a mãe? Estava ensandecida, mas que riscos ofereceria? Não tinha ideia do que ela seria capaz de fazer e isso a deixou de sobreaviso. Ficaria vigilante mais ainda!

Sofia, por sua vez, estava realmente descontrolada. Gastara muito dinheiro para destruir a vida da irmã, e nada aconteceu! Aníbal teria de se explicar! Incompetente! Seu maior sonho era ver Camila por baixo, sofrendo amargamente! Para Sofia, a irmã sempre a humilhou perante os amigos, ostentando uma superioridade que jamais possuiu de fato! Ela não ficaria com tudo que lhe pertencia! Queria que ela morresse, pois só assim seria feliz!

Eram pensamentos infelizes carregados de mágoa e ira. Sofia tinha os olhos vidrados de ódio e nesse padrão de vibração atraiu companheiros espirituais tão invigilantes quanto ela, que se aproximavam e enviavam pensamentos ainda mais deprimentes. Resolveu que mais tarde procuraria Aníbal e exigiria seu dinheiro de volta, pois ele não cumpriu nada do que prometeu. Envolvida nessa energia deletéria, arquitetou um plano infalível. Somente a destruição total é que surtiria o efeito desejado! Acabaria de vez com aquele tormento! Foi até uma gaveta e retirou uma arma. Guardou-a na bolsa e saiu acompanhada de inúmeros espíritos trevosos, que a incitavam a cometer o crime.

Ao final do expediente, Camila estava saindo quando Celso a interpelou:

– O dia merece um magnífico jantar! Você é minha convidada e não aceito recusas! – Ele jogava seu charme para ela, que apenas sorriu.

– Era tudo o que eu mais gostaria, Celso, mas terei de dispensar. Agradeço a gentileza!

– O que a aflige desde cedo? – A pergunta direta tirou-a da defensiva pela primeira vez.

– Problemas a resolver. Inadiáveis e definitivos. – Foi lacônica, mas ele percebeu a tristeza estampada no olhar.

– Posso ajudar em algo? – Ele era insistente, e Camila já percebera essa faceta nele.

– Infelizmente não pode. É um assunto pessoal, mas vou lhe contar. – E relatou ao novo amigo sobre seu casamento infeliz, uma relação comprometida por muitos erros, alguns perpetrados por ela mesma. Falou sobre os caminhos divergentes de ambos e que naquela noite teriam uma conversa definitiva.

Celso ouviu atentamente o relato de Camila e intimamente sentiu certo alívio. Sabia que ela era casada e isso já era o maior empecilho a qualquer investida. Sentia forte atração por ela e, com a convivência profissional, percebeu que era muito mais do que isso. Queria estar perto dela, ouvir sua voz e suas risadas, ver seu semblante compenetrado sempre que uma dúvida a atormentava. Guardava esse segredo a sete chaves e não seria naquele momento que iria se expor. Não iria comprometer a relação de afeto e amizade que já existia entre eles. No entanto, não iria mentir para si mesmo e torcia por um desfecho favorável a ele. Não custava sonhar!

– A situação é tão crítica assim ou são apenas suposições suas? Muitas vezes imaginamos coisas que jamais acontecem. Fique calma, não dramatize mais do que o necessário! – Suas palavras não condiziam com aquilo que sentia, pois desejava mesmo que o casamento deles se encerrasse. Mas não podia denunciar seus reais sentimentos por ela.

– Celso, conheço meu marido muito bem. Talvez até tenha outra mulher no páreo. Se isso aconteceu, não tenho esperança alguma de tê-lo de volta. Mas reconheço que estou muito pessimista hoje. Sofia anda aprontando das suas e temo pela sua sanidade. Mamãe não iria suportar! – E contou ao amigo a conversa que tivera com o advogado.

– Sua irmã tem ódio mortal de você. Mais do que isso, ela tem inveja de você, sabia?

– Ora, jamais competi com ela. Tola se assim pensar! Celso, agradeço por ouvir meu desabafo e peço que isso fique apenas entre nós.

– Certamente, desabafo entre amigos. Qualquer dia você será a ouvinte!

– Ficarei lisonjeada se confiar em mim! – E despediu-se com um sorriso.

Celso ficou a refletir sobre suas chances que, até então, eram remotas, mas que o destino alterou significativamente. Pegou suas coisas e saiu sorridente e confiante!

Já em casa, Camila viu que Otávio a aguardava sozinho na sala. Carmen decidira deixá-los sozinho, pois teriam muito a conversar. Saiu com umas amigas, sem pressa para retornar. Dalva já se recolhera.

– Tem trabalhado muito, Camila. – Foi o que ele conseguiu dizer.

– Uma maneira de me manter ocupada, sem tempo para pensar na vida. – A resposta seca e direta mostrou que ela não estava para subterfúgios, sinal de que a conversa seria breve e definitiva.

– Como você está? – Ele se aproximou e a beijou suavemente no rosto. Ela aceitou o carinho, mas em seguida se virou para que ele não visse as lágrimas brotando.

– Estou tentando seguir com minha vida, dando um objetivo a ela. Você sempre disse que eu era fútil, só pensava em coisas superficiais, hoje é diferente. Em outros tempos teria orgulho de mim. – Sua voz tremia de emoção.

– Eu tenho orgulho de você, Camila. Você não se dava conta de quanta coisa era capaz de realizar. Foi preciso uma fatalidade para que seus talentos surgissem. Jamais duvidei de seu potencial, saiba disso. Seu pai a conhecia tão bem que sabia que isso iria despertar em você o desejo de se superar, abafando seu orgulho e prepotência. Os resultados estão aí para comprovar.

– Não é sobre isso que precisamos conversar, Otávio. Estou pronta para ouvir sua decisão!

Capítulo 33

Acidente inesperado

Otávio estava cabisbaixo, tentando organizar as palavras de forma a não magoá-la em demasia. Ela parecia já saber o que iria advir, mantendo a cabeça baixa com as lágrimas fluindo sem conseguir contê-las.

– Não era assim que eu planejei, quero que saiba. Casei com você por amor, desejando ficar ao seu lado por toda a vida. Não sei dizer quando nossos caminhos deixaram de se cruzar, ou se isso já estava fadado a acontecer. Não quero que se sinta culpada pelo que está acontecendo. Fui um tolo acreditando que poderia mudar você. Ninguém pode mudar o outro, pois é um trabalho individual. Ambos cometemos desatinos, ambos contribuímos para que isso acontecesse. A distância que hoje existe é tamanha que não consigo mais saber quem você é. E creio que você pensa exatamente como eu. Tudo poderia ter sido diferente? Certamente que sim, mas não foi. As coisas seguiram seu próprio rumo, muitas vezes à nossa revelia. Situações inusitadas ocorreram causando mais divergências ainda. Sinto tanto, Camila. Jamais desejei ver você sofrendo! Isso me faz tanto mal! Quero muito que seja feliz! Que conquiste seu lugar perante a vida! Que faça sua vida valer a pena! Você sempre terá um lugar cativo em meu coração, jamais se esqueça! Não quero que se aparte de mim, quero acompanhar sua caminhada, torcer pelas suas conquistas, vibrar pelo seu sucesso! Mas não mais lado a lado! – E silenciou, pois a emoção o dominou.

Camila vertia muitas lágrimas, no entanto sentia-se em paz. Esperava que fosse gritar, lamentar, praguejar e tudo aquilo que sempre a motivou. No entanto, as palavras doces e serenas de Otávio tocaram seu coração de uma forma inimaginável. Era uma despedida com toque de doçura, que causou menos furor e mais mansidão. Nem ela acreditava que estava se sentindo assim tão calma e confortada! Queria dizer que ele seria sempre seu grande e inesquecível amor, mas preferiu apenas abraçá-lo. Os dois assim permaneceram chorando a separação, mas libertos das amarras que os uniam de forma doentia. O que ela poderia dizer depois de tudo que ele já pronunciara de forma tão magnífica e verdadeira? Ficou aninhada em seus braços por longo tempo, até que sentiu que precisava fazer a pergunta que tanto a perturbava.

– Preciso saber uma coisa apenas. Existe alguém em sua vida?

– De forma plena, ainda não, Camila. Isso importa para você?

– Não sei, talvez sim. É aquela jovem Helena? – As feições de Otávio se contraíram, mas ele devia-lhe uma resposta sincera.

– Sim. – Foi só o que conseguiu responder.

– Vocês estão juntos? – insistiu.

– Se deseja saber se a traí, isso não aconteceu. Até agora, apenas um amor platônico. Sempre a respeitei, porém isso não me redime da culpa de cogitar traí-la. Não sei como isso aconteceu, pois jamais planejei qualquer ação desse tipo. Viajei com um único intuito, que era de ajudar meu pai. Nada mais que isso. Se posso dizer algo em minha defesa, direi que foi o destino. – E lembrou-se do primeiro encontro com Helena naquela noite de tempestade.

– E ela? É receptiva ao seu sentimento?

– Pare de se martirizar, Camila. Estávamos indo tão bem, não piore as coisas, eu lhe peço. Sei que isso está sendo difícil para nós dois, então não compliquemos ainda mais.

Ela ficou calada e fez a pergunta final:

– Quando você se muda para lá? Já se desvencilhou dos seus compromissos? Quer que eu saia daqui? Afinal, a casa era de sua mãe... – Seu olhar estava triste.

– Não pensemos nisso agora, por favor. Tenho de voltar para o interior e assumir de forma definitiva o hospital. Ficarei ainda alguns dias para resolver outras pendências e devo voltar no final da semana.

Fique aqui o tempo que quiser. Esta casa é tão sua quanto minha, Camila.

— Ela me traz muitas recordações. Acho que será melhor eu voltar para a casa de minha mãe, que só está aqui por minha causa. Assim que ela quiser nos mudamos.

— Sem ressentimentos? Não quero que tenha mágoa de mim. Só isso que lhe peço, por tudo que já vivemos. — Ele segurava delicadamente as mãos de Camila.

— Não vou negar que estou triste e decepcionada com você. No entanto, sua vida lhe pertence, assim como suas escolhas. Espero que tenha refletido em tudo! Jamais terei qualquer sentimento por você que não seja amor! Vou guardá-lo comigo! — E o abraçou forte, como se naquele abraço pudesse retê-lo consigo.

Naquele instante, a campainha tocou. Já passava das nove horas, e Otávio foi atender.

Sofia estava parada na porta com toda sua empáfia.

— Não me convida para entrar, Otávio? — E sem que ele pronunciasse palavra alguma, entrou de forma arrogante.

— O que faz aqui? Não a convidei! — As duas se entreolharam e se mediram da cabeça aos pés. — Nada temos a conversar. Saia daqui!

— Camila, Camila, foi essa a educação esmerada que mamãe lhe deu? Não convida sua irmã para um drinque? — Sofia parecia muito segura de si.

— Não tenho nada para falar com você. Por favor, saia!

Sofia não deu ouvidos à irmã e sentou-se numa poltrona decidida a lá permanecer.

— Temos muito a conversar, minha irmã. Coisas que ainda estão entaladas em minha garganta. Quero saber como fez para papai lhe confiar a direção de tudo. Jamais teve tino para os negócios. Venho propor-lhe um trato: vamos dividir as lojas e cada uma administra de seu jeito. Dividimos tudo igualmente, e deixo de perturbá-la. O que acha? Pense bem em minha oferta.

— Não tenho que pensar, Sofia. Tudo pertence à nossa mãe, já se esqueceu? Estou apenas administrando o patrimônio que pertence a ela. Somos apenas suas herdeiras. Não tenho culpa se papai não confiava em você. Talvez pelos seus métodos pouco éticos, não acha? Jamais imaginei que ele fosse fazer o que fez, mas agora está feito. Já disse, se quiser reivindicar seus direitos, use o caminho legal. Agora, por favor, saia. Estou cansada e amanhã terei um dia cheio. – Camila estava impaciente, queria vê-la longe de lá a todo custo. Não gostara da expressão calculista da irmã.

Sofia fuzilou-a com o olhar e disse:

– Era sua chance, irmã querida. Agora fechei para negociação. Vai se arrepender do que está fazendo. Pura estupidez! Bem, mas se é isso que escolheu... – Levantou-se, dirigindo-se para a porta. No caminho, se virou e tirou a arma da bolsa. – Mande lembranças minhas a papai.

Otávio estava a poucos metros de Camila e, atônito com tudo o que presenciara, postou-se à frente dela instintivamente.

Tudo foi muito rápido. Os eventos que se seguiram estavam todos sob o olhar atento de companheiros espirituais, que nada podiam fazer para alterar o que estava previsto acontecer.

Sofia, em sua loucura desmedida, atirou em direção à irmã. Ela não contava com a aproximação de Otávio, que se colocou à frente, absorvendo o impacto da bala em seu próprio peito.

Sentiu uma ardência e caiu ao chão. O sangue escorria abundante, e Camila começou a gritar:

– Assassina! Olha o que fez? Otávio, querido, você não pode morrer! – E o abraçava chorando. Sofia ficou em pânico, jogou a arma no chão e correu. Dalva apareceu na sala e, ao ver o médico caído, foi direto ao telefone chamar socorro. Em seguida, procurou algo que pudesse estancar o sangue que fluía do seu peito.

No início, Otávio sentiu apenas uma ardência. Já no chão, Camila segurava sua cabeça e chorava tomada pelo desespero. Ele tentava refletir, mas a dor queimava-lhe o peito. Era grave, só isso que podia pensar naquele instante. Sentia-se desfalecer e, antes que isso acontecesse, precisava falar com Camila. Juntou todas as energias que lhe restavam e disse:

– Ligue para Arnaldo, por favor! Conte-lhe tudo o que aconteceu e que preciso dele no hospital. Diga que a bala está alojada em meu corpo e que terá de me operar com urgência. – Tentou respirar fundo e percebeu que não conseguia.

– Fique quieto, querido. Dalva já chamou a ambulância. Eles chegarão em poucos instantes. Procure não falar... – Ela tentava administrar a situação, mas já estava quase em pânico. Ele segurou seu braço e disse com a voz entrecortada:

– Faça o que estou pedindo! Arnaldo saberá como fazer! Isso vai definir se viverei ou não. O problema é grave, entenda! – Ela depositou sua cabeça no colo de Dalva e correu para ligar para o médico. Tinha seu telefone particular e rezou para que ele atendesse. E assim aconteceu. Ao ouvir o que Camila lhe contou, deu algumas instruções até que a ambulância chegasse. Disse que estava indo para o hospital e esperaria por eles lá.

– Fique calma, Camila. Converse com ele, mantenha-o acordado, não deixe que ele fique inconsciente. Agora vá! Confie em mim!

Camila respirou fundo e procurou se acalmar, tentando lembrar o que ele lhe solicitara. Dalva segurava um pano sobre o ferimento enquanto Camila conversava com ele.

– Fale comigo, Otávio. Não durma agora. – Seus olhos estavam se fechando, quando Camila se aproximou e com energia disse:

– Escute aqui, você não vai morrer aqui em meus braços. Arnaldo já está se dirigindo ao hospital e me pediu que não deixasse você dormir. Está me entendendo?

Otávio tentou sorrir, mas apenas sentiu muita dor.

– Não vou morrer hoje, fique tranquila. – E continuaram conversando até que o socorro chegou e levaram-no para o hospital.

Dalva estava confiante que ele ficaria bem. Sentira muita movimentação naquela sala, companheiros da luz iam e vinham, tentando auxiliar naquilo que lhes era permitido. Antes de seguir com ele, Camila solicitou que Dalva avisasse a mãe e Clara sobre o ocorrido.

A cirurgia foi longa e complexa, repleta de imprevistos, de intercorrências que quase custaram sua vida. A situação era de extrema gravidade e ainda era cedo para afirmar se ele sobreviveria.

Quando Carmen chegou ao hospital, tomou conhecimento de tudo o que acontecera. Ficou em choque! Sua filha Sofia era responsável por aquela tragédia! Como ela fora capaz de cometer tal crime? E o agravante é que o alvo era a própria irmã! Não conseguiu conter toda a dor e deixou que as lágrimas lavassem seu coração atormentado.

Ainda no hospital, Camila foi inquirida pela polícia sobre os fatos ocorridos e não pôde mentir sobre a autoria do crime: Sofia. A principal testemunha do evento estava agora entre a vida e a morte. Só ele poderia atestar a veracidade do que lá ocorreu. A arma ainda estava em sua casa e continha as digitais da criminosa. Era só buscar as evidências e comprovar!

Foram quase sete horas de total desespero aguardando notícias que não chegavam. Era angustiante a espera, e ela teve fim quando Arnaldo apareceu com a aparência mais séria que a habitual e foi ao encontro das duas mulheres.

— Como foi a cirurgia? Ele ficará bem? Diga que sim, por favor! — Camila chorava.

— A situação é muito grave, não posso negar. Ele está sedado e assim permanecerá. Gostaria de afirmar que ele ficará bem, mas não posso. Seu caso é delicado! Tivemos algumas complicações inesperadas e ele perdeu muito sangue. Fizemos tudo ao nosso alcance. Os próximos dias serão decisivos. Clara foi avisada?

— Sim, ela já está a caminho. É tão grave seu estado? — O temor estava estampado no rosto de Camila. Se ele morresse, foi para salvá-la! Justo quando estavam finalizando seu casamento. Quanta ironia! Não conseguia acreditar que ele se colocara à sua frente. Era ela quem deveria estar naquele hospital, não ele. Sentia a culpa corroer suas entranhas. Sofia havia enlouquecido! Como fora capaz de atentar contra sua vida? Ela havia ido longe demais e isso precisava ter um fim!

— Contamos com a determinação de Otávio. Ele é um guerreiro e irá lutar bravamente para sobreviver. Contemos com isso! Ficarei por aqui e, caso tenhamos novidade, será avisada. Ainda não entendi o que aconteceu. Poderia me contar? — E Camila narrou em detalhes todos os fatos que ocorreram naquela fatídica noite.

— Impressionante o que um ser humano é capaz de fazer! Se o alvo era você, está correndo perigo também. Será mais conveniente permanecer por aqui até que ela seja encontrada. Ela enlouqueceu! — Olhou o semblante desanimador da mãe e percebeu que falara demais. — Me perdoe, dona Carmen, não quis ser indelicado. Além do mais não podemos julgar ninguém. Sofia encontrará as respostas pelo caminho. E, infelizmente, não serão as que ela espera. Ela colherá aquilo que plantou! Essa é a lei!

— Eu sei, meu filho. E é isso que eu mais temo: os frutos que ela colherá não serão nada saborosos. Por obra dela mesma! Tentei incutir-lhe os melhores sentimentos; no entanto, ela não foi receptiva aos meus apelos. Salve a vida de Otávio, eu lhe peço. Não irei me perdoar se algo acontecer!

– Ninguém é responsável. A responsabilidade é apenas dela – disse Camila.

– Fiz tudo ao meu alcance. Ele agora está sob os cuidados do Pai Maior – disse Arnaldo, e saiu.

Clara chegou quando o dia amanhecia. Encontrou as duas mulheres acordadas e em profunda aflição. Abraçou-as e perguntou sobre o irmão.

– O quadro não se alterou. É grave e ele está lutando para se estabilizar. Sinto tanto! – E Camila desatou a chorar.

– Como tudo aconteceu? – Clara queria saber os fatos que antecederam ao tiro.

Após o relato, Clara entendeu a atitude altruísta do irmão. Ele colocou sua vida em risco para salvar a de Camila. Era bem seu irmão! Lágrimas escorriam, sentindo que os momentos que se seguiriam seriam decisivos nessa batalha para a sua sobrevivência. Lembrou-se das palavras de Tobias sobre vigilância constante contra as forças do mal. Mas como podemos imaginar que caminhos elas decidem trilhar? É sempre uma incógnita, daí a necessidade de estarmos conectados a companheiros da luz, pois somente eles podem nos intuir sobre as escolhas a realizar. Sentiu profunda tristeza, temendo pelo que poderia acontecer! Sabia que tudo estava sob o olhar atento de Deus, quem realmente comanda os eventos de nossa existência. Um gesto instintivo poderia custar a vida de Otávio, e os irmãos infelizes estariam se comprazendo com isso! Teve ímpetos de se revoltar perante a situação e lembrou-se das sábias palavras de Tobias: "quando nada podemos fazer, nos dediquemos à prece sincera que acalma e conforta nosso mundo interior". Não estava preparada para mais uma perda em sua vida. Moveria todos os esforços para que Otávio ficasse bem. Queria tanto vê-lo!

– Podemos vê-lo? – questionou Clara.

– Arnaldo disse que ainda é cedo para isso. Mas você é médica, tente saber notícias, eu lhe peço. – Camila estava desesperada.

— Fique aqui. Vou procurar Arnaldo e assim que puder trarei informações. — E saiu.

Encontrou-o ao lado do irmão, que parecia ter tido complicações. Ele a viu e pediu que não entrasse no quarto. Pelo vidro, ela ficou apenas observando em profunda prece. Foram momentos decisivos até que ele se estabilizasse. Quando Arnaldo saiu, correu para abraçá-lo.

— Teremos de operá-lo novamente. Sinto tanto! Sabe que faremos o possível e o impossível, mas seu destino não nos pertence. Uma hemorragia inesperada precisa ser contida. Vamos levá-lo para a mesa de cirurgia imediatamente.

— Posso participar? — Seu olhar de súplica o comoveu.

— Fique aqui, serão momentos tensos. Além do que não é sua especialidade.

— Ora, não sabe do que fui capaz de realizar quando aquele acidente ocorreu. Posso ser útil, confie em mim. Sei que posso ajudar de alguma forma.

Ele ficou pensativo alguns instantes, lembrando-se do potencial magnético de que ela era portadora. Era a vida do amigo que estava em risco. Por que não contar com uma ajuda extra? Clara poderia trazer serenidade ao grupo e isso já seria excepcional.

— Então, vamos. Porém, quero que fique apenas observando, combinado?

Ela assentiu e acompanhou a equipe para o preparo pré-operatório.

Desde que chegara ao hospital, Otávio permaneceu desacordado e sedado durante todo o tempo. Em dado momento, ele se viu fora do próprio corpo. Parecia estar sonhando, pois tudo era muito natural como das outras vezes. O diferencial é que estava num lugar muito conhecido, o hospital. Via seu corpo sendo mexido, operado, e aquilo lhe causou profunda angústia. Começou a ficar em pânico, quando alguém tocou delicadamente seu braço. Ao se virar, deparou com a figura doce e familiar de sua mãe.

— *Não se martirize, Otávio. Seu corpo físico se encontra enfermo e necessita de tratamento. Deixe que eles façam o serviço que lhes compete. Estudaram para isso, assim como você. Se isso o perturba, vamos sair daqui e conversar um pouco.*

— Mas posso ficar longe do meu corpo? É tudo muito estranho, tenho de admitir. – E fez a pergunta que o assombrava. – Estou morrendo?

– *O espírito não morre jamais, meu filho. Ele muda de plano, apenas. Sua vida está em sério risco, sim. Você se colocou à frente de Camila, alterando os caminhos que iriam trilhar. Tudo agora está sendo reavaliado, e o futuro ainda é uma incógnita. Não temos o poder de tudo conhecer, então entreguemos nossa vida a Deus.*

– Não pensei em minha atitude, apenas me coloquei à frente de Camila num gesto de defesa. Você sabe que eu precisava cuidar dela em qualquer situação. Agora que tudo aconteceu, é como se passasse um filme em minha mente, recordando tudo o que programei para esta minha existência. Eu precisava auxiliá-la a romper as amarras que a prendiam ao passado, pois só assim ela poderia seguir em frente. No entanto, sinto que falhei em minha proposta. Não consegui permanecer junto dela.

– *Meu filho, você se propôs a ajudá-la a compreender o real valor do sentimento de amor. Ofereceu-lhe todas as condições para que ela realizasse seu aprendizado. Não se sinta responsável pela tarefa que a ela competia, não a você. Venha comigo, vamos para outro lugar. Nossos companheiros encarnados precisam trabalhar! Não os perturbemos.* – E deu a mão ao filho, que se deixou conduzir serenamente.

Capítulo 34

Desencontros

Enquanto esses eventos ocorriam, Sofia se preparava para fugir. Voltou à sua casa e preparou rapidamente uma mala com alguns pertences. Pegou suas joias, passaporte, algum dinheiro e saiu apressadamente. Como havia sido tão tola? Deveria ter planejado melhor! O que faria agora? Para onde fugir? E tudo o que lhe pertencia? A raiva assomou novamente, sentindo que todos os seus planos culminaram num desastre total. Culpa de Camila! Era sempre ela a interferir em sua vida! Como a odiava! Ela vencera dessa vez, mas a guerra ainda não se encerrara! Acabaria com ela assim que possível!

Pegou seus pertences e saiu. Iria até a casa de Aníbal, ele a ajudaria! Ao chegar, encontrou-o na porta. O olhar que ele oferecia era frio e cortante:

– O que faz aqui?

– Preciso de ajuda! Tenho de fugir o mais rápido possível. E você vai me ajudar!

– Por que faria isso? Você disse que sou incompetente e que faço tudo errado! Agora é com você, meu bem. Saia dessa enrascada sozinha. – E sorriu cinicamente.

– Fiz do meu jeito, mas falhei. – Ela estava começando a entender a gravidade de seus atos. – Não posso ficar, caso contrário serei presa. Me ajude!

Ele ficou encarando-a, sentindo certo prazer por vê-la tão frágil à sua frente.

– Como posso ajudá-la? – rendeu-se.

– Me deixe ficar até que tudo se acalme e eu decida o que fazer. Jamais irão me procurar aqui.

– É muito arriscado, recebo visitas o tempo todo. Não será adequado. Entre e conversamos.

Antes de ir para São Paulo, Clara contou a Helena sobre o atentado sofrido por Otávio. Ela entrou em pânico e pensou se tudo isso não era sua responsabilidade. Amava Otávio acima de tudo e isso significava que a felicidade e o bem-estar dele estavam em primeiro lugar. Talvez não fosse o momento de planejarem um futuro juntos. Na realidade, nem sabia se isso aconteceria nesta existência. Havia momentos em que acreditava na possibilidade de viverem esse amor. No entanto, os últimos eventos a colocaram em xeque. Não sabia o que fazer e a dúvida a atormentava! Queria apenas que ele ficasse bem! E entrou em sentida prece!

Enquanto isso, no hospital, uma nova cirurgia estava em andamento. O caso era de extrema gravidade e todos se empenhavam para que os resultados fossem favoráveis.

Clara acompanhava cada passo executado, observando a fragilidade da vida e, conjuntamente, a atividade intensa do plano espiritual auxiliando a equipe encarnada. Eram duas realidades interligadas e trabalhando em sintonia. Era um espetáculo impressionante à sua frente, só seria mais aproveitado se aquele que estava sendo objeto de tanta atenção não fosse seu amado irmão. Em alguns momentos, acreditara que o perdera, mas algo o impedia de deixar este mundo. Talvez porque seu tempo ainda não tivesse chegado! Ainda havia muita vida para ser vivida!

Otávio estava distante de todo esse tumulto, caminhando com a mãe num lugar muito bonito. Ele tentava manter-se calmo e confiante, o que a mãe incentivava:

– *Meu filho, seu tempo de retornar para a pátria espiritual ainda não chegou. Tem uma longa programação que precisa ser implantada para que sua existência não tenha sido em vão. Tem muito a aprender, também. E muito a realizar. Como está seu coração?*

– Ainda triste pelas atitudes tomadas, mas tentando permanecer em paz. A última coisa que desejaria era falhar com Camila. Se de alguma forma colaborei para que ela se libertasse de seu passado, minha consciência encontrará a paz. Minha grande preocupação é Helena, minha amada de tantas vidas, que talvez não esteja compreendendo minhas atitudes. Sabíamos que nosso reencontro causaria grandes dissensões. Sem sua presença ao meu lado fica difícil dar continuidade ao que planejei. Espero que ela saiba confiar no tempo!

– *É um espírito nobre e saberá efetuar a escolha certa.*

– Vou me lembrar de tudo o que estamos conversando, mamãe?

– *Quem sabe! Está vivendo um momento delicado e isso só está sendo possível, pois já adquiriu créditos suficientes em suas encarnações passadas. Suas conquistas, seu patrimônio inalienável, seguirão contigo eternidade afora, jamais se esqueça! Agora é hora de retornar para perto de seu corpo físico.*

– Preciso voltar já? Gostaria de ficar aqui, usufruindo desta paz. – Ele segurou a mão da mãe e a beijou. – Ao seu lado me sinto tão seguro.

– *Filho amado, cuide-se e realize as obras que o Pai lhe confiou. Estarei sempre ao seu lado acompanhando seus passos e intuindo-o sempre que possível. Está pronto?*

Ele assentiu e caminharam juntos ao hospital.

Na mesa cirúrgica, os eventos se sucediam. O trabalho havia sido intenso para mantê-lo novamente estável. Uma parada cardíaca e outras intercorrências desfavoráveis quase fizeram a equipe desistir, mas Arnaldo estava confiante de que obteria êxito e prosseguiu exaustivamente.

Clara continuava em prece, irradiando seus fluidos em profusão, fazendo a parte que lhe competia. Num dado momento, percebeu uma modificação na atmosfera espiritual e uma luz intensa se fez presente. Pôde divisar dois vultos se aproximando e um deles era a sua mãe, que lhe sorriu:

– *Tudo ficará bem! Confie! Ele já está de volta ao seu mundo! Cuide dele, minha filha! Amo vocês!* – E deixou Otávio se acoplando novamente ao seu corpo físico.

Foi a partir desse instante que tudo passou a correr de forma favorável. Arnaldo sentiu que algo se alterara e olhou para Clara, que lhe direcionou um olhar carregado de emoção. A cirurgia prosseguiu, dessa vez com sucesso. Enfim, Otávio se estabilizara.

Foram horas de trabalho intenso e complexo, mas, no final, a equipe se olhou, e a gratidão se instalou entre eles. Havia sido diferente, era a única coisa que todos poderiam dizer. Como se uma força suprema conduzisse as hábeis mãos de Arnaldo.

Otávio ainda permaneceu sob cuidados da equipe que auxiliava Arnaldo, que, exausto, saiu com Clara. Ambos se abraçaram e assim permaneceram, como se nada mais existisse. Viveram momentos torturantes e necessitavam de um momento de paz!

– Obrigada, querido! Agora sei que ele ficará bem. Mas nada seria possível sem você! – E endereçou-lhe um olhar de admiração e gratidão, deixando-o comovido.

– Ele terá ainda um longo caminho a percorrer para sua plena recuperação. Confio que tudo ficará bem! Sua atitude altruísta, salvando a vida de Camila, o tornou merecedor do amparo divino. – E saíram abraçados do local.

Camila e sua mãe estavam a esperá-los, aflitas com a ausência de notícias. Os olhos da esposa estavam vermelhos de tanto chorar.

– Como ele está? Por favor, me digam que ele ficará bem! – disse aos prantos.

Clara se comoveu e a abraçou carinhosamente. Carmen os olhava em silêncio.

– Ele está estável e isso é o que mais importa no momento. Os próximos dias serão decisivos. Ele está sendo observado atentamente. Seria conveniente vocês descansarem – falou Arnaldo.

– Não sairei daqui até que ele esteja bem! Ele salvou minha vida, não pode morrer! Quero ficar ao seu lado!

– Não será possível, Camila. Seu estado é muito delicado e não podemos correr riscos.

– Não quero ir para casa, um lugar que já não é mais meu. Tínhamos acabado de conversar sobre nosso futuro. Estamos nos separando, e mesmo assim ele cuidou de mim!

Camila não se continha de tanta dor, sob os olhares curiosos de todos os presentes. Clara entendeu que o irmão rompera definitivamente com a esposa. Ele tivera coragem de assumir sua escolha. Um sentimento de impotência tomou conta dela! E se ele não sobrevivesse? Tudo teria sido em vão? A vida tem caminhos tortuosos, tinha de admitir!

– Camila, aquela é sua casa. Vá descansar! – Clara a pegou pelo braço e a conduziu pelos corredores do hospital. Carmen e Arnaldo as acompanhava. A polícia, que as aguardava fora do hospital, informou que o paradeiro de Sofia ainda era indeterminado. Arnaldo solicitou uma escolta para ambas pelo período que fosse necessário para sua proteção.

Clara despediu-se, afirmando que permaneceria com Otávio e as informaria sobre qualquer notícia.

Os dias se passaram e o quadro ainda era delicado. Ele ainda estava sedado, extremamente debilitado, para desespero de Camila, que mal conseguia se concentrar no trabalho. No interior, custava a Helena conter o ímpeto de ir a São Paulo visitar o amado. O pai tinha conseguido grandes progressos em seu tratamento e ela estava otimista quanto aos resultados. Já havia sido contatada por uma universidade americana para levar adiante sua pesquisa, à qual deveria dedicar-se exclusivamente, visando à aprovação internacional. Ela ficara lisonjeada e prometeu responder em alguns dias. Não esperava tal repercussão em tão pouco tempo. Entretanto, sua grande preocupação no momento era Otávio! Precisava vê-lo, tinha tanto medo de perdê-lo! Mas seria adequado? E a esposa? A dúvida a atormentava...

Nesse ínterim, Clara ligou apenas algumas vezes relatando as condições em que ele se encontrava. Pouco conversaram, o que foi determinante na decisão de Helena. Ela organizou todo o processo do pai, deixando um auxiliar que acompanhava sua pesquisa para dar continuidade ao tratamento.

Uma semana após o incidente com Otávio, Helena tomou sua decisão. Conversou com sua mãe e disse entre lágrimas tudo o que seu coração carregava. Não se sentia merecedora de viver seu grande amor e partir seria a opção mais conveniente.

– Converse com Clara antes de tomar sua decisão. Muitas vezes nossos olhos veem apenas aquilo que nossa mente projeta. Fale com Otávio antes de qualquer coisa, eu lhe peço. Não saia sem antes conhecer todas as possibilidades que a vida coloca em seu caminho. As coisas parecem confusas porque vocês não tiveram tempo para conversar. Tudo aconteceu de forma tão repentina e cruel.

A jovem abraçou a mãe e apenas disse:

– O tempo dirá, mamãe! Até lá tenho uma vida para viver, um trabalho para focar. Talvez ainda não seja hora de vivermos nosso amor. Já me decidi! Viajarei no final da semana. Tudo está resolvido!

E assim aconteceu...

Helena se libertou totalmente de suas funções e em dois dias tudo se consolidara!

Clara permanecia ao lado do irmão, acompanhando seu restabelecimento, que se processava de forma lenta e gradual. Às vezes abria os olhos sem nada compreender à sua volta. A irmã endereçava um olhar sereno e dizia:

– Tudo ficará bem, meu querido! Descanse apenas! – E ele cerrava os olhos, confiante de que ela cuidaria de sua vida, como sempre o fizera, em todas as oportunidades em que estiveram juntos.

Numa manhã fria, Clara decidiu que precisava retornar para o interior e dar seguimento ao seu trabalho. Na ausência de Otávio, cuidar do hospital era sua responsabilidade. Ela e Arnaldo estavam todo o tempo juntos, fazendo planos futuros. Tudo o que lhes aconteceu nos últimos dias os aproximou significativamente. A simples menção de se separarem causou forte impacto em ambos.

– Meu querido, tenho de voltar. Há muito trabalho a ser feito, e sei que Otávio está em boas mãos. Você cuidará dele por mim? – disse emocionada.

– Fique mais alguns dias, eu lhe peço.

– Não posso! Deixei Augusto com Marina todo esse tempo. Os dois estão se dando bem. Até demais! Estou começando a ficar com ciúmes – disse sorrindo.

– Ele tem sorte de ter você ao seu lado! Creio que eu deva ficar com ciúmes!

– Seu bobo! São sentimentos diferentes e tenho amor suficiente para ambos! E quem sabe, para mais alguns! – disse Clara com o olhar carregado de esperança.

– Estou começando a conhecer uma nova faceta sua. E estou gostando! Venha, vamos ver nosso doente. Já me disseram que teve uma noite calma e acordou algumas vezes chamando por alguém. Você sabe quem! – Os dois se entreolharam e sorriram. – Vamos?

Otávio ainda dormia. Sua situação ainda era grave, mas podiam constatar pequenos avanços em seu estado. Clara se aproximou e o beijou, fazendo com que ele despertasse. Olhou para a irmã e tentou falar algo:

– Não se esforce em demasia, querido. Vim me despedir, preciso retornar para o interior. Você ficará bem, eu prometo.

Ele tentava murmurar algo, mas ainda estava muito fraco.

– Helena? Onde ela está? – Foi a única coisa que conseguiu balbuciar.

– Ela não pôde vir, mas tem acompanhado as notícias. Disse que o visitaria assim que possível. Agora procure descansar. Voltarei em breve! – Beijou sua testa e se despediu.

Ele voltou a dormir.

Clara tentou falar com Helena para contar sobre as melhoras do irmão, mas não conseguiu encontrá-la. Não se preocupou, pois já estava de retorno.

Um descompasso que a vida proporciona muitas vezes em nossos caminhos...

Helena tinha viajado para São Paulo no mesmo dia em que Clara retornava para o interior. Um desencontro entre elas acabou causando mudanças no percurso da vida.

Nesse ínterim, Camila visitava diariamente Otávio, velando seu sono, observando o restabelecimento que se fazia a passos curtos. Segurava sua mão e assim permanecia em profunda oração. Nunca se ligara tanto a Deus como nos últimos dias. Sentia que a paz lhe retornava todas as vezes em que se colocava em ligação direta com o Pai Maior. Pedia que ele ficasse bem, que sua vida fosse preservada e que ele pudesse ser feliz. Ele merecia essa bênção! Por tudo o que fizera por ela, por todo o amor que lhe dedicara todos esses anos, por ser essa pessoa excepcional que merecia uma segunda chance! Mesmo que não fosse ao seu lado! E assim permanecia, de olhos fechados, em profunda e sentida prece!

E foi com essa cena que Helena deparou, assim que chegou. Pelo vidro que separava os ambientes, viu Otávio deitado e Camila ao seu lado, segurando sua mão com tanto carinho. Lágrimas escorreram pelo seu rosto! Ela estava certa em sua intuição! Ainda não chegara o momento de ficarem juntos! Uma grande distância os separava, e

Camila ainda ocupava o lugar de honra ao seu lado. Sentiu uma imensa tristeza em seu coração, mas sabia que o destino ditava as regras. Pelo que ela soubera, Otávio colocou-se à frente da esposa, protegendo-a com sua própria vida. Quer sinal maior de fidelidade e amor? Ele ainda não encerrara sua relação com Camila e nada podia fazer nesse sentido. Essa escolha não lhe pertencia! Ficou observando a cena à sua frente por alguns instantes e endereçou-lhe seu amor em pensamento. Despediu-se mentalmente de seu amado e saiu em silêncio, assim como entrou, sem que ninguém percebesse sua presença.

Não encontrou Clara nem Arnaldo para saber a verdade por trás daquela cena. Assim muitas atitudes são tomadas, sem que se tenha a visão real dos fatos.

Camila não percebeu a presença de Helena, focada que estava em suas preces. Otávio se mexeu e sussurrou:

– Helena, não vá!

A esposa abriu os olhos e viu que ele estava despertando e disse:

– Querido, fique calmo! Tudo ficará bem! – E lágrimas escorriam.

– Helena? – Confuso, ele achava que Helena estava à sua frente.

– Não, querido. Sou eu! – O olhar de decepção dele encheu o coração de Camila de profunda dor, mas ainda conseguiu responder.

– Ela não está aqui, mas virá, eu prometo! Confie em mim! – E beijou a mão dele com todo o seu amor e gratidão. Ele sorriu e disse apenas:

– Obrigado, Camila! – E fechou novamente os olhos, adormecendo.

A esposa suspirou profundamente e se levantou, deixando-o dormindo. Estava decidida a falar com Helena! Tudo por Otávio!

Mas o destino pregou uma peça em todos. Ou quem sabe, ainda não fosse mesmo o momento tão esperado? O que pensamos ser desencontros pela nossa visão estreita da vida talvez seja sinal de que é tempo de reavaliar caminhos!

Helena saiu do hospital em direção ao aeroporto. Havia tomado uma decisão e a colocaria em prática. Um vazio imenso se instalou em seu peito, como se algo se perdesse, sem que nada pudesse fazer para evitar. Jamais sentiu-se tão triste quanto naquele momento. Queria ter tido a chance de se despedir de Otávio, mas a situação não era favorável aos seus desejos. Novamente sentiu-se só! Fizera algo errado? Apenas amava Otávio com todas as suas forças e acreditava que esse sentimento era correspondido. No entanto, agora não tinha mais tanta certeza. Não queria pensar em nada, apenas que o tempo passasse e levasse para bem longe o sofrimento que carregava! Respirou fundo e lembrou-se de que, após a tempestade, a natureza se encarrega de arrumar tudo, trazendo de volta paz e equilíbrio. Tudo iria passar, era a única certeza em que precisava se apegar naquele instante doloroso.

Iria focar em sua pesquisa, agradecendo a Deus que isso aconteceria em terras distantes, onde suas emoções teriam mais chance de se harmonizar. Tinha muito trabalho a fazer!

Em pouco mais de três horas, Helena partiu! Naquele momento era a única escolha que ela via para sua vida e uma pausa necessária em sua programação...

Capítulo 35

Cada coisa em seu lugar

Os dias se passaram lentamente. Clara ainda não tinha conseguido retornar para São Paulo onde deixara Arnaldo cuidando do irmão. O hospital a consumia em excesso. Desejava ardentemente o retorno de Otávio, mais preparado para assumir a tarefa administrativa. Definitivamente não nascera para aquilo! Reclamava com Arnaldo todas as vezes que se falavam.

– Tem de ter paciência, querida. Meu amigo ainda precisa de tempo para assumir essa função. Pare de reclamar e procure ver o lado bom de tudo isso. Vou vê-la no final de semana, mas com uma condição!

– Qual? – perguntou ansiosa.

– Que você deixe de ser tão rabugenta! – E deu uma gargalhada.

– Estou me portando como uma chata, não? Desculpe, querido.

– Adoro quando você fala desse jeito comigo. Retiro o que disse sobre ser rabugenta. Vou tentar ir na quinta-feira, se tudo correr bem por aqui.

– Vou esperá-lo. E Otávio? Tem se comportado bem?

– Ainda está fraco. E tem perguntado por Helena insistentemente.

Clara ficou calada do outro lado da linha. Não entendeu a atitude de Helena, ao partir de forma tão repentina. O que a teria motivado a agir assim? Sem falar com Otávio, sem se despedir de ninguém! Não sabia como contar isso ao irmão. Até Camila estava querendo ajudar, pedindo informações sobre o paradeiro de Helena! O mundo estava definitivamente de cabeça para baixo. Incompreensível! A cunhada estava diferente, mais centrada, empenhada em ajudar, saindo de seu egoísmo. Uma grande transformação se operava a olhos vistos! A dinâmica da vida!

– Eu e Camila concordamos num ponto: não falar nada sobre a viagem de Helena. Não queremos que isso comprometa a recuperação dele. Diga apenas que ela está impossibilitada de viajar. Diga que o motivo é o pai, ele irá entender. Bem, tem alguém procurando por mim, tenho de ir! Espero você quinta-feira, então! Não me decepcione.

– Pode me esperar! – E desligaram.

Camila dividia seu tempo entre o trabalho e o hospital, e acompanhava cada passo na recuperação de Otávio. Sentia-se diferente, como se um peso imenso saísse de seus ombros, e não entendia o motivo. Durante o jantar, ela e a mãe conversavam sobre variados assuntos, quando isso veio à tona. Dalva apenas observava a conversa, sem interferir. Percebeu uma mudança radical na jovem e conversara com Carmen sobre isso no dia anterior. Ambas chegaram à conclusão de que fatores externos, que comprometiam o equilíbrio de Camila, estavam agora controlados. A mãe continuava frequentando o centro espírita em companhia de Dalva, e passou a compreender coisas que anteriormente fugiam ao seu entendimento. Até a casa se encontrava mais harmoniosa. Carmen questionou a amiga.

– Sinto como se uma nuvem de paz nos envolvesse. Aquela sensação perturbadora na biblioteca já não existe. Podemos supor que aquela entidade não se encontra mais entre nós?

– Ou quem sabe já não encontra mais a sintonia de antes? Tudo leva a crer que a conduta modificada de Camila tenha afastado esse companheiro infeliz. Talvez ela não sirva mais a seus propósitos. Uma obsessão se instala quando nossa mente está sintonizada com esses irmãos. Quando elevamos nosso padrão de pensamento e sentimento, fica mais difícil acessar nosso mundo interior. Ela está triste, porém assimilando a ideia da separação do marido. Um momento difícil, mas a mágoa não entrou em seu coração. A atitude de Otávio, protegendo-a com sua própria vida, despertou nela sentimentos ainda não vivenciados. Às vezes, uma tragédia tem seu lado positivo. Eu também não tenho mais sentido a presença daquele irmão entre nós. Que caminho ele decidiu trilhar, talvez jamais saberemos. O importante é que ela está administrando com maestria essa complexa situação. Sofia ainda está desaparecida, o que poderia ser um agravante ao seu equilíbrio emocional, mas parece que ela já superou isso.

– Ela disse que Sofia terá de responder a Deus. Contemos com isso. Sinto tanto não poder ter auxiliado minha filha a realizar escolhas mais favoráveis... Poderia ter sido tudo tão diferente! – O olhar de Carmen perdeu-se no infinito.

– Poderia, mas não pôde. E não por sua responsabilidade, minha amiga. Cabia a Sofia compreender os reais valores da vida, o que ela não quis. Preocupou-se apenas com a matéria, descuidando da parte espiritual. Novamente! – Dalva arrependeu-se do que disse no mesmo instante.

– Por que disse "novamente"? – Carmen concordava com ela, mas queria entender mais.

– Suas ações no presente denotam que ela é muito comprometida com as Leis Divinas. Ela teve a oportunidade de renascer num lar cristão, voltado para ideais nobres, no entanto preferiu "a porta larga" novamente. O que hoje somos diz muito do que fomos no passado. Deus não cria espíritos maus, essa obra pertence ao homem. Ela teve a chance de buscar sua renovação moral por meio de atitudes dignas, porém fez a mesma escolha de suas vidas anteriores, desprezando tudo o que poderia conduzi-la à felicidade. Não se sinta responsável por isso. A escolha sempre foi dela!

– Suas palavras me confortam, Dalva, mas ainda insisto que eu poderia ter feito mais.

– Fazemos o que sabemos! E assim vamos aprendendo a fazer melhor! – Ela sorria.

Naquele jantar, Camila falou à mãe sobre o mesmo assunto.

– Mamãe, não sinto mais medo. Não tenho tido mais pesadelos. Aquela sensação perturbadora não existe mais. Tenho até medo de falar sobre isso e tudo voltar.

– Não irá mais acontecer se você não permitir. Quer nos acompanhar ao centro semana que vem e relatar isso? – perguntou a mãe.

– Talvez, quem sabe! Acha que aquele fantasma que me perturbava foi embora?

A mãe riu da forma como ela falava.

– Não diga fantasma, minha filha. Diga um espírito, é mais adequado. Pode ser que ele tenha ido embora, sim, pois você não serve mais aos interesses dele. Muita coisa aconteceu desde que seu pai se foi, essa é a grande verdade. Você enfrentou momentos cruciais, embates inesperados com sua irmã, uma ruptura dolorosa com Otávio, e tudo isso a fez crescer. Poderia ter seguido pelo caminho da revolta, mas seguiu o da conformação. Isso é amadurecer, querida. Fico muito feliz com sua transformação. Tenho apenas receio que seu coração ainda esteja fragilizado e com esperanças de reatar com Otávio.

O semblante de Camila ficou triste.

– Não, mamãe, não tenho esperanças. Otávio vai seguir o caminho que escolher! Não vou mentir e dizer que está tudo bem, pois ainda dói muito. Mas, ao mesmo tempo, sinto que um peso imenso foi retirado dos meus ombros e estou leve, livre e em paz! Talvez algum dia tudo isso passe, mas tenho de admitir que ele foi e será meu grande amor, mamãe.

– Não pense assim, minha filha. Você é jovem, tem toda uma vida para viver. Não sabemos o que a vida nos reserva. Essa dor vai se acalmar e, quando menos esperar, ela se foi definitivamente.

– Assim espero, mamãe! Vou ligar para o hospital e saber notícias. Ele está cada dia melhor e agradeço a Deus todos os dias pelo milagre que Ele operou. Arnaldo disse que Otávio esteve entre a vida e a morte por várias vezes, e é uma bênção a sua recuperação. Ele é um bom homem e merece uma vida plena de alegrias. É isso que eu desejo a ele todas as noites em minhas orações. – E saiu para telefonar.

Tudo acontecia sob o olhar de companheiros espirituais que estavam radiantes com as transformações operadas naquele lar.

– *Camila assumiu definitivamente seu papel nesta encarnação. E, daqui em diante, poderá refazer os caminhos antes trilhados de forma equivocada. Foi preciso que tantas tragédias acontecessem para que ela despertasse para a vida. Otávio teve grande participação, e era isso que esperávamos; afinal, a proposta foi dele. Ambos estão libertos e cada um poderá seguir sua programação.*

– *Irmã querida, creio que agora possa se desvincular desse grupo tão amado. Cada um já se encontra de posse dos requisitos*

necessários para prosseguir em suas tarefas. Há muito trabalho a ser feito e necessitamos de sua colaboração em outras paragens.

Luiza, a mãe de Otávio e Clara na atual encarnação, sorriu confiante:

– *Sim, meu amigo, agora posso seguir em frente. Cada um com suas responsabilidades. Peço apenas mais alguns dias.*

– *Será concedido mais algum tempo, minha irmã. Lembre-se, porém, de que podemos ser úteis nos diversos campos que o Mestre nos chamar a semear. O trabalho a espera!*

E juntos seguiram em frente...

Eliseu, o "fantasma" que assombrava Camila, estava a observar a cena do jantar, tentando a todo custo acessar a mente de Camila, porém sem sucesso. Isso já estava acontecendo fazia vários dias, e ele não se conformava com a situação. Enquanto tentava, a todo custo, causar algum desconforto nas mulheres, uma luz intensa se fez presente:

– *Eliseu, não percebeu que não terá mais sucesso nessa investida?* – disse uma voz.

– *Quem é você? Como sabe meu nome?*

– *Eu o conheço há tanto tempo, meu amigo. Tenho tentado dissuadi-lo de seus intentos, mas você não aceita minhas ideias. Quero muito ajudá-lo!*

– *Jamais alguém tentou me ajudar, por que você assim faria isso?* – estava confuso.

– *Pois eu quero o seu bem. Você tem vivido entre as sombras e a total escuridão por tanto tempo, que nem tem percebido minha presença. Não desejo seu mal, quero ajudar.*

E subitamente um espírito se fez presente e se aproximou de Eliseu, que, ao vê-lo, primeiramente se assustou e se afastou.

– *Não pode ser você! Eu o matei com minhas próprias mãos! Como ainda pretende me ajudar? Não mereço nada disso. Afaste-se. Vá embora!*

– *Não irei embora, até que me escute. Tenho tentado há tanto tempo essa aproximação e somente agora consegui. Alice não lhe pertence e você sabe disso! Deixe-a viver sua vida em paz! Ela já sofreu demais e precisa realizar as obras a que veio.*

Eliseu começou a chorar e a soluçar em total desespero.

– *Como viverei sem ela? Não conseguirei! Preciso estar ao seu lado!*

– *Meu amigo, você se aproveitou de um momento de fragilidade dela e fez promessas que não pôde cumprir! Ela está agora encarnada e precisa viver essa vida em toda a sua plenitude. Isso não quer dizer que jamais a verá! Permita que ela dê continuidade à sua programação. E você, irá me acompanhar e se preparar para retornar à vida corpórea. Você tem muitos débitos a quitar, mas prometo ajudá-lo. Venha comigo e poderemos conversar em lugar mais adequado. Quando vocês dois estiverem em equilíbrio, prometo promover um encontro, e aí você terá condições de pedir perdão a ela!*

Eliseu abaixou a cabeça em sinal de concordância e perguntou:

– *Um dia ela me perdoará?*

A entidade sorriu confiante e disse:

– *Quando seu perdão for verdadeiro, ela o perdoará. Confie! Vamos! Temos uma longa viagem pela frente, mas prometo que jamais estará sozinho novamente!*

Ambos saíram, deixando um rastro de luz e paz no ambiente. Uma grave obsessão acabara de se encerrar definitivamente! Obra dos irmãos da luz e da boa vontade daqueles que assim se propõem!

Nesse ínterim, Sofia ainda permanecia escondida na casa de Aníbal, trabalhador espiritual encarnado que se prestava a serviços escusos e inferiores. Ela estava lá fazia mais de dez dias, comprometendo a liberdade dele, já impaciente com a situação. Ela aguardava um passaporte falsificado para deixar o país. Era a única maneira de se ver livre das grades. Tinha planejado viajar nos próximos dias e queria que Aníbal a acompanhasse.

Ele, no entanto, não tinha a mesma pretensão, mas só a avisaria quando estivesse perto da viagem.

– Não aguento essa espera! Preciso sair do país com urgência. A polícia ainda está à minha procura e não irá desistir facilmente. Espero retomar minha vida distante daqui. Com você! É tudo que eu mais desejo! Camila há de encontrar seu castigo por tudo que fez!

O homem olhava com apreensão a mulher à sua frente. Ele podia ser insensível, cruel, mas era lúcido. Sofia estava distorcendo os fatos, afinal havia sido ela quem provocara os problemas, não a irmã. Em alguns momentos temia por sua própria vida se continuasse ao lado dela. Sofia era capaz de tudo para ter seus desejos realizados. Havia sido capaz até de atentar contra a vida da irmã! Aníbal começava a duvidar de sua sanidade mental, ou seria ela essencialmente má? Ele já tinha tomado a sua decisão. Não sairia do país por ela!

Otávio, por sua vez, melhorava a cada dia! Sua vida estivera por um fio e sentia que tivera uma segunda chance. Os dias se arrastavam no hospital. Dormia a maior parte do tempo. Sentia-se extremamente fraco e sabia que sua recuperação caminharia a passos lentos, levando-se em conta tudo por que passara. Arnaldo o visitava várias vezes ao dia, tentando animá-lo, mexendo com seus brios, mas faltava algo e ele sabia o que era: Helena. Onde ela estaria? Por que não o visitara uma só vez? Teria desistido dele? Quando perguntava por ela, todos permaneciam silenciosos ou davam uma resposta incerta. Queria tanto vê-la! Precisava dela ao seu lado, agora mais do que nunca! Até Camila se predispôs a ajudá-lo, mas também era reticente em suas respostas. Estava gostando dessa nova Camila, mais atenciosa e solidária. Poderiam ser bons amigos, e isso já era um grande passo. Desde o acidente, ela o visitara todos os dias, mostrando-se carinhosa e afetuosa. Será que tinha esperanças que reatassem? Isso não estava em seus planos definitivamente! O que fizera, colocando-se à sua frente e protegendo-a, faria por qualquer outra pessoa. Talvez uma conversa fosse conveniente!

Naquela tarde de quinta-feira, Arnaldo decidiu visitá-lo, antes de viajar.

– E nosso doente preferencial, como está? Sente-se melhor, meu amigo?

– Sinto como se um caminhão tivesse me atropelado. Quando alguns pacientes me diziam isso, eu não conseguia compreender o que significava. Hoje entendo plenamente.

– Ainda sente muita dificuldade em respirar? Muito cansaço? – E fez várias perguntas ao doente.

– Por que ninguém me fala de Helena? – A pergunta saiu de forma direta, sem dar tempo ao médico de avaliar o que iria dizer. – O que estão me escondendo?

Arnaldo refletiu se valia a pena continuar omitindo a verdade e disse:

— Ela viajou para o exterior e não sabemos quando irá retornar. Estávamos receosos de contar e você se abater com a notícia.

— Ela não esteve aqui? Nem para se despedir de mim? — Seu olhar ficou mais triste ainda.

— Ela não falou com ninguém, mas foi vista aqui antes de viajar, é só o que sabemos. Por que ela não falou conosco, não sei dizer o motivo. Nem Clara entendeu o que aconteceu.

Otávio tentava se lembrar da última vez que se falaram, mas tudo estava muito confuso. Teria ele feito algo e comprometido a relação que mal tivera início? Lembrava-se de a irmã ter lhe perguntado se ele conversara com Helena antes de voltar a São Paulo. Tudo havia sido tão rápido, que mal tivera tempo de contar a Helena sobre seus planos de romper com a esposa e assumir seu romance com ela. Teria sido esse o motivo? O fato de não ter procurado Helena antes? A dúvida o atormentava.

Arnaldo percebeu a preocupação no rosto do amigo e decidiu intervir, acalmando-o:

— Não se martirize, Otávio. Tudo deve ter uma explicação e terá as respostas no tempo certo. Ela deve ter seus motivos para assim agir. Procure melhorar e ficar bem, pois isso é o que importa no momento. Estou indo ver Clara. Quer que mande algum recado?

— Sim, diga-lhe que não a perdoarei por ter me abandonado. Espero que sua consciência não pese por isso. — E descontraiu o semblante, sorrindo.

— Quem tomaria conta de tudo, se ela ficasse ao seu lado feito babá? — E os dois passaram a assuntos mais leves.

— Quando terei alta? Não aguento mais ficar preso nesta cama.

— Vamos com calma, Otávio. Sua cirurgia foi delicada e requer tempo para cicatrização. Tem se alimentado? Venha, vamos tentar dar alguns passos. Eu ajudo! — E deu a mão ao amigo que lentamente tentava se levantar. — Vá com calma, sentirá tontura, o que é natural por causa do tempo em que está acamado. Respire fundo e apoie seus pés no chão. Um passo por vez, vamos! — E segurou seu braço, dando-lhe o apoio necessário.

No início ele quase caiu, não fosse o amigo a ampará-lo. Deu poucos passos e sentiu-se exausto.

– Eu disse que ainda não está pronto para grandes aventuras. Vou dar orientações para que o ajudem a caminhar. Isso é parte de sua recuperação. Agora descanse e no domingo nos falamos novamente. Procure ficar bem! Tudo virá a seu tempo, Otávio. Não queira respostas que ainda não se encontram prontas. Pense nisso!

Otávio começou a refletir em sua vida e em tudo o que ela se tornara em tão pouco tempo. Uma reviravolta, ou melhor, um furacão devastador passou por ela! E até que tudo se acomodasse novamente levaria tempo! Uma saudade devastadora de Helena tomou conta dele! Iria até o fim do mundo por ela! Mas precisava estar com a saúde perfeita, e era nisso que iria se empenhar dali para a frente. Queria estar em perfeita forma o mais rápido possível.

Luiza, no plano espiritual, acompanhava a recuperação do filho com profunda alegria. Tudo caminhava conforme os desígnios de Deus, essa era a grande verdade! Aproximou-se do filho e, afagando seu rosto com carinho, disse-lhe:

– *Não falei que tudo ficaria bem? Confie e siga em frente, meu querido! Há muito a realizar nesta encarnação! Em breve terei de partir, mas meu amor acompanhará cada passo de vocês dois, meus filhos amados!*

Capítulo 36

Cobranças da vida

Camila tentava focar no trabalho, como uma maneira de afastar a tristeza que ainda imperava em seu coração, o que não passou despercebido por Celso, seu funcionário e agora amigo.

– Não estou gostando nada do que vejo! Cada dia seu semblante se torna mais triste! Seu marido, pelo que sabemos, tem se recuperado bem. Em breve, ele sairá do hospital. Isso não é motivo de alegria? – perguntou ele.

– Sim, certamente. Ele está cada dia melhor e logo poderá retomar sua vida. – Seu olhar se entristeceu ainda mais.

– Então por que está tão abatida? Ele voltará para casa e vocês terão chance de conversar sobre tudo.

– Talvez por isso eu esteja assim. Tudo voltará ao que era! Ele retomará seu trabalho, distante de mim. Nosso casamento acabou! Ele irá embora definitivamente! – E seus olhos ficaram marejados.

Num gesto instintivo, Celso a abraçou, e ela, aninhada em seus braços, deixou o pranto fluir. Assim permaneceu, lavando toda a angústia que seu coração carregava. Após alguns instantes, ele apartou-se dela e disse com toda a suavidade:

– Ele seguirá seu caminho e você, o seu. Deixe-o partir!

– É tão difícil! Ele esteve presente em todos os momentos felizes que vivi!

– E nos infelizes, também! Você está olhando apenas um ângulo da questão, aquele que mais lhe importa. Vocês não eram felizes, você já confidenciou isso até para mim!

– Você é um grande amigo! – E ela sorriu entre lágrimas.

– É só isso que você vê em mim? – questionou ele, olhando intensamente em seus olhos.

Camila ficou atônita com a pergunta, pois jamais pensara naquilo. Otávio era seu grande e único amor, não haveria espaço para outro alguém. Ele poderia deixá-la, seguir sua vida, mas ela não conseguia conceber um novo amor. De repente, Celso estava a lhe falar sobre algo além de uma amizade. Ele era um bom homem, capaz de ter a mulher que desejasse, por que se interessaria por ela, uma mulher complicada?

– Ora, Celso, deixe disso! Não entre nesse terreno, ele é muito perigoso. Gosto muito de você, não apenas como um funcionário, mas como um amigo querido, que sabe me ouvir e está sempre por perto. Mas não consigo enxergar nada além disso. Sinto muito!

– Não estou esperando nada além do que pode oferecer. Conheço meu lugar e não tive a intenção de constrangê-la. Só quero que saiba que você é uma mulher especial, em todos os sentidos. Merece uma segunda chance de ser feliz! Sei que não me enquadro em suas expectativas, mas nutro sentimentos verdadeiros e gostaria que soubesse. Sei qual é o meu lugar, e sobre essa conversa, caso a tenha perturbado, façamos de conta que jamais existiu. No entanto, saiba que estou aqui e estarei ao seu lado quando precisar. – Ele estava prestes a sair, quando ela o impediu.

– Por favor, não me entenda mal. Agradeço seu carinho por mim e de forma alguma me constrangeu. Apenas, penso que você merece uma pessoa que se dedique integralmente a você, pois merece pelo homem maravilhoso que é. Fico lisonjeada com tudo o que disse, mas não sei quando estarei pronta para viver um novo relacionamento. Sinto muito! Amigos? – E ela estendeu a mão em sua direção com um sorriso no olhar.

– Se é isso que me resta... Amigos! Porém, tenho de admitir que sou insistente em demasia e vou continuar tentando. E esperando! – E apertou a mão que ela oferecia.

– Isso eu não posso impedir! – disse sorrindo.

– Então não devo perder a esperança? – questionou Celso.

Camila não respondeu, apenas sorriu para o amigo.

– Vamos trabalhar! Preciso passar no hospital na hora do almoço.
– Posso acompanhá-la? Somos amigos ou não? – brincou ele.
– Você é realmente insistente! Pode me acompanhar e depois almoçamos.
– Perfeito! – Ele sentiu que havia uma pequena esperança e nela iria se ater. Celso nutria sentimentos verdadeiros por Camila desde que a conheceu. Era uma força irresistível! Queria estar com ela e arranjava uma oportunidade sempre que possível. E assim, gradativamente, ela passou a ser importante na vida dele. Odiava vê-la triste e não conseguia imaginar alguém fazendo-a sofrer. Um marido que não a entendia não a merecia. E sonhava com o dia em que Otávio rompesse definitivamente com ela, pois assim o caminho estaria livre. Mas, ao ver o desespero de Camila quando a tragédia aconteceu, arrependeu-se de seus pensamentos. A última coisa que desejava na vida era ver aquele semblante triste, com lágrimas e dor! Não sabia se devia declarar seus sentimentos, mas encontrou um momento propício e aproveitou o ensejo. Agora ela sabia o que se passava em seu coração. E o tempo diria se poderia, ou não, alimentar esperanças!

Estavam trabalhando, quando o telefone tocou. Camila atendeu, e seu semblante foi ficando sério. Quando desligou, disse:

– Sofia pretende fugir amanhã à noite para fora do país!
– Como assim? Quem era? – perguntou Celso. – Ligue para a polícia imediatamente. Eles saberão o que fazer!

A denúncia partiu de quem Sofia mais confiava: Aníbal, seu cúmplice. Ele não pretendia ficar mais vulnerável do que já estava e não queria complicações com a polícia. Ver seu nome ligado ao dela não estava em seus planos. Ela já não lhe servia mais, pois agora era uma fugitiva, e a fortuna dela jamais chegaria às suas mãos. Perdeu o interesse por ela e decidiu resolver as coisas do seu próprio jeito. A irmã que resolvesse a questão com a polícia, e bem longe de seus domínios, para que nenhum vestígio pudesse ligar seu nome ao dela. Quando fosse presa, certamente ela iria contar que ele a acobertara. Mas tinha álibi suficiente para se livrar de qualquer denúncia. E tudo voltaria ao normal! Bem, quase! Agora teria de procurar uma nova presa fácil, cheia de dinheiro! Era apenas isso que o motivava: bens materiais e tudo o que facilitasse sua vida desprezível!

O plano espiritual estava a observar a cena e, com tristeza, Luiza disse:

– *Infelizmente, ela confiou na pessoa errada, como sempre! Ela busca por aqueles que se sintonizam com ela e em seus interesses escusos. Ainda não aprendeu a lição! Se sentirá traída, e a revolta novamente encontrará abrigo em seu coração. Só não se comprometeu ainda mais, pois aqueles que ela feriu decidiram não corresponder às mesmas emoções, não abrigando mágoa, ressentimento ou dor. Mas Sofia ainda retornará outras vezes. A trajetória de todos é sempre a mesma: evoluir. E isso implica eliminar as mazelas e imperfeições que ainda trazemos em nosso ser. Sim, Sofia terá outras oportunidades!*

– *Ela pode refletir sobre suas ações ainda nesta vida, minha irmã. Não podemos perder as esperanças! Quem sabe se a dor não a motive a repensar sobre suas escolhas! Confiemos na Misericórdia Divina, que abraça todos os filhos da criação. Ela jamais estará desamparada. Quando se arrepender de seus feitos, encontrará o auxílio!*

– *Certamente! Mas sinto que ainda verterá muitas lágrimas até que se arrependa verdadeiramente. E, quando isso acontecer, poderemos ajudá-la!* – E seguiram para outras paragens. O trabalho é intenso na seara do Mestre!

Naquele mesmo dia, Camila cumpriu a rotina dos últimos dias e foi ao hospital. Bateu à porta e o que viu a surpreendeu. Otávio estava de pé, dando alguns passos pelo quarto, ajudado por um enfermeiro.

– Que surpresa maravilhosa! Já de pé! Fico tão feliz por você. – E entrou acompanhado de Celso, apresentando-o como seu funcionário e amigo. Otávio cumprimentou-o com um sorriso e sentou-se.

– Preciso começar a andar, não consigo mais ficar nesta cama de hospital.

– Um grande progresso! Tem previsão de alta? – perguntou ela.

– Espero que breve! – Uma distância se instalara entre eles, o que dificultava a comunicação. – E como vão as coisas?

– Tudo está caminhando conforme a vida nos impõe. Mas nem sempre é como imaginamos! Temos notícias de Sofia. – E contou sobre o telefonema. – Sinto-me tão culpada pelo que aconteceu. Você poderia ter morrido!

– Mas não aconteceu e temos de seguir em frente. Tenho muita pena de sua irmã. Ela terá de prestar contas pelos seus atos. Com relação ao que aconteceu, não se sinta culpada por nada. Um grande amigo me disse que tudo ocorre com um propósito. Não existe o acaso! Tiremos um aprendizado de tudo isso. Em breve estarei de volta ao meu trabalho e à minha vida. – E silenciou, pois Helena estava em seus pensamentos, o que Camila percebeu.

– Sabe alguma notícia de Helena? – Era constrangedor, mas precisava saber.

– Sei apenas que viajou. – E novamente o silêncio.

– Bem, tenho de voltar ao trabalho. Passarei amanhã para saber notícias, isso se não o incomodar – disse ela meio sem jeito.

– De forma alguma, Camila. Sei que existe um carinho imenso entre nós. Isso jamais irá se modificar! Cuide-se! – E ela o abraçou carinhosamente, desta vez sentindo a despedida tão temida. Seus olhos ficaram marejados, mas conteve as lágrimas. A emoção o contagiou também e deram um carinhoso abraço, cada um se libertando definitivamente das amarras que os uniram por tanto tempo. Foi ela quem se afastou e disse num sorriso tímido:

– Estarei sempre por perto, meu querido! Vá atrás de Helena e seja feliz! Faça isso!

Os olhares de ambos denunciavam os sentimentos que extravasavam naquela despedida. Era muita emoção, e Otávio apenas conseguiu dizer:

– Obrigado, minha amiga. – E virou-se para que ela não o visse chorando.

Celso observava a cena também comovido e sentindo a energia que os envolvia. Despediu-se e saiu, levando Camila pelo braço. Queria sair de lá rapidamente!

Camila sentou-se na primeira cadeira que encontrou e se debulhou em lágrimas. Ele esperou pacientemente o desabafo e, segurando carinhosamente sua mão, disse:

– Você vai ficar bem, eu prometo! Farei tudo ao meu alcance para que você volte a sorrir. Peço apenas que confie em mim! – E beijou sua mão. Ela se levantou e o abraçou.

– Obrigada, Celso, por estar aqui comigo neste momento. – E saíram caminhando, encerrando um ciclo de muito aprendizado. Uma nova vida se descortinava, e cada um deles aproveitaria a oportunidade se assim estivesse predisposto. Afinal, aprende aquele que deseja a evolução e a conquista da felicidade. É uma escolha individual! Camila teria novas oportunidades, e seu destino agora lhe pertencia! Retomara as rédeas de sua existência havia tanto tempo perdida.

No dia seguinte, tudo se confirmou! Assim que Sofia chegou ao aeroporto, foi surpreendida pela polícia. Ela começou a se debater e a gritar impropérios, tentando evitar a prisão, mas tudo foi em vão!

Carmen e Camila observavam de longe a cena deprimente. Mas a escolha havia sido dela própria! Sofia foi conduzida pelo saguão do aeroporto, causando furor. Ninguém entendia o que se passava com aquela mulher que parecia ostentar posses e classe. "O que teria ela feito?", ficavam a imaginar.

Mãe e filha acompanharam todos os acontecimentos e, com seu advogado, se dirigiram até a delegacia para onde Sofia fora encaminhada.

Carmen pediu para falar com a filha. Quando entrou na sala, encontrou Sofia chorando. Tentou abraçá-la, mas foi contida:

– Fique longe de mim! Não quero vê-la nunca mais na minha frente! Saia daqui!

– Sou sua mãe e jamais a abandonarei, independentemente do que fez. – Carmen tentava apaziguar os ânimos acirrados da filha.

– Pare com essa conversa mole, não preciso de sua piedade! Você nunca me entendeu, sempre ficou contra mim! – E gritava cada palavra.

– Não é piedade, é simplesmente amor. Eu a amo, minha filha, e sempre estarei ao seu lado seja em que situação for. Não vamos discutir o ato reprovável que cometeu, não é momento de críticas ou julgamentos. O que você fez é entre você e Deus! Já providenciei um bom advogado que irá defendê-la, quero que fale com ele calmamente. – A serenidade com que ela falava fez com que a filha fosse se acalmando pouco a pouco. – Você conversará com ele e contará toda a verdade, não omita nada, para seu próprio bem. – E caminhou até ela e a abraçou com todo o amor.

Sofia não correspondeu ao abraço, mas deixou que a mãe assim o fizesse. Quando Carmen se afastou, viu muita mágoa contida no olhar da filha e disse apenas:

– Por que faz tudo isso?

Sofia manteve seu olhar fixo no da mãe, sem nada responder.

O encarregado pediu que Carmen se retirasse e ela deu outro abraço na filha:

– Voltarei quando puder! – E saiu.

Sofia olhava a tristeza da mãe, e nada sentiu. Jamais entendeu os motivos de ter tanta relutância em aceitá-la como mãe. Em alguns momentos, sentia uma raiva inexplicável sem motivo algum. Reconhecia os esforços da mãe em eliminar a distância que havia entre elas, mas nada fazia para mudar. Muito pelo contrário, se pudesse faria da vida de Carmen um eterno martírio. Era como se a punisse todos os dias de sua existência. Com a irmã, a situação era muito pior. Era um ódio incontido que se manifestava com a simples aproximação entre elas. Por que nascera naquela família? Essa era a pergunta usual em sua vida! E assim cresceu, alimentando sentimentos desprezíveis pelos membros da família. Apenas o pai escapava a isso. No entanto, ela achava que ele também a tinha traído quando preferiu a irmã para ocupar o seu lugar. Sentia que ninguém jamais a amou! Por isso era assim! Essa sempre foi a desculpa para todos os erros que cometera ao longo da vida.

Todos a traíram em algum momento! Até Aníbal, em quem depositava a máxima confiança. Até ele foi capaz disso! Ninguém a amava, pensava. Essa era a grande verdade!

Nunca se sentiu tão exaurida como naquele instante! Cansara-se de tudo! A vida jamais lhe daria aquilo que desejava. Então, para que continuar a viver? Esses pensamentos foram instigados pelos companheiros espirituais que a acompanhavam havia muito tempo. Ela tinha maior serventia na espiritualidade, onde era capaz de muitos feitos. Queriam que ela retornasse o mais rápido possível e passaram a entrar no campo de seus pensamentos – aliás, a palavra mais adequada seria invadir, pois praticamente tomavam sua mente de assalto. Emitiam pensamentos perturbadores, que ela aceitava passivamente pela sintonia que oferecia. Mais uma obsessão estava se instalando por obra da própria vítima, que acolhia como seus esses pensamentos e neles se comprazia. Acreditava que a morte acabaria com seu sofrimento! Ledo engano, afinal a morte definitiva não existe, pois o espírito é imortal. Apenas seu envoltório material pode ser destruído! Mas Sofia nada entendia desses assuntos! Jamais se preocupou com sua parte espiritual. E o assédio persistia de forma intensa e devastadora, fazendo com que ela ficasse, a cada dia, mais servil aos intentos desses irmãos. Uma triste cena!

E a tendência era que essa situação perdurasse, caso alguém não interviesse. Os amigos espirituais tentavam afastar essas ideias inferiores, mas Sofia não reagia e permanecia mergulhada integralmente nesse padrão de vibrações. A expectativa era que ela cedesse e atentasse contra a própria vida num curto espaço de tempo.

Carmen estava transtornada com tudo o que presenciara e seus pressentimentos eram de que a situação poderia ficar ainda mais séria. A filha estava em completa desarmonia e temia pelo que poderia acontecer. O único consolo era a prece, que a acalmava e lhe dava conforto. Pedia a Deus que não desamparasse a filha, que, apesar de tudo que praticara, ainda merecia a misericórdia divina. Ouviu uma palestra no centro que assim dizia: "a ignorância deixa o filho falível". Era assim que via Sofia, um ser descrente de sua real condição, que desconhece o caminho que leva à paz. Ela necessitava de todo o apoio e isso jamais lhe negaria. O amor imperava em seu coração, e este era capaz de compreender e amparar aquela que se encontrava na condição de sua filha. Ela teria um longo caminho a percorrer para reconciliar-se com todos que ferira. Carmen esperava, apenas, que Deus concedesse a Sofia essa oportunidade. Suas preces eram carregadas de amor, procurando envolver a filha em suas energias sutis e equilibrantes. Carmen assim permaneceu, não descuidando um instante em suas orações, como se pressentisse que forças inferiores poderiam dominá-la integralmente.

Sofia, nesse ínterim, encontrava-se cada vez mais entregue ao desânimo, imaginando mil formas de encerrar sua existência. No entanto, conforme a mãe intensificava suas preces, os companheiros espirituais invigilantes próximos a ela começaram a perceber que ela ficava cada vez menos receptiva aos seus apelos. A força do amor sincero é capaz de neutralizar e combater o assédio dos que desprezam as leis que comandam o universo. Porém, esse embate perduraria, vencendo aquele que tivesse maior fibra espiritual.

Pouco a pouco, os desejos de acabar com a própria vida foram perdendo força, dando espaço para que ela voltasse a pensar em outras maneiras de se vingar. Sofia ainda teria muito a aprender sobre a vida! Viveria em constante duelo com as forças do mal, com as quais fizera muitos pactos antes de encarnar, e agora a cobrança chegara. Ela assim viveria até que despertasse para os reais valores da vida. Podemos aprender pelo amor, mas nossa inferioridade, e isso significa orgulho em demasia, ainda nos remete à dor, para que o aprendizado se efetive. Mais uma vez, é escolha individual! Caberia a ela avaliar todos os seus feitos, à luz da razão e da verdade, e arrepender-se, procurando refazer os caminhos trilhados de forma equivocada. Porém, estaria ela disposta a calar seu egoísmo e a cultivar o amor pleno no campo árido do seu coração? Essa resposta somente ela poderia oferecer!

Carmen, em sua programação, havia se proposto a acompanhá-la de perto, oferecendo, pelo exemplo, as lições que caberia a ela aprender – dívidas antigas cuja plena quitação o tempo ainda não permitira. Iria lhe ofertar seu amor genuíno, independentemente se a recíproca ocorreria. Não desistiria dela em momento algum! Essa havia sido sua decisão, mesmo que isso lhe custasse ingratidão e desprezo! Sofia não desistiria da vida, e Carmen não desistiria dela! E isso realmente aconteceu! No decorrer dos dias, meses, anos, Sofia permaneceu presa pelos atos cometidos. Ela infringiu não apenas a lei dos homens, mas a Lei de Deus, que é infalível! Seu destino? Passou a existência lutando contra sua própria essência, entre altos e baixos, mas no final o saldo foi positivo. Por obra sua e de Carmen!

Capítulo 37

Seguindo em frente

Os dias se passaram, e cada coisa ia retornando ao seu lugar! Essa é a dinâmica da vida!

Otávio melhorava a cada dia e ansiava por sair do hospital. E após exatos trinta dias ele teve a tão sonhada alta. Camila o esperava na recepção para levá-lo para casa. Quando o viu, acompanhado de Arnaldo, ela ficou muito feliz!

— Otávio, vamos? Dalva está esperando ansiosamente seu retorno.

— Não precisava vir! Sei que tem trabalhado demais.

— Ora, se não faria isso por você! Deixaria tudo de lado para estar aqui neste momento. Não sabe o quanto desejei sua recuperação. – Seus olhos estavam marejados. – Fui a responsável por isso!

— Já lhe disse para não falar dessa forma. Pare com essa culpa, Camila. Eu estou vivo e isso é que importa. E Celso, não veio com você? – disse ele sorrindo. Era impossível não perceber o interesse do rapaz por ela.

— Pare com isso! Somos apenas bons amigos, já lhe falei – disse encabulada.

— Minha querida, você merece ser feliz! Dê uma chance ao seu coração. Vai querer ficar sozinha por toda a vida? Pare com isso! Sei que está diferente e devo dizer que essa sua nova versão é encantadora. Se eu não tivesse meu coração já ocupado, juro que ele estaria pulsando por você. Sabe que está mais bonita, mais segura de si? – Ele estava

sendo sincero, e ela lhe devolveu um sorriso iluminado.
– Pare com tantos elogios que vou acreditar! Está dizendo isso apenas para que eu me sinta melhor, e agradeço! Celso é um bom amigo, já disse. Bem, por enquanto... – E seu olhar se encheu de esperança.
Otávio deu uma risada gostosa que a contagiou. Pareciam bons amigos conversando animadamente sobre assuntos triviais.
– Ele parece um bom homem, mas diga-lhe que antes de assumir algum compromisso com você preciso saber das suas reais intenções!
– Está pensando que é meu pai? – disse ela rindo.
– Eu lhe disse que cuidaria de você por toda a vida, e é isso que farei. Não vou permitir que nenhum homem mais a faça sofrer. Basta eu! – E olhou fixamente em seus olhos – Você já me perdoou?
– Não tenho nada para perdoar, meu querido. Foi o destino, quero assim pensar. Tivemos nossa história, e ela se encerrou, apenas isso. Mas o carinho, o afeto, o amor, estarão sempre presentes, saiba disso.
– Seu olhar estava sereno e límpido. Otávio jamais a vira assim. Que transformação!
E os dois saíram caminhando lentamente pelos corredores do hospital. Arnaldo, que tinha resolvido deixar os dois conversando mais à vontade, ia logo atrás. Os três resolveram tomar um táxi, e Camila pediu que a deixassem no trabalho antes.
– Desejo realmente que você seja feliz! Não é isso que desejamos àqueles que amamos? – disse Camila, despedindo-se de Otávio, que lhe respondeu com um abraço caloroso.
No carro, Helena acabou sendo assunto da conversa entre os dois amigos.
– Clara me disse que escreveu para Helena, contando tudo o que aconteceu com você. O pai dela disse que a filha tem trabalhado muito e que poucas notícias têm dado. O que pretende fazer? – perguntou Arnaldo.
– Tenho de voltar para o interior. Clara está prestes a ter um colapso caso eu não reassuma minhas funções, você sabe. – E riram da cena.
– Porém, como seu médico, devo alertá-lo para voltar ao trabalho de forma gradual. Não queira retomar com toda a energia. Vá com calma, respeite seu corpo, meu amigo. Isso é primordial! Você passou

por situações estressantes, não comprometa mais ainda sua saúde física e psíquica. Há tarefas o aguardando, e elas são intransferíveis. Procure falar com Helena e diga tudo o que se passou. Ela pode estar confusa, acreditando que você e Camila ainda estão juntos. Só você poderá esclarecer essa situação. Não acho que deva escrever, fale com ela pessoalmente.

— Você sabe que, por mim, estaria pegando um avião agora direto para onde ela está.

— Esse é seu coração falando, mas sua razão diz que deve ficar. É isso? – perguntou.

— Exatamente! Não posso desprezar minhas responsabilidades. Tenho de assumir minhas funções. Devo isso a meu pai! – Seu olhar se entristeceu. E mudou o assunto: – E você e minha irmã, como estão?

Arnaldo ofereceu um sorriso largo:

— Estamos juntos, se é isso que você quer saber. Ela sempre foi o amor da minha vida e eu não conseguia conceber minha existência sem a presença dela ao meu lado. Estamos felizes e fazendo muitos planos. Estávamos apenas esperando sua recuperação para marcarmos a data de nosso casamento. Bem, isso se você não se opuser. Sabe o quanto sua opinião é importante para mim!

— Acho que não irei me opor. Você parece adequado, vem de boa família, tem uma profissão estável... É um bom partido para Clara. Além do que lhe devo minha vida! – E ambos sorriram. – Desejo a vocês toda a felicidade do mundo, ambos merecem! Parabéns! E Augusto, aprovou a união de vocês?

— Se não aprovasse, sua irmã não se casaria, acredita? Os dois têm uma relação linda, e a opinião dele foi essencial à decisão de Clara. Isso, certamente, remonta a vidas passadas. Mas ele, felizmente, gosta muito de mim e não se opôs. Preciso, apenas, resolver minha vida em São Paulo para me transferir definitivamente para o interior. Seu hospital acaba de receber mais um médico.

— Nosso hospital será referência no interior, com médicos capacitados e experientes. Era tudo com que papai sempre sonhou. Está feliz onde estiver! Seu legado está em boas mãos!

Assim que entrou em casa, recebeu o afetuoso abraço de Dalva.

— Sabia que você ficaria bem, alguém me disse. – E piscou o olho para Otávio, que sorriu.

– Em alguns momentos de meu sono profundo tive a sensação que ela ficou ao meu lado e conversamos. Não consigo lembrar exatamente as palavras; a única coisa de que me recordo é que ainda não havia chegado meu momento de desencarnar. Acho que foi isso!

– Exatamente, querido. Nosso tempo está nas mãos do Pai Maior, é Ele quem decide quando devemos retornar. Você tem uma longa vida pela frente, muito ainda a realizar! Foi isso que sua mãe me confidenciou, enchendo meu coração de esperança e paz. Poderia ter sido uma grande fatalidade, mas... – E não terminou, pois a emoção a dominou.

Otávio a abraçou e assim permaneceram por alguns instantes.

– Vou precisar de um imenso favor e não pode recusar meu pedido! – disse ele em tom solene. – Peço que fique aqui com Camila até que nossa situação se resolva oficialmente. Depois gostaria de tê-la ao meu lado onde eu estiver!

Dalva estava sensivelmente emocionada. Queria permanecer ao lado do filho que a vida colocou em seu caminho. Tinha imenso afeto por ele e Clara. Eles eram sua família! Era tudo o que ela precisava ouvir.

– Acho que vou pensar... – disse sorrindo. – Você e Clara são os filhos que o Pai me concedeu e não consigo conceber minha vida distante de vocês dois. Minha eterna gratidão, meu filho!

– Então, está acertado. Tenho até um centro espírita para lhe indicar. Vai gostar de Tobias. Já se tornou um grande amigo e professor. Fico poucos dias por aqui e depois vou ao interior e providencio tudo, combinado? E Camila, tem se portado bem?

– Se acreditasse em milagres, diria que ela é um! Uma transformação radical aconteceu, que até Carmen duvidava que pudesse ocorrer. A vida ensina, meu querido, de uma forma ou de outra! – disse sabiamente.

– Porém, aprende quem deseja, não é isso que mamãe sempre dizia? Camila se dispôs a isso, visando ao seu aperfeiçoamento como pessoa. Creio que todos os eventos tiveram a participação de mamãe. Podemos tirar uma lição até com as dificuldades.

– Ela estava receptiva ao aprendizado, é o que realmente importa! Camila retomará sua vida, tenho certeza, Otávio. É uma mulher interessante, com muitos atrativos...

– Acho que ela já encontrou alguém, mas lhe custa admitir – brincou ele.

– Está falando do sr. Celso? – perguntou ela.

– Exatamente! Pareceu-me um bom homem. Vejamos o que a vida lhes reservará...

Alguns dias depois, conforme Otávio planejara, reencontrou Clara no interior. A irmã chorava de contentamento com seu retorno.

– Espero que essas lágrimas signifiquem a imensa saudade que estava de mim, e não por motivos torpes, querendo que eu reassuma o hospital! – disse rindo.

– Jamais senti tanto medo em minha vida! Nunca mais faça isso comigo! – E o beijava repetidas vezes, fazendo Augusto se contorcer de tanto rir. Quando se desvencilharam, o menino correu para abraçá-lo também. Otávio recebeu aquele gesto espontâneo com carinho.

– Cuidou bem de minha irmã em minha ausência? – perguntou com olhar sério.

– Estou feliz que o senhor esteja bem! Mas eu já sabia – disse em tom sabichão. Os irmãos se entreolharam, e o garoto continuou o relato. – Aquela mulher bonita, que diz que gosta muito de mim, esteve em meus sonhos e disse que o senhor ficaria bem. Disse algo que eu não entendi e que era mais ou menos assim: "um dia nos reuniremos todos novamente" e falou também que eu tinha dado um passo muito importante. O que será que ela quis dizer com isso?

Clara e Otávio pensaram imediatamente na mãe e sorriram. Teriam sido uma família? O reencontro os favoreceria algum dia? Só o tempo tinha essa resposta!

– Bem, tentemos entender por partes. Você deu realmente um passo importante, quando passou a confiar em alguém, não é verdade? – questionou Clara, fazendo o menino ficar pensativo por instantes, para, em seguida, surpreendê-la:

– Você me disse que seria minha mãe, eu me lembro disso! – O garoto teve um lampejo do passado e sorriu. – Naquele dia você me prometeu que cuidaria de mim! Faltava apenas te encontrar. – E com um olhar sereno, cheio de paz, finalizou: – Eu sabia que você não me decepcionaria.

Clara teve a mesma visão do garoto, de um tempo perdido no passado, que naqueles breves momentos emergiu, tingindo o ambiente de uma luz intensa. Ela viu a cena rapidamente: um homem morrendo em seus braços e a promessa feita de que cuidaria dele em outra oportunidade. Ela correu a abraçar o garoto, com lágrimas de emoção. Sim, ela sempre cuidaria dele, essa era a verdade!

Nosso passado nos acompanha, definindo caminhos e reescrevendo histórias para que, um dia, a paz volte a seguir conosco. Nosso presente é a bendita oportunidade de realizar novas escolhas, desta vez dentro dos padrões de equilíbrio que devem nortear nossas existências. Promover a paz da consciência é dever de cada criatura encarnada, e nossos atos definirão isso!

A vida seguiu seu ritmo... Os dias se passaram. Alguns meses também.

Otávio, em sua atividade frenética no hospital, deixou em segundo plano sua vida pessoal e passou a se dedicar exclusivamente ao trabalho.

A rotina era sempre a mesma: trabalho, cirurgias, reuniões. Isso parecia não ter fim! Lembrava-se de Marina ao dizer que seu pai necessitava urgentemente de férias. Agora o compreendia! É certo que Clara lhe dava o suporte necessário, mas estava dividida em outras funções, como a de ser mãe e futura esposa. Os preparativos do casamento de Clara estavam sendo concluídos. Apesar de ela desejar algo mais sóbrio, Marina fez questão de preparar a celebração com cuidado extremo para que fosse um evento inesquecível.

Para tristeza de Marina, o casal não se sujeitou a um casamento tradicional numa igreja. Mas não recusaram a festa, onde seria realizada a união civil.

Arnaldo estava radiante. Seu sonho estava para se realizar e não poderia estar mais feliz. Ele havia resolvido suas pendências profissionais em São Paulo e passou a se dedicar exclusivamente ao hospital. Era o reforço que Otávio tanto esperava.

Dalva já se instalara na mansão da família e foi recebida com carinho por Marina.

– Rodolfo falava maravilhas de você, e eu queria muito conhecê-la e tê-la ao meu lado. Será uma governanta, não quero que trabalhe demais por aqui. Seja bem-vinda!

— Não sei se mereço tal recepção, mas agradeço com minha fidelidade eterna. Conte comigo para o que precisar.

— Temos muito a fazer para organizar o casamento de Clara. Posso contar com sua ajuda?

— Certamente. — E sorriu, agradecendo a Deus a felicidade que experimentava.

Chegou o tão sonhado dia...

Clara convidou Camila e Carmen, assim como alguns amigos queridos de São Paulo. A festa seria na própria mansão, numa tarde ensolarada e quente de verão. Uma imensa tenda havia sido erguida nos jardins da casa, seguindo para a grande sala onde os convidados iriam esperar os noivos. Clara se arrumava em seu quarto, quando Otávio entrou.

— Você está linda, minha irmã. — Seus olhos brilhavam de pura emoção. — Sabe quanta felicidade lhe desejo? — perguntou ele, segurando a mão da irmã.

— Sei, meu querido! A mesma que te desejo todos os dias! — E o abraçou comovida.

— Está feliz?

— Muito! Sinto que tomei a decisão certa. Confesso que jamais pensei em constituir família. Sei que pode parecer estranho, mas eu não conseguia me ver como uma esposa, com filhos e tudo que acompanha um casamento. Depois daquela mensagem de mamãe, tudo mudou! Custou-me a entender o que ela queria dizer com aquelas palavras. Creio que existam muitas maneiras de fazer o bem, e construir uma família é uma delas, quando temos a oportunidade de receber outros espíritos e encaminhá-los a suas tarefas. Na verdade, nunca consegui me ver nesse papel. Será que darei conta? Estou fazendo a coisa certa? — Seus olhos brilhavam intensamente.

— Ainda tem dúvida? Será uma excelente esposa, como já é como mãe. Augusto mudou radicalmente desde a primeira vez que o vi. Não percebe a diferença que fez na vida dele? E Arnaldo? Nunca o vi tão feliz! Fez a escolha certa, sim. E continuará exercendo a sua profissão, pois as crianças merecem uma pediatra dedicada e eficiente como você. Agora se apronte, seu noivo está ansioso aguardando sua chegada.

Clara devolveu o sorriso e fez a pergunta que a martelava:

– Alguma notícia de Helena? – Viu uma sombra no olhar do irmão e se arrependeu de perguntar.

– Em todos esses meses, apenas uma carta, aquela que lhe mostrei. Parece incrível, mas não consigo falar com ela. Parece que o destino não quer nos favorecer. Você falou sobre seu casamento, não? Nenhuma resposta?

– Disse que tem trabalhado intensamente e que desejava minha felicidade. Não sei se virá. Aliás, se Júlio soubesse de algo teria nos falado, não acha? Ele próprio tem reclamado a ausência de notícias da filha. Está em fase final de seu tratamento, e tudo indica que está curado. Foi uma longa batalha, mas saiu vitorioso. Isso se deve à pesquisa de Helena. É isso que a tem afastado de nós!

– Escrevi-lhe várias cartas, mas não recebi nenhuma resposta animadora. Talvez ela tenha desistido de mim. É uma possibilidade! – disse em tom tristonho.

– Não creio, acho que o trabalho a tem consumido demais. Não se sinta vencido!

– Bem, chega de tristeza, pois este é um dia muito especial e feliz! Vamos?

– Vamos! Obrigada por ser quem é, meu irmão querido! Te amo!

– Te amo também, minha querida! Agora, chega de conversa! – E saíram.

Conforme ela descia as escadas, um grupo de amigos espirituais a acompanhavam, espargindo luz no ambiente. Era um lindo espetáculo de se ver! Luzes em profusão saturando o local de paz e harmonia, atingindo a todos que lá se encontravam!

Clara estava linda e um sorriso iluminado emoldurava seu rosto. Descia lentamente, acompanhada do irmão que a conduzia feliz da vida.

Dois espíritos, em especial, acompanhavam a cena. Luiza, a mãe, e Rodolfo, o pai, que se entreolharam sorridentes. O pai ainda parecia estar em convalescença, pois era amparado por Luiza.

– *Ela está linda! Será feliz?* – perguntou o pai.

– *Cada um é artífice de sua felicidade, jamais se esqueça. Se ela assim se dispuser, será! Ela vai ter muito trabalho pela frente, e receberá amparo espiritual por méritos já conquistados. Seu trabalho é incessante à causa do bem, que jamais desprezou em todas as suas*

existências anteriores. Queria que você partilhasse desse momento, e agora precisamos ir. Mande seu amor por meio do seu pensamento, que ela o acolherá pelos canais da sensibilidade. Perceberá que estivemos aqui e se sentirá plena. – Os dois emitiram seu amor em forma de vibrações, que a atingiram rapidamente.

Clara, percebeu algo diferente, carregado de amor. Olhando ao redor, percebeu os dois a lhe sorrir em sua realidade espiritual. Ela respondeu com um sorriso mais iluminado ainda, junto com a frase "obrigada, mamãe e papai, amo vocês". E continuou a descer as escadas, agora mais confiante com a presença tão desejada. Olhou para Otávio e lhe disse algo baixinho. Ele sorriu e procurou os pais com o olhar.

Luiza disse:

– *Vou partir, meus queridos, mas agora sei que darão continuidade às tarefas programadas. Outras me aguardam, e devo seguir meu caminho. Meu amor estará com vocês, e algum dia nos reencontraremos. Sigam na luz e na paz! Deus estará com vocês!*

E, aos poucos, foi desaparecendo, seguindo em frente... Assim é o caminhar de todo espírito que se propõe à evolução.

Luiza, assim era seu nome na última encarnação, mãe de Clara e Otávio. Laços de afeto os uniam desde remotas experiências no passado. Com Clara, hoje; Gabriela, em outra encarnação; e Adele, em tempo mais distante ainda. Os nomes pouco importam, mas as ligações que se edificaram é que constituem o patrimônio que seguiu com eles. Luiza, ou Anete, a mãe dotada de tanta sensibilidade, e que poucos a compreenderam, foi a mãe de Adele, responsável por despertar nela os reais valores da existência. Esses laços jamais seriam desfeitos, pois foram tecidos com as fibras do amor intenso. E cada nova oportunidade contribuiu para que eles se fortalecessem. Assim ocorre aos filhos atentos do Pai, que aproveitam cada momento para aprender uma nova lição! Luiza seguiria para novas tarefas, convicta de que tudo ficaria bem! E, principalmente, que seu legado de amor seguiria com esses espíritos tão amados, Clara e Otávio!

A cerimônia foi emocionante, com Augusto seguindo à frente, levando as alianças. Não podia estar mais feliz! Agora, tinha definitivamente uma família! Que mais desejaria?

Após a cerimônia, os convidados foram cumprimentar os noivos, que esbanjavam alegria genuína. E a festa continuava...

Otávio viu Camila e foi ao seu encontro, dando-lhe um afetuoso abraço.
— Cada dia mais linda!
— E você cada dia mais sedutor!
— E Carmen? Tudo bem com ela? – perguntou Otávio.
— Ela está bem, mas Sofia não tanto. Tem tido muitas crises e já atentou contra sua vida duas vezes desde que foi presa. Alterna momentos de lucidez, quando fica revoltada, e outros de total prostração, quando se torna um perigo contra si mesma. Digna de pena! Mamãe a visita todos os momentos possíveis, dizendo que vai conseguir que ela se recupere. Está lá agora, pois ela foi internada após uma crise nervosa. Mamãe tem feito tudo, mas sabemos que se ela não desejar a cura, isso não ocorrerá, não é mesmo? – disse ela, lembrando-se das conversas que teve com ele no passado. – Precisamos desejar nossa cura, lembro-me de suas palavras. Você estava com a razão! Mais uma vez. – E sorriu.
— Eu raramente me engano – brincou ele. – Mas a determinação de sua mãe, assim como sua dedicação, pode ser um diferencial. Quando eu estiver em São Paulo, irei visitá-la. Nada tenho contra ela, que agiu de maneira impulsiva e insensata. Estou bem, segui com minha vida, e ela? Está pagando pelos seus erros. Então, não serei eu a acusá-la ainda mais. Espero que ela possa reencontrar sua lucidez e paz algum dia e, quem sabe, possa se arrepender e refazer seu caminho. E você? Trabalhando demais?
— Sim, mas saiba que estou gostando! Mais uma vez você tinha razão. Eu tinha de procurar um objetivo na vida e acho que encontrei. Confesso que está sendo uma experiência incrível e percebi que tenho tino para os negócios. Papai estava certo!
— Não vai me dizer que ainda está sozinha – disse ele.
— Não está não – e Celso apareceu trazendo duas taças de vinho, oferecendo uma à Camila, que timidamente aceitou. – Foi uma cerimônia emocionante, tenho de admitir.
— Seja bem-vindo, Celso. Cuide bem de Camila, senão irá se haver comigo – disse Otávio, tentando parecer sério e fazendo todos rirem.
— Se depender de mim, a farei a mulher mais feliz do mundo. – E abraçou-a.
— Você ouviu, Celso. Terá de prestar contas a Otávio, meu maior amigo desta vida! – E olhou-o com carinho e admiração.

– Fiquem à vontade e aproveitem a festa. Tenho de fazer as honras com Marina. Com licença. – E saiu cumprimentando outros convidados.

Encontrou Júlio, Elisa e Miguel e correu a abraçá-los.

– Seu pai ficaria orgulhoso. Era tudo o que ele mais ansiava: ver a filha se casar. Foi um momento mágico e inesquecível. Pena que ele não estava aqui.

– Tenho certeza de que ele estava, sim! E quando retorna para o hospital? – questionou.

– Acho que apenas no final do mês. Tenho de fazer alguns testes antes da última sessão. Preciso retornar definitivamente às minhas funções. Miguel tem trabalhado demais e já está me cobrando um aumento. É melhor eu reassumir logo meu trabalho, assim o prejuízo será menor. – E todos riram.

– E Helena? – perguntou.

Foi Elisa, a mãe, que respondeu:

– Ela disse que tentaria vir, mas não deve ter conseguido. Tem estado ocupada demais com as novas pesquisas. Pena ela não estar aqui! – E olhou com carinho para Otávio, fazendo a pergunta: – Você tentou lhe explicar tudo o que aconteceu?

– Tentei falar com ela, mas parece uma tarefa inglória. Vamos aguardar! – E saiu.

Elisa olhou Otávio com pesar:

– Foi um grande desencontro que ocorreu. Ainda não consigo entender por que ela não falou com ele pessoalmente antes de viajar. Ele me parece tão apaixonado!

– Ela deve ter seus motivos, querida. Não podemos julgar as ações do outro, não é mesmo? Você conhece sua filha tão bem quanto eu. Sabe que ela jamais iria interferir em vida alheia. Se ela sentiu que não era o momento, sairia sutilmente de cena. Quando ela voltar, nos dará suas explicações. Até lá, não saberemos.

Clara, Arnaldo e Augusto não cabiam em si de tanta felicidade. Combinaram permanecer na festa o máximo possível e, em seguida, viajariam apenas por alguns dias. O garoto ficaria com Marina, que se apegara demasiadamente a ele, fazendo-lhe todas as vontades. Uma avó postiça, que assimilara o papel integralmente.

Otávio, após os cumprimentos, saiu a caminhar pelo jardim. Queria estar só por alguns minutos para recarregar as energias. E passou a relembrar todos os eventos desde que chegara para visitar o pai, meses atrás. Sua vida se transformara significativamente após aquele encontro. Tanta coisa aconteceu desde então... Não era mais o mesmo homem. Nada mais seria como antes, isso era fato!

– Um tostão por seus pensamentos! – disse uma voz conhecida às suas costas.

Quando ele se virou, deparou com a figura jovial e sorridente de Helena.

– Já ouvi essa pergunta antes ou será que estou enganado? – perguntou Otávio.

– É uma brincadeira de papai conosco quando estamos concentrados em algo. Não sei por que lhe perguntei isso, afinal já sei a resposta.

– E qual seria? – disse ele, indo ao seu encontro.

– Está pensando em como sua vida se modificou nesses meses. Acertei?

– Lendo meus pensamentos sem minha autorização? – inquiriu ele.

– Se eu pedir, você permite? – questionou ela, com um brilho intenso no olhar.

– O que eu ganharia em troca? – disse, já bem próximo dela.

– Se eu lhe oferecer todos os meus pensamentos, seria uma boa oferta? – disse ela, quase tocando seu rosto.

– Acho que pode melhorar essa oferta! – E tocou seu rosto com carinho.

– E se eu lhe oferecer todo o meu amor? Assim está melhor?

– Uma oferta irrecusável, tenho de admitir. – E a beijou com o amor havia tanto tempo represado.

– Por que não respondeu a nenhuma das cartas? Pensei que estava tudo perdido.

– Tinha tanto a entender, meu querido! Precisava ter certeza de meus sentimentos e da escolha que faria. Seria definitiva, e eu tinha de estar certa.

– Tentei lhe dizer de todas as formas que minha decisão já havia sido tomada. Não acreditou em mim? – perguntou ele.

– Queria que sua decisão fosse tomada não ao sabor da impulsividade, mas da certeza de que realmente me amava. Confiei em você, por isso hoje estou aqui! Não se esqueça de que tenho meus informantes, dos dois lados da vida! – brincou ela.

– Nesse quesito, vou estar eternamente em desvantagem. Isso é desleal!

– Estou aqui, meu amor! E é para ficar! Não era isso que dizia em suas longas cartas?

– Você foi cruel comigo, Helena. Poderia ter enviado apenas um sinal.

– Eu mandei muitos sinais! Você é que estava desatento! Vou precisar voltar algumas vezes para a universidade, mas a maior parte do tempo ficarei aqui, ao seu lado. Se ainda me quiser! Não consigo conceber minha existência sem você! Te amo!

– Eu te amo, minha querida! – E a abraçou com a força do seu amor. E assim permaneceram, aninhados, planejando o futuro. E, mais uma vez, juntos!

Agora iniciavam, finalmente, suas programações!

Seus caminhos se cruzaram novamente e teriam mais uma oportunidade de colocar em ação projetos e sonhos comuns!

Um final feliz!

Ou, quem sabe, um reinício feliz!

Assim é a vida, oportunidade de aprender e crescer!

Epílogo

E assim a vida prossegue em seu ritmo incessante. A história não se encerra aqui, nestas páginas, pois cada um dos personagens continua em sua evolução, que se processa de forma gradual e constante.

Os reencontros que aqui ocorreram visavam a firmar ainda mais os laços que se constituíram tempos atrás, cujo início remonta à origem de cada um.

Não caminhamos sós. O outro é nossa referência quanto às transformações que precisamos empreender em nossa vida. Eles são nosso censor e nosso incentivador, sinalizando quando é momento de modificar as condutas equivocadas que insistimos em oferecer, ou, então, nos estimulando a prosseguir quando caminhamos com a luz.

Não podemos nos apartar desses companheiros, nossos verdadeiros mestres na arte do aprendizado! E assim ocorre com todos os seres da Criação, jamais relegados ao desamparo ou abandono!

Quando aqui encarnamos e constituímos nossa família pelos laços consanguíneos, nada impede que entre eles se encontrem nossos verdadeiros afetos, aqueles relacionamentos formados ao sabor das experiências vivenciadas sucessivas vezes e que nos estimulam em nossa eterna luta contra as imperfeições que por vezes insistimos em preservar.

Mas também podem estar presentes nossos desafetos. Recebemos esses companheiros ao nosso lado para que possamos, por meio de atitudes benevolentes e caridosas, reconduzi-los a caminhos iluminados, dos quais se desvirtuaram anteriormente por nossa causa. Não podemos esperar deles os sentimentos puros que ainda não conseguiram semear em seu coração árido. Ao receber esses companheiros ao nosso lado, nos comprometemos a auxiliá-los a eliminar toda mágoa e rancor que ainda carregam e os impedem de encontrar a paz e a felicidade.

Nesse ir e vir, vamos acertando nossos passos e promovendo nosso crescimento espiritual e moral. E de todos os que nos acompanham os passos!

Nossos personagens seguiram seus caminhos, aprenderam importantes lições, superaram muitas imperfeições, refizeram caminhos equivocados. E evoluíram! Essa é a meta de toda criatura encarnada!

Talvez estejam hoje novamente encarnados. Por que não? E se um dia for possível continuar contando suas histórias, assim o faremos.

Foi dada mais ênfase a certos personagens que a outros. Isso não significa que alguns sejam mais importantes, apenas que tinham mais tarefas a empreender na encarnação a que se refere a história.

Muitos comprometimentos foram resgatados, outros ainda necessitarão de novas oportunidades corpóreas para que, finalmente, possam ter êxito em suas programações.

Ao planejarmos, antes da encarnação, determinada tarefa, acreditamos que a realizaremos a contento. Porém, quando aqui chegamos, diante do peso de todas as tentações com as quais deparamos, nos fragilizamos e falhamos em nossos propósitos. Isso ocorre muito mais do que imaginamos. É fraqueza? Pode ser, daí a necessidade de planejarmos bem, sem superestimar nossa capacidade criadora. Humildade implica reconhecer as próprias limitações, e isso não deve ser motivo de vergonha, mas de lucidez!

No entanto, o que fica é a certeza de que o Pai concede a cada filho a oportunidade de se redimir perante os compromissos assumidos e não realizados, desde que se esforce e trabalhe para que possa realizar a obra a que se propôs, sem desprezar o tempo.

Esta trilogia aqui se encerra. Agradecemos a oportunidade

de contar uma história que percorreu séculos de lutas, conquistas, decepções, tragédias, alegrias, aprendizado. Nosso intuito é mostrar que tudo se processa nas duas realidades tão próximas, a material e a espiritual, as quais nos influenciam e também são influenciadas por nós muito mais do que se supõe.

Novos personagens surgiram, significando que novos laços foram estabelecidos, os quais poderão se estreitar mediante as boas relações entre eles, como também poderão ser distorcidos por ações equivocadas. Afetos e desafetos assim se originam!

O importante a ressaltar é que todos, sem exceção, caminharam em direção aos seus objetivos planejados. Todos seguiram em frente!

Assim deve acontecer com todos nós...

Então, mãos à obra e sigamos confiantes de que, nesta jornada, jamais estaremos sós!

Abaixo a relação dos personagens que aparecem nesta história em seus respectivos papéis nos títulos anteriores da trilogia "Só o amor une almas":

BRASIL *	ESPANHA**	FRANÇA***
Clara	Gabriela	Adele
Helena	Nina	Aimée
Otávio	Santiago	Adrien
Luiza		Anete
Júlio	Adolfo	Jules
Elisa	Consuelo	Elise
Augusto	Escobar	Auguste
Camila	Alice	
Sofia	Lola	
Carmen	Inês	Francine
Rodolfo	Juan Manuel	
Marina	Manoela	
Arnaldo	Pablo	
Dalva	Lívia	Justine
Miguel	Miguel	Frei
Jaques		

FIM

DANIEL

JANEIRO/17

(*)   Seguindo em frente

(**)   Reescrevendo histórias

(***) Pelos caminhos da vida

Você já descobriu a sua luz interior?

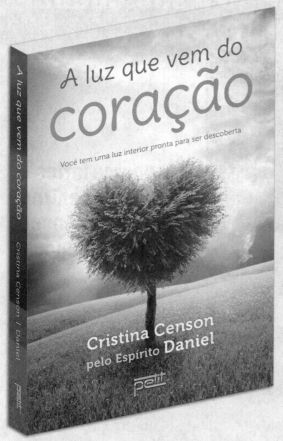

Vidas que se entrelaçam; oportunidades e chances que são oferecidas a todos.

Quando as pessoas são surpreendidas pelo desencarne de uma pessoa querida é comum que entrem em desespero. Não foi diferente com Raul, um dos personagens centrais desse romance, que conhece o fundo do poço quando sua jovem esposa parte dessa existência terrena vítima de uma doença fatal. Encontros, esperança, novas oportunidades... Todos nós temos uma luz interior capaz de nos reerguer.

Sucesso da Petit Editora!

Alguém com poderes sobrenaturais pode representar perigo à sociedade?

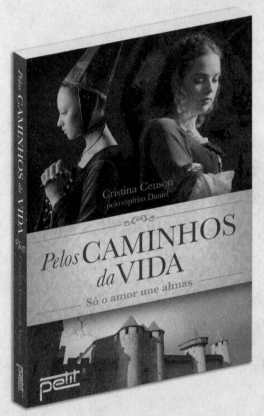

Mulheres fortes e visionárias enfrentam os preconceitos de uma época.

França. Século 14. Adele, uma jovem de apenas 13 anos, se vê obrigada a enfrentar uma intensa jornada pessoal quando seu pai descobre que a filha é capaz de ver e conversar com espíritos. Ao lado de Aimée, jovem de igual sensibilidade e dons, Adele enfrentará a vingança do pai, cujas atitudes resultarão numa tragédia de grandes proporções.

Sucesso da Petit Editora!

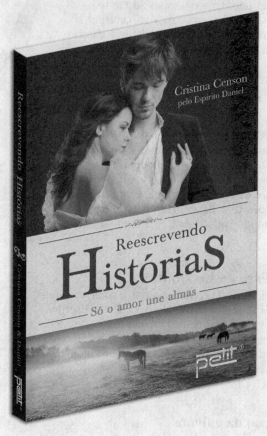

Livros da Patrícia

Best-seller

Violetas na janela
O livro espírita de maior sucesso dos últimos tempos – mais de 2 milhões de exemplares vendidos! Você também vai se emocionar com este livro incrível. Patrícia – que desencarnou aos 19 anos – escreve do outro lado da vida, desvendando os mistérios do mundo espiritual.

Vivendo no mundo dos espíritos
Depois de nos deslumbrar com *Violetas na janela*, Patrícia nos leva a conhecer um pouco mais do mundo dos espíritos, as colônias, os postos de socorro, o umbral e muito mais informações que descobrimos acompanhando-a nessa incrível viagem.

A Casa do Escritor
Patrícia, neste livro, leva-nos a conhecer uma colônia muito especial: A Casa do Escritor. Nesta colônia estudam espíritos que são preparados para, no futuro, serem médiuns ou escritores. Mostra-nos ainda a grande influência dos espíritos sobre os escritores.

O voo da gaivota
Nesta história, Patrícia nos mostra o triste destino daqueles que se envolvem no trágico mundo das drogas, do suicídio e dos vícios em geral. Retrata também o poder do amor em benefício dos que sofrem.

Leia e divulgue!
À venda nas boas livrarias espíritas e não espíritas

Psicografados por Vera Lúcia Marinzeck de Carvalho

Um triângulo se desenrola quando uma mulher conhece outro homem. Seu marido, já desencarnado, não se conforma com a situação

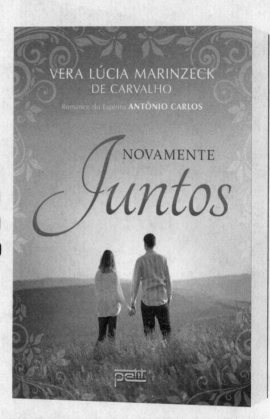

Quando uma pessoa conhece outra e tem a nítida sensação de que já a conhece de longo tempo...

Ana trabalhava em um restaurante quando conheceu Gustavo. Os dois se apaixonaram e tinham a sensação de que já se conheciam de outras existências. Será que isso é possível? O marido de Ana, já falecido, passa a perseguir a mulher, e, os três juntos, vão ter que aprender lições genuínas de amor e liberdade para seguirem em frente.

Mais um sucesso da Petit Editora!

Tudo sempre se entrelaça, pois a nossa vida é uma sequência, ora no plano material, ora no plano espiritual

Relatos vibrantes de quem já se mudou para o plano espiritual

Esta obra apresenta diversos relatos de pessoas comuns, com virtudes, defeitos e muitos sonhos. Nem sempre essas pessoas perceberam que já não faziam mais parte da vida terrestre, como foi o caso de Tonico. Como será que elas são recebidas do outro lado? E quando são muito crianças? Acompanhe histórias verdadeiras e o que esses homens, mulheres e crianças encontraram na passagem de um plano para o outro.

Mais um sucesso da Petit Editora!